李洪卫 著

人文理性与政治秩序

20世纪中国文化保守主义的思维特质探析

上海古籍出版社

图书在版编目(CIP)数据

人文理性与政治秩序：20世纪中国文化保守主义的思维特质探析／李洪卫著.—上海：上海古籍出版社，2016.8

ISBN 978‑7‑5325‑8072‑9

Ⅰ.①人… Ⅱ.①李… Ⅲ.①保守主义—文化思潮—研究—中国—近现代 Ⅳ.①D092.5

中国版本图书馆 CIP 数据核字(2016)第 087249 号

人文理性与政治秩序：
20 世纪中国文化保守主义的思维特质探析

李洪卫 著

上海世纪出版股份有限公司
上海古籍出版社 出版
(上海瑞金二路 272 号 邮政编码 200020)

(1)网址：www.guji.com.cn
(2)E‑mail：guji1@guji.com.cn
(3)易文网网址：www.ewen.co

上海世纪出版股份有限公司发行中心发行经销
常熟文化印刷有限公司印刷

开本 635×965 1/16 印张 14.75 插页 3 字数 192,000
2016 年 8 月第 1 版 2016 年 8 月第 1 次印刷
印数：1—1,500
ISBN 978‑7‑5325‑8072‑9

B·942 定价：52.00 元
如有质量问题，请与承印公司联系

目　录

导言　保守主义的理念问题

第一节　保守主义概念的界说

保守主义不是一个特别容易界定的概念。一般是从两个方面看：一是作为一种思想观念系统，一是作为一种政党政治中的流派思潮，而这两者基本都是在西方思想和政治运行的框架内提出的。前者如公认的英国政治思想家埃德蒙·柏克，后者人们在今天会说诸如20世纪80年代流行于英美的里根、撒切尔政治学等，这两者之间可以找出一定的关联，但是，毕竟不是直接的关系。严格地说，这两方面应该从不同视角观察，尤其是保守主义的观念和理念应该是政治思想视野中的对象而不是政治实践层面的历史剖判，虽然，西方保守主义的起源是针对政治实践而形成的，甚至与当时的党派政策有一定关联，但是，在今天来看，已经不是那么回事。当然，也有认为，保守主义没有形成稳定、明晰的观念系统，不能和自由主义、社会主义等价值体系相比拟，这一点其实是可以承认的。迄今为止，尤其是在政治理念层面，保守主义还是在和自由主义或激进主义的对抗中以相对不系统的观念得到展示，基本没有形成一个严格的逻辑演绎体系。但是，尽管如此，对西方的保守主义还是有大量的考察和研究，也还是能够相对地梳理出一些观念梗概和脉络线索。

一、保守和进步的关系及保守主义的基础性观念

19世纪末叶，作为英国保守党成员之一的塞西尔在其《保守主义》

一书中强调保守主义是人们先天的一种心理状态,即保守是人的天性,是厌恶变化的气质。第一,它产生于对未知事物的疑虑。[1] 第二,是对既有事物的依赖。[2] 他首先指出了这种心态的弊端,无论是在中国或英国这种保守心态都会阻碍进步。但是,他又指出追求进步也需要谨慎,"如果那种意愿是粗心大意的和任性的,那就难免造成祸害。既要有进步和创新的愿望,又要对未经尝试的事情有所怀疑以及对陌生事物的潜在危险有所忧虑,并把这二者协调起来。""希望进步和害怕前进的危险这两种心情在表面上是矛盾的,而在实际上却是相互补充的、互为条件的。"[3] 这种关于进步和守旧的两种倾向应该呈现为一种调和状态,也就是一种"正确的比例"。[4] 他认为实验是一种最佳的途径,"我们也许可以说,凡是用实验方法取得长足进步的地方,最容易达到这种调和"。[5] 塞西尔是相对较早的对柏克思想提出系统归纳的思想家,他较早地提出来柏克的思想在 1790 年前后的变化,在那以后一个真正的保守主义的柏克和保守主义思想才真正形成。[6] 他指出柏克所强调的保守主义思想的主要六个方面。第一,宗教自身及其被国家承认的意义;第二,憎恨、谴责在社会变革和政治变革中对人权的侵犯;第三,反对革命的平等观念,等级制度是实际的必要;第四,私有制是实现社会幸福的重要的制度条件;第五,人类社会是一个有机体而不是机械性的拼制;第六,社会遵循有机性而要求社会变革的连续性而不是对秩序的大幅度破坏。[7]

---

[1] 塞西尔:《保守主义》,杜汝楫译,马清槐校,北京:商务印书馆,1986 年,第 3 页。
[2] 塞西尔:《保守主义》,第 6—7 页。
[3] 塞西尔:《保守主义》,第 6 页。
[4] 塞西尔:《保守主义》,第 9 页。
[5] 塞西尔:《保守主义》,第 9 页。
[6] 蒋庆批评刘军宁关于柏克是保守自由的保守主义的观点,而强调他是有一个前后分期的,后期他是一个辉格党身份的托利党人,是保守贵族制和宗教的保守主义,正是源于塞西尔的评论。
[7] 塞西尔:《保守主义》,第 30 页。

我们如果考察过各种保守主义的叙述,就会发现塞西尔对柏克的表述基本涵盖了不同保守主义的共项,柏克的特异之处就是对于宗教尤其是国教的强调。而关于政治体系的合法性来源,德国社会学家曼海姆则将之定义为保守主义的神学化。他说:"保守主义思想在提出统治的合法性问题时,喜欢做神学—神秘的或超验的定义。'神权'的观点位于保守主义思想的底层,即使后者已经泛神论化——也就是说事实上不信仰什么时——仍然如此。这样,历史就取代了神圣超验性。因此,保守主义的论证所遵循的研究路线首先在一个神秘超验的水平上操作。与此相反,资产阶级自由派的思想首先将问题定位在法理学层面上,更确切地说,与自然法联系上。一种统治形式的合法性是通过纯粹的意识形态的、假定的建构来得到论证的,这种构建始终在法理学的有效性(社会契约)水平上创造所需的意义。"[1]曼海姆承袭了韦伯的理性化观念,在他那里,保守主义的哲学观念是作为资产阶级及其社会理性化的对抗物存在的,但是,它相对地已经是处在边缘位置了,尤其是从阶级层面看:"在农民、贵族和小资产阶级的生活里,古老的胚胎和传统才仍然在起着创造作用。"[2]在他看来,虽然这种非理性化的状态正在蔓延,但是,在宗教徒以及传统生活的传承者们仍然继续保持着在公共领域和职业领域等之外的人情和宗教感情的亲密性,"补充了在一般公共生活领域、工厂、市场、政治以及诸如此类的地方的不断加深的理性化"。[3]

这样,我们就看到曼海姆所强调的保守主义的特征是:防守性的反抗理性化的惯性,继续维护政治权力的神秘性赋予,即便将之降低到纯粹历史传统的层面——对历史的恪守与维护成为一种惯性和策略。这符合塞西尔所说的我们生活习惯的自我依赖特征——恐惧或本能地抗

---

[1]曼海姆:《保守主义》,李朝晖、牟建君译,南京:译林出版社,2002年,第35页。
[2]曼海姆:《保守主义》,第45—46页。
[3]曼海姆:《保守主义》,第45页。

拒改变。曼海姆则认为这是对理性化的在人类情感方面的补充。柏克则是从两方面最大限度地强调诸如宗教、等级和财产等在人类生活中的必要性：一个是社会风尚的贯彻，一个是国家的认同。因此，柏克自己作为保守主义者要比曼海姆作为研究者的分析更加充满情感色彩。在柏克看来，法国大革命所秉承的哲学原则破坏了欧洲自古传承的以感情为基础和纽带的社会习俗，而仅仅服从于每个人的利益："根据这种机械主义哲学的原则，我们的体制就永远都不可能体现在具体的人的身上（假如我可以使用这种说法的话），……但是排斥了深情厚爱的那种理性，是无法填补它们的地位的。这种公众的深情厚爱与风尚相结合，有时候是需要用以作为某些补充的，有时候是作为某些纠正措施的，并且总是作为对法律的助手的。"[1]"每个国家都应该有一套风尚体系，使一个教养良好的心灵愿意去享受它。要使我们爱我们的国家，我们的国家就应该是可爱的。"[2]柏克在这里说的风尚和可爱当然都是指的是对既往存在的重要人物、权力和秩序的必要的尊崇，即绅士和高贵性精神的存在，而且他认为这是经济生活持续的必要条件，"我们的风尚、我们的文明以及与风尚和文明相联系的一切美好的东西，在我们这个欧洲世界里，多少世代以来都有赖于两项原则，而且确实还是这两者的结合的结果。我指的是绅士的精神和宗教的精神。"[3]当一个民族需要贸易和制造业的时候，高贵性和宗教精神依然存在的时候，情操就存在其间了，为经济提供保障。[4] 而当古老的尊崇、尊严等摧毁了以后，当先发制人的谋杀和抄没财产开始之后，一连串的杀戮也就会开始了。[5] 这里面维护社会尊严的核心人物就是贵族和教士，一个是以他们的职业，一个是以他们的恩宠保存了学术生命。通过这些逐

[1]柏克：《法国革命论》，何兆武等译，北京：商务印书馆，1998年，第103页。
[2]柏克：《法国革命论》，第104页。
[3]柏克：《法国革命论》，第105页。
[4]柏克：《法国革命论》，第106页。
[5]柏克：《法国革命论》，第104页。

渐形成的一个国家的"社会契约",即稳定的规则和关系联系,形成一个稳定的社会机体,对此的摧毁就造成了秩序、和平的破坏,无序、混乱、动乱、疯狂、邪恶的盛行。[1]

关于柏克保守主义的核心精神,在近年海内的讨论中出现了两种观点,一是刘军宁认为柏克是保守英国的自由主义传统,他头等关心的是自由和秩序,[2]他对传统的关心也落实在自由上。[3] 因此,柏克是保守自由的保守主义者。一是蒋庆对刘军宁的批评。在蒋庆看来,刘军宁的观点是对柏克的严重误解。换句话说,保守主义有其自己独到的理论预设或价值体系。[4] 蒋庆特别强调了柏克保守主义对宗教尤其是政教合一的赞颂、对贵族制的认肯、对传统的尊崇等等,而不是刘军宁所说的对自由的捍卫和保护。应当说,蒋庆对柏克的分梳是有道理的,虽然它避免过分强调或者有意疏忽柏克对自由贸易和美国独立的肯定,但是,我们前面梳理的柏克对宗教性、权威和贵族以及贵族性或绅士性的强调才是他能被称为保守主义的特征,否则,柏克就只能是自由主义大阵营中的一个分支而已。这一点也符合曼海姆所强调的保守主义对政治合法性的宗教赋予的特点。但是,柏克没有突出宗教赋予传统政治权力的神圣性,但是他强调了宗教之于政治权力和国家存在的意义或功能,包括它的形成以及人们在国家认同上的意义。他说:"所有其他的民族都是以从根本上创立、或者以更大的严谨性在推行宗教的这些或那些仪式而开始组建新政府或改造旧政府。"[5]而宗教之于官员或民众都能更加使他们对职责具有神圣性、使命感和克服私欲的膨胀:"没有宗教就全然不可能使人民清除自己

[1] 柏克:《法国革命论》,参见该书第129—130页。

[2] 刘军宁:《保守主义》,天津:天津人民出版社,2007年,第7页。

[3] 刘军宁:《保守主义》,第9页。

[4] 蒋庆:《保守主义真义——评刘军宁〈保守主义〉一书对柏克保守主义思想的严重误解》,《原道》,第六辑,贵阳:贵州人民出版社,2000年。

[5] 柏克:《法国革命论》,第49页。

对私欲的种种迷恋;当他们意识到自己是在行使(并且是在更高一级的委托方式上行使)权力时,而那种权力要成为合法的就必须是按照那种永恒不变的、而意愿和理性在其中乃是合而为一的法律,那时候他们便会更加留心他们是怎样把权力交到了那些卑劣无能的人的手中的。在他们委任官员行使权力时,他们将不是在委派一项可怜的工作,而是一项神圣的职能。"[1]获得执行具体权能的人是集高尚道德和智慧于一身者,是从大量的混杂的民众中识别挑选出来的。这种功能在柏克看来是宗教赋予的。这里特别彰显的是柏克对宗教的意义的突出强调,这一点在保守主义那里有一定的普遍性,但是一般都没有他那么强烈。

西方对其保守主义的传统、历史和价值都有不少的研究,蒋庆在他与刘军宁探讨的文章里就罗列了六七种西方保守主义的观念归纳,其结论是大同小异的。简化来说,不外是:第一,肯定宗教的价值和意义,而柏克则甚至强调国教存在的社会意义和政治意义;第二,文化方面,尊重传统,强调传统之于公民道德形成上的意义;第三,在经济和政治制度方面,强调私有制和私有财产保障,这一点如果不能和自由主义严格区分开来的话,那么就是后面这一点:对贵族制、君主制意义的推重,也就是对平等权利的厌恶。有的保守主义则推重国家的整体性和对它的忠诚;第四,在社会运行机理方面,强调社会不是人为机械的构成,而是一个由历史发展所形成的有机体,因此,历史是连续的,对社会的变革必须维护这种连续性。后面两点都是对自然法启蒙理性主义的反拨。这些毋宁都是保守主义的基本的和主要的特征,其实已经彰显了近代以来这种思潮的形成特点及其与资产阶级的自由主义和晚起的社会主义之间的差别乃至对立。和自由主义相比,保守主义首先给人印象深刻的是它对传统的强调。正如曼海姆所指出的,很多保守主义者

---

[1] 柏克:《法国革命论》,第126页。

由于受到现代性的冲击和宗教泛化的影响,他们对宗教价值的强调变成了对历史价值的凸显。因此,保守主义的一个重要的面相往往被看作是传统主义的。首先,我们必须看到这一判断的意义,但是,也要看到保守主义独有的价值蕴涵,即它的理论中所蕴含的普遍性意义,这也是我们在研究保守主义时应予特别考量的。

二、西方保守主义的理性界定

塞西尔将保守主义看作是一种人类守旧心理状态的具体呈现,以此出发,他将保守主义的研究分类着重于具象而没有更深入的抽象化。曼海姆作为一个具有强烈哲学思维意识的社会学家则与其不同,他试图将类似心理状态所激发的思想称作"传统主义",而对"保守主义"的界定提升到一个更抽象、更具有认识论意义的层次。他说,人们对传统的固守、对新生事物的本能的抗拒,是一种普遍的心理倾向,这种特性只能被称作是"自然保守主义"或韦伯更习惯使用的"传统主义"。[1] 这是人类所普遍具有的心理状态,但是,保守主义则不能被理解为一种普遍的心理状态。他用一些个人在日常生活中的习惯和政治信念上的对立说明这二者之间不是同一的。譬如一个人政治观念上的进步与日常生活观念上的保守或反之的情况。[2] 因此,他对此做了一个比较严格的区分,这应该也是第一次明确严格的区分式界定:"很明显,传统主义指的是一种在每个人那里都多少存在的形式的心理属性,而像保守主义者一样行事指的则是与一种客观存在的结构性环境相一致地行动。"[3]曼海姆认为,传统主义是一种思维和行动惯性,譬如惯性的守旧,基本上在面对一件新生事物出现时都可以对其认识和行动做出预测或预判。保守主义不是这样,它不是形式性的

---

[1]曼海姆:《保守主义》,第56页。
[2]曼海姆:《保守主义》,第57页。
[3]曼海姆:《保守主义》,第57页。

思维模式,而是"结构性"的思维模式,它不是思维或行动惯性而是思想或行动方式,它是一种"精神结构复合体",首先与个体经验相联系,但是又具有客观性。它是唯名论和唯实论之外的第三种思想方式:唯名论将个体经验孤立化,唯实论则将一个完成的经验抽象化、神圣化,所谓"精神结构复合体"是这二者之外的第三种类型,"它在与经验的特殊过程的关系中展现自身独特的结构总体"。[1]"传统主义行为大多只是反应性行为,而保守主义行为则是具有意义取向的行为,它总是以包含着不同时期、不同历史阶段、总是变化不居的不同客观内容的意义复合体为取向。"[2]这种所谓有意义的取向的行为却是"通过实用的方式对直接事物和具体事务的坚持",[3]不崇尚体系化、抽象化、形式化。同样的改革主义者,进步的改革主义希望通过对周围世界和观念系统的转变实现之,而保守主义的改革者则是致力于具体的替换方式,而且只有在不得已的情况下才会采取体系性的思维方式。[4]

曼海姆将保守主义上升到了一种思维方式,但是却是一种"具体性"和"结构性"的思维方式,并且注重与具体经验的联系。这很容易让人想起现在大家多普遍谈论的经验主义哲学家们对自由主义和保守主义政治哲学的影响,这在当代的中国似乎是一个学派的热潮,譬如推崇休谟的经验主义哲学并将之推重为自由主义甚至保守主义的最重要的理论来源和支柱。显然,这一点不是没有道理的,只是在欧洲当时政治界的保守主义者们可能没有这种自觉意识,这是后来研究人士的自觉性归纳的后觉的体察,但是在思维倾向上确实有这样的联系,后面当我们讨论20世纪中国的保守主义的时候我们也确实会涉

[1]曼海姆:《保守主义》,第59页。
[2]曼海姆:《保守主义》,第60页。
[3]曼海姆:《保守主义》,第77页。
[4]曼海姆:《保守主义》,第79页。

及这个问题。但是,如果我们从对保守主义做抽象观察的角度看,亨廷顿的"情境主义"可能是一个最明晰的理论表述,虽然不一定和曼海姆所设想的完全一致,但是这二者之间可以找到一些共性的特征。20世纪著名的政治学家亨廷顿于1957年发表《作为一种意识形态的保守主义》,阐述了他个人对自由主义、保守主义等问题的见解。他提出三种保守主义的理论解释:贵族式、自主式和情境式。贵族式是一种内在的即以一种利益集团观为前提的解释路径,这种思维便将柏克等置入一个保守利益集团的阵营中解释其思想;自主式则是认为保守主义来源于一种认识观念,它不反映任何特定阶级或阶层的利益,而且在任何时代都会存在,它的存在主要取决于对一些价值观念诸如正义、平衡、秩序、协调等的认识,因此它是普遍的;第三种是亨廷顿自己所认肯的即"情境式"的保守主义。"情境性意识形态则截然不同。它们不是反映特定社会群体的持续利益和需求,而是依赖于群体间存在的各种关系。当一个群体和其他群体的关系呈现为一种形式时,它会支持一种情境性意识形态;而当这些关系呈现一种不同的形式时,它就会支持另一种情境性意识形态。"[1]亨廷顿认为鉴别保守主义的一种策略是,它不是一种观念体系,而是一种行动:第一,在具体情境丧失之后,保守主义可以消失;第二,它可以解释为什么一些保守主义者最初往往是革命者这个问题。但是,从曼海姆和亨廷顿的叙述来看,保守主义没有理论就是它的理论性的特征。但是,这不等于对于西方保守主义的界定由此而成为唯一的了,亨廷顿讨论的这三种方式其实都是西方保守主义历史中所出现的特征。在亨廷顿看来,柏克的立场不是阶级或利益集团的立场,而是一种有左反左、有右反右的思维,但是他所认为的左右是什么呢? 以什么为界定呢? 这说明柏克还是有自己的理论设定,因此,抽象的"情境主义"说明了保守主义的中

---

[1]亨廷顿:《作为一种意识形态的保守主义》,王敏译,《政治思想史》2010年第1期。

间色彩,这正好说明了他们所有的一种平衡性的思想方式和特征,而这在一定意义上和自主式的对几种观念的关注也不无关系。严格一点说,曼海姆的超越唯名论和唯实论的第三种"精神结构复合体"论,强调保守主义对整体性社会环境和语境的敏感但又不失当下的情境思考,即个人经验的关注,因此更加具有建设性,而亨廷顿则容易让人产生即时性或反应性的感觉。[1]

从上面的叙述我们可以看到,在学者眼中的西方保守主义的一些重要特性:第一,保守主义不是一种简单的心理倾向或思维惯性,而是固守与前行之间的折中,在塞西尔看来,这种二元性甚至是彼此存在的条件;第二,在社会学和政治学层面上,社会是作为有机体存在的。关于这个有机体认识在不同人那里强调的侧重点是不同的。多数人侧重于社会结构和社会道德的连续性,反对自由主义中关于人的理性设定,譬如抽象的社会契约观念等,譬如从柏克那里看到"秩序"概念的重要性,这种秩序一个是表达对社会的稳定的诉求,一个是旧有社会层级的维护和架构的延续,还有一个是社会道德风尚所构成的"秩序"含义,在柏克那里"秩序"可以同时反映这三个方面的内容,虽然,他可能每一个时刻的强调重点不同。有的有机体论者则将道德和社会秩序的连续性十分看重——不管是从宗教层面出发的,还是从历史层面出发的,这二者在某些论者那里有时是一回事。在曼海姆看来,历史传统只是宗教意识稀薄了的后果,是现代性对宗教观念冲刷的结果;第三,从社会连续性层面看,还有一个是政治合法性的源头,一部分保守主义者更愿意从神学或宗教的角度看待它,无论对它的证明是从先验的层面还是从它的社会功能的层面。这一点其实需要从社会有机体或连续体论中独立出来,算作是一种类似哲学本体论的思维模式,具有寻根意识,

---

[1] 亨廷顿在他的论文中对曼海姆提出批评,即认为保守主义重视保守主义的社会利益集团意义是片面的。曼海姆其实更试图将现实主义设定为一种思维方法来看待。

具有强烈的宗教性和文化性,我们在后文讨论中国 20 世纪保守主义时会看到这种典型;第四,从方法论上看,就是曼海姆的"精神结构复合体"或亨廷顿的"情境主义",这二者之间有不同也有一些类似之处。它和有机体理论有些类似,但不同的是,有机体主义可能走向历史主义也可能走向整体主义,即强调国家主义的保守主义等等,这就是后来在德国出现的一种倾向,但是,曼海姆和亨廷顿的理论都不是,它仅具有在认识层面的意义,强调的是保守主义的认识路径和思维方法。概括地说,上述对保守主义的讨论集中在社会学和政治学的意义上:秩序、平衡、有机体主义、情境主义等等,总体表现为连续性、折中调和、社会分层化、反对一般意义上的平等,这些可以大体解释上述的保守主义观念。这些清理对我们研究 20 世纪中国的保守主义很有帮助,但是,又必须看到,如果说现代中国有一个保守主义思潮的话,那它与西方的保守主义观念之间有着很大的差异。20 世纪的中国有政治上的保守主义,但是,文化保守主义才是影响力显赫的主流,而且即便是政治的保守主义也混杂着文化的血脉,这是中国土壤所决定的。下面我们来考察中国 20 世纪保守主义的基本特征,同时与现代保守主义的反理性建构主义作出一定的比较。

第二节　20 世纪中国保守主义的
精神特质和基本观念

一、中国危机中的心灵秩序重建问题

（一）中国危机与中国意识的危机:文明的不同理解

19 世纪中叶以后的中国就开始陷入一个"大危机"的历史时期:先是民族危亡的挑战或者叫"中国国家危机",接着是在士大夫和普通民众以及后来的知识分子的反思中形成的"中国文化危机"。这个危机直接催成了后来的文化论战、社会论战和政治论战等。因此,各种

倾向差异巨大的思潮的形成都与对文化和传统的认识联系在一起,这具有一定的中国特色,但是在世界范围内的现代化过程中也不鲜见。然而,中国自己关于文化的争论却特别坚韧持久且反复,这才是中国的特色。所以,才有分析指出:"研究近代思想的学者早就指出,在 20世纪的中国并没有柏克式的政治保守主义。从柏克到曼海姆提供的'保守主义'都不能适用于 20 世纪中国的'文化保守主义'。"[1]这个论断基本是成立的。当然,这不等于说,对于西方保守主义的分析就全然不能应用到对中国语境的分析上,只是说,绝不能做简单的套用、抄袭和照搬,因为二者的语境、话题存在重大差异。[2] 文化冲击的形成源于在变革大体成为共识之后出现的一个内在矛盾:变革与认同发生的冲突,这个冲突中的一个核心问题是:什么是文明? 或什么是新文明?

社会学家都普遍用"变革"与"认同"来描述由近代外部冲击所导致的整个"中国意识的危机"和改革或革命的努力,这种诠释几乎具有涵盖理解世界现代化进程的普遍性。而变革与认同之间的张力带来了思想界的大分裂和大冲突。认同是寻找"自性"的过程,但是变革首先是否定"自性"的过程,向变革倾斜就走向西化;而向认同倾斜则走向所谓的保守。但其实,改革或革命派中也不乏倡导认同者,譬如早期民主主义者尤其是章太炎等人。因为中国在近代首先碰到的是一个民族存亡续绝的问题,这必然要唤起民族意识,但是同时,改良与革命也纳入日程,对民族性尤其是民族文化性方面就出现了认识上的对立。哲学家对这个问题有另一套解释话语。李泽厚提出了启蒙与救亡的双重变奏即救亡压倒启蒙,后来杜维明先生说是救亡选择了启蒙。都是在

---

[1]陈来:《20 世纪文化运动中的激进主义》,载李世涛主编:《知识分子立场——激进与保守之间的动荡》,长春:时代文艺出版社,2000 年,第 307 页。

[2]这里也不等于说,20 世纪中国保守主义内容中只有文化,没有其他。一方面文化讨论中包含着社会和政治内容;另一方面也还有一些政治保守主义的内容需要予以必要的关注,后文也会略有涉及。

说近代以来中国现代化道路的选择问题,首先是一个方向的问题,或者用变革或者用启蒙,含义则相近。但是,从文化自性的追寻来看,启蒙与救亡又是一回事,因为它们合流并向来反对乃至于打倒它们启蒙的对象——中国传统。在这里,启蒙及其思想就是文明,这是一种新文明,是"最后的觉悟",这是启蒙与文明的合一。

第二个是富强与文明的合一。我们现在回首整个近代的启蒙进程,可以看到,在这个道路选择的进程中,富强是一条横亘的主线,后来又变成了救亡。由于救亡问题的迫切性,道路选择一定是功利性的,但是又绝不是纯粹功利性的,因为它是和启蒙一道并行的,因此有着明确的价值关照——是走向新的文明和富强的,而富强是文明在当时的代称,二者相互诠释。也就是说,中国近代以来的启蒙方向与救亡道路选择本身这两者很难区分:启蒙过程其实是因为救亡的号召或要求开始的。之所以有器物与制度的争论,显然是看到了,救亡就是要富强,而富强的真正的路径包含着启蒙——立宪或共和或者更进一步的革命性变革,即是说启蒙在价值上内蕴富强。[1] 而在那个时代,富强就是西方的整体性的器物制度和文化,富强也就是文明的外在符号,在这里,富强与文明也同一了。这是自由主义和激进主义知识分子的共同立场。但是,在当时就已经有一些人有不同的看法,虽然他们的主张相对那个时代是"旁门左道",那就是保守主义对文明和富强的自己的分析性理解,这是保守主义的重要出发点之一。

[1] 最近许纪霖教授反复申诉富强与文明的二元紧张,可以说又在新的条件下复现了近代的器物与制度之争。他这个争辩显然是意在强调价值与制度性变革的重要性,其意义是不言而喻的。或者我们换一个视角看,真正的富强是必须、必定包含着文明的,没有文明的富强不是富强而可能只是庞大而脆弱。或者说没有软实力的实力不是真正的实力,真正的实力必然包含着强大的软实力,甚至真正的实力或富强必定是以软实力的强大为条件和前提的。正如同我们说今天的中国模式是一定的合理性和可普及性,但是又有其内在的严重的缺陷或不可持续性一样。

（二）社会秩序与生命意义的思想漩涡

20 世纪中国保守主义萌芽的第二个问题是关于秩序的问题,他们同样主张打破旧秩序,但是对新的秩序其实是心灵秩序有自己的看法。仅就新文化运动当时思想史的背景看,打破秩序是时代的主题。那个传统秩序是"吃人的礼教",击碎它是人们努力的目标。人们要寻找的是新的生活秩序和意义理解。但是,虽然这已然成为时代的主潮,但也不是所有的人都赞成这种看法。对儒学价值操持相当肯定立场的人们对此有不同的理解,而对秩序的观照是其中重要的内容之一。因为儒学过去是一个强调稳定乃至恒常性而不是变异的学说,到了近代康有为、梁启超那里变成强调社会发展连续性的观念,即在强调变革的同时突出秩序的相对稳定性,这是秩序性要求的第一个意义;另一个也许更重要的意义是,秩序追求的另一个含义是"意义的追寻",或者说"意义的追寻"本身就是秩序追求的题中之义,是给社会秩序架构提供精神支持的,因此,中国的意识危机其实是"中国传统合法性的危机"。传统价值的合法性在历史上的儒家那里往往是某些先验性的概念的表达,正如我们前面所提到的曼海姆给出的那种思维模式:追本溯源寻求合法性根据的思维方式,同时,在经验的伦理层面予以合理的解释。这个问题从清末民初直到今天在中国社会的历史危机和对危机的克服中重演了。这是国人在整个历史进程中所遇到的最大的生存意义的危机,它是文化危机的根基所在。张灏先生在对近代新儒家的评论中着重突出了这个看法。他认为,文化认同的危机是所有当时中国知识分子都能够强烈体会到的,因此不是倡导儒学之人的特质,同时这也不能反映尤其是"新儒家"在道德精神方面的强烈的诉求。[1] 即作为 20 世纪文化保守主义主

---

[1] 张灏:《新儒家与当代中国的思想危机》,《幽暗意识与民主传统》,北京:新星出版社,2006 年,第 97—98 页。

要代表的现代新儒家不仅看到文化认同危机,更是要追寻作为文化认同的个体和群体之生命性的根据,即心性派所提出的道德的理性主义或道德的理想主义。

　　新儒家为什么要回到"仁"的德性理想主义?张灏指出,意义的危机是他们考虑的根本性的问题。他将之归纳为精神迷失的三个方面:道德迷失、存在迷失和形上迷失,生存的困惑和焦虑是他们更加关注的焦点。[1] 中国认同危机绝不仅是思想与社会层面的问题,认同危机,在儒家那里更主要的是意义危机,即生存性焦虑乃至形而上的焦虑。因此,这种思考并不像一般人想象的那样儒家就是文化民族主义,他们并不排斥普遍性。当然自由主义和社会主义更不会排斥普遍性,而是以此为前提的,只是他们也并非没有认识深层次的意义危机,而是以对此的否定或建立新的意义世界为前提的,而新儒家则将此意义寻求回归到了中国传统。高瑞泉先生提出的秩序与动力的二元性也是如此,他把秩序的探索分成社会秩序和意义秩序的寻求,而且指出二者的内在统一性。这个分析框架试图从总体上尤其是力图将今天中国的社会发展和思想争论纳入20世纪的思想史研究中。他说:"在'动力'的追求高涨的同时,'秩序'的寻求也已经发生。因为困扰国人的问题由'中国向何处去'转变为'现代化的追求'以后,已经内在地包含了'我们如何实现现代化'和'中国要什么样的现代化'。前者要解决动力的来源,后者关心秩序建构。秩序的追求可以区分为社会生活的秩序和意义世界的秩序。这是两个互相联系而又各自有其特殊领域的秩序。社会生活的秩序本质上是组织性的秩序,广义地说可以是人伦关系,是经济—伦理—政治结为一体的关系,其基础是经济的结构和经济活动的秩序,经济活动的秩序的集中表现则是政治:它涉及合法性、权威和政治组织。意义世界的秩序则涉及到价值和理想,就其具有超越性或

---

[1] 张灏:《新儒家与当代中国的思想危机》,《幽暗意识与民主传统》,第98—100页。

是终极关怀的意义,则应该包括宗教。宗教不但关心此岸和彼岸的秩
序,而且体现了人们对安排生活秩序的理想。"[1]对中国来说,意义秩
序的摧毁或延续或重构都指向儒家思想,保守主义观念的雏形也在这
其中形成。

二、人文理性与政治秩序:生存意义和政治秩序合法性的重建

在中国近代,所谓激进与保守的争论最初是政治上的,后来转成是
文化的,而所谓文化的又无非是中国本土文化与西方文化之间的关系
问题。这个问题到梁漱溟那儿,开始成为一个哲学问题,即关于中西的
"理性"观的问题,现代新儒家亦由此而生。从制度争论到文化争论,
梁漱溟都是完全同意的,同时他对来自西方的"德先生"与"赛先生"也
都是赞赏的,认为这是人类共同的路。中西文化为什么不同? 路径为
什么不同? 目前发展的水平为什么差异巨大? 在梁漱溟这都只是人类
整个一条路上的阶段的错置颠倒,而这个颠倒的原因则是中西文化中
的思维方式的不同所致,即梁漱溟所认为的"直觉"与"理智"之间的相
互关系问题所致。从当时的论战看,新文化运动的领袖们是整体论者,
而梁漱溟也是整体论者,从议论的起点上,他们之间没有分歧,而且梁

---

[1] 高瑞泉:《中国哲学以何种"样态"再度登场?》,《文汇报》2012 年 12 月 17 日。从对
20 世纪的整体描述看,高瑞泉先生提出的动力与秩序的二元性是对前述不同分析
框架的一种重新表述,当然其中又有些重要的不同。动力当然是变革的表征,但是
动力的蕴涵不仅强调社会或政治革命本身,同时还有关变革的内在个人根据如个
人内在的意志或哲学意义上意志论的探寻等等;而意义秩序则首先已经体现在 20
世纪初期的启蒙中已经发生过了"科玄论战"等诸种争论。或者说从一开始,中国
的发展以及社会路径选择就是动力与秩序的变奏,而今天意义重建的强烈性与过
去相比为之更甚。它包含着 20 世纪新的革命价值观等的解体所带来的价值迷失,
这其实是一个重建——新的循环似乎形成,从 20 世纪初叶到 21 世纪初叶的一个循
环。但是,当下中国的意义重寻的确是一个在更高层次上的循环,即建筑在经济发
展的较高水平上,但是尽管如此,社会结构中一些基本问题依然存在,因之,变革动
力与秩序守成的二元性又复现。其实这种双重性还可以用变革与认同来刻画,只
是动力与秩序更显社会结构性、变动性的意义和哲学蕴涵。

漱溟非常欣赏这种着眼于"根基"、"根本"的思维方式。换句话说,中国 20 世纪的文化保守主义也是基于根基的整体主义者,但是,梁漱溟的特点在于建立一种普遍主义的理性观念统摄中西方,后来的冯友兰、牟宗三同样是如此,虽然他们似乎在本位文化上用力,但是,目标却是建立一种普遍的文化和文化观念,这是 20 世纪中国文化保守主义中新儒家一派的立场,即诉诸于哲学理念的学派立场,这与钱穆等人致力于文史性人文观念的文化保守主义的立场有相当的差异。尽管在文化保守主义内部存在着价值判断上的部分紧张,但是从广义来看,大体上是可以以人文理性来统括的,这个"人文理性"的含义是相对于传统秩序的天理与宗法的同构以及新文化运动之感性突破的人文主义而言的。这种人文理性的特质在于:第一,扬弃天理之中的神秘性和外在的礼制束缚,将天道置于人性的内里而不是成为人的主宰,这基本上是传统心性学的基质,但是,传统儒家的心性论没有将天命、天道与宗法伦理分解开来,这是现代新儒家和理性的人文主义的新使命;第二,不赞同简单地对传统价值依据于人的感性欲求的抛弃,后者正是被称作中国文艺复兴的新文化运动的基本精神。因此,现代新儒家为代表的人文主义是一种立基于现代价值诸如民主、科学、个人平等之上的人文主义精神,但是它的论证的出发点则是人的理性,譬如基于仁性、道义、人的天性良知等等而不是生命的一般意义上的感性动力;第三,他们始终关注如何在人性和仁性的根基上与现代性价值基础相融合,构建一种理性的政治秩序。这集中体现在牟宗三的关于政道的论说之中,而钱穆依据历史合理性和道德承担者的根据则强调传统理序和治理方式的意义,它集中体现在钱穆关于传统士人的社会功能和政治功能的阐述。他认为,政治与社会之间的关系是一体的,士人承载着道体的价值,同时就肩负社会秩序和政治秩序的责任,是传统的伦理天下政治观的某种复现。他的政治理念的传统色彩比较明显,明显不同于牟宗三、张君劢将"政治"与"天下"分解开来的主张。他的观点的人文主义主要体现在他不强调超越的价值,而是将个体生命和中国的政治秩序建基于传统的历史观、民族文化观上,立足于士人的引领和担当上,他的理性主要是一种现实主义的呈现和历史发展的合理性的追寻,而不是那些哲学家们的仁的理性的重新确认和发扬。总体来说,以现代新儒家为代表的 20 世纪文化保守主义是希望将中国人的生命意义的追寻和政治秩序的建构统一起来,这一点与自由主义并无二致,只是立论的出发点有很大的不同而已。

(一) 扬弃天理:理性观念的突破与重建

中国近代翻天覆地的变化其实是一个传统天理倾覆的价值重构和社会秩序重整的历史时期。对传统之理的彻底批判经历了从洋务到维新再到辛亥革命的渐进演变过程,最后成为激进的反传统、反道统的历史。20 世纪初开始兴起的中国文化保守主义也须要面对这一时代课题。当林毓生教授批评"五四"时期的启蒙家们的"全盘反传统"的整体主义的时候,我们却看到,与他们正相反的现代新儒家的开山人物梁漱溟在这一点上恰恰是赞成他们的。他认定陈独秀等人在中国近代经历了洋务、兴学、立宪、革命等种种挫败之后,把矛头指向文化是一针见血、有的放矢之举:"他们的意思要想将种种枝叶抛开,直截了当去求最后的根本。所谓根本就是整个的西方文化——是整个文化不相同的问题。"[1]所以,他认为陈独秀《吾人之最后觉悟》将中国不发展的症结归到"伦理"上是正确的:"这是两方问题接触最后不能不问到的一点,我们也不能不叹服陈先生头脑的明利。"[2]后面他对李大钊谈中西文化的诸种对比,也大致表示了肯定。那么,梁漱溟肯定他的论敌的主张用意是什么呢?第一,他要阐明社会差异、制度的差异之根本在文化上,这一点没有问题,陈独秀、李大钊等人针对

---

[1]梁漱溟:《东西文化及其哲学》,《梁漱溟全集》,第一卷,济南:山东人民出版社,1989年,第334页。

[2]梁漱溟:《东西文化及其哲学》,《梁漱溟全集》,第一卷,第335页。

文化开炮没有问题;第二,中西文化的确非常不同,甚至从根上就不同。因为从根上就不同,所以陈独秀的《吾人最后之觉悟》就是对的,因为,他找到文化上了。但是,反过来,梁漱溟又认真说明,这些不同是中西文化的不同,不是人类文化的不同。人类自有一种"大文化"是涵括中西的。中西的差异乃至于表现在当时的中国与欧洲的巨大实际落差都是文化造成的,这种落差放在"大文化"的内部比较是这样的,但是,如果将它们放在人类总体文化上看则是另一回事,即人类文化最终的路向是一样的,但是,从古至今走的路段前后顺序不一样,这是中西印文化的差异的根本所在。中西印在人类文化的路上一起步就走了不同的路段,从这个意义上,没有优劣之分,都是一条大路上的必由之路,只是,他们一开步各走了大路的其中一段,因此差异就出来了。但是,这种差异就导致了最终的结果的大不同。寻找这种大不同的根源就要在人类各民族文化的根上看,用梁漱溟的用词或说法,文化是一种活法,或者我们通常叫"生活方式",这种生活方式都是人类"意欲"驱动的。这种人类原初的意欲在中国与西方走出了不同的路径,这就是不同的文化类型,这个差异巨大的中西文化的发展造就了今天的各自面目全非的社会后果,但是,按梁漱溟说,它们又都是在同一条人类发展的大路上,只是一起步大家就直接走上了三段道路的各自一段。这每一段道路人类的思想要求其实是不同的,因为它们对人类的"意欲"的要求和方向不同。

同为人类意欲的驱动,但是其实现的路径在东西方完全不同了,中国的路径是直觉,西方是理智。梁漱溟其实没有直截了当地讲清楚何谓"意欲",按照他的意思其实就是活法,具体地说就是"活"或生活的"驱动力"。他这时候接受了柏格森的一些思想,但是还没有触及当时在西方日渐活跃的弗洛伊德等人的精神分析等关于无意识、潜意识等理论,等到梁漱溟晚年则开始大量使用心理学的术语和理念试图重新诠释他的主要思想。他在当时把论述的重点放在了东西方或中西之间具体的差异方面。西方人的活法或生活方式就是民主与科学,就是个性发展、讲究权利,在对自然满足自身方面则是运用逻辑、分析、解剖等方式推动人的活动的展开、延伸。而中国人则是只服膺于一个最高的权力或权威,譬如皇帝,而不知道其他的生存共同体的方式了,这是在群体生活上;在具体活法上论理依赖玄思或玄学,行动依赖直觉、本能。梁漱溟的直觉、本能与弗洛伊德的不同,他的直觉或本能里面包含着人的德性本能,在梁漱溟看来这是中国文化的本性,甚至他认为这就是理性。他在《东西文化及其哲学》中还没有提出这个概念,但是后来在《中国文化要义》等著作中则直截了当地这样说了。他说:"中国人讲学说理必讲要到神乎其神,诡秘不可以理论,才算能事。若与西方比看,固是论理的缺乏而实在不只是论理的缺乏,竟是'非论理的精神'太发达了。"[1]从论理来的是知识,非论理来的全不是知识。[2]因为,科学所讲的全都是多而且固定的"现象",而玄学(包括阴阳五行等等中国文化的各种表达方式和运用方式)都讲的是一而变化、变化而一的"本体"。[3]这就是"直觉"。这种直觉因为针对的是"本体"而不是直接的现象界的某物,因此它是动态的,这一看法恰与李大钊的看法相反,李大钊把中国文化说成是静的,把西方文化看成是动的。

梁漱溟认为中国哲学的思维方法是通行于现象与本体:因此它的概念是抽象的,不但阴阳乾坤是抽象的,即便是说到"潜龙"、"牝马"也不是具体的,所以,这种认识抽象的意味的作用方式就是"直觉",非直觉而不能。感觉或理智或把握表层或得到概念都不能获得对现象本体之通达的认识。他认为,中国人的这种外在认知或行动的思维方式和他的道德行动的思维方式的本质是一样的,他特别着重阐发了孔子的"仁"的思想,认为这是直觉的或"本能"的,这就是儒家的"生"的观念

---

[1]梁漱溟:《东西文化及其哲学》,《梁漱溟全集》,第一卷,第358页。
[2]梁漱溟:《东西文化及其哲学》,《梁漱溟全集》,第一卷,第358页。
[3]梁漱溟:《东西文化及其哲学》,《梁漱溟全集》,第一卷,第359页。

和孔子的"仁"的"观念"——它本身都是生命的活的机体的表达方式。道德的直觉就是不计算,计算是理智的功夫,我们把这一点拿来和韦伯的理性化理论对照正是对应的。韦伯认为,中国文化的非理性化是它的致命的地方,因为他不讲算账,算账或复式簿记制度是近代西方的发明,它正是成本收益核算的基本要求。但在梁漱溟看来,不算账是中国文化的本质。不算账也可以叫做"不认定",与佛家的"不着有"有可比之处,虽然不完全相同。[1] 他说,孔子是"不讲理的",即任凭直觉,他的不讲理似乎不通而最通,常人的讲理似乎通而最后全不通。[2] 这叫随感随应、自然妥帖,"此敏锐的直觉,就是孔子的仁"。[3] 梁漱溟在这里将他的新的理论阐发出来并与西方的分别的、算账的理智对立起来,他说:"这自然流行日用不知的法则就是'天理',完全听凭直觉,活动自如,他自能不失规矩,就谓之'合天理';于这个之外自己要打量计算,就通通谓之'私心'、'私欲'。王心斋说的好:'天理者,天然自有之理也,才欲安排如何,便是人欲。'"[4]梁漱溟特别指出,这里面最怕理智出来计较算计,私欲不见得一定是人的私心、私欲,声名利禄之类,计较、算计就是私欲,就不是直觉的本来面目,直觉一退出,仁也就消失了。[5] 理智只是我们人类生活的工具,把这个工具认作本体就是非颠倒了。[6] 梁漱溟把这称作是儒家性善之理,后来他直接称作是"理性",以便将这种直觉的性善的理和本能的欲望区分开来。

梁漱溟到这里转了一圈,又重新肯定了中国传统的伦理观念,但是他也没有否定西方人的权利观、民主价值和科学精神。他只是说,这两种活法都是对的,只是可能适应的阶段不一样而已。因此,他既想承认

[1]梁漱溟:《东西文化及其哲学》,《梁漱溟全集》,第451页。
[2]梁漱溟:《东西文化及其哲学》,《梁漱溟全集》,第451页。
[3]梁漱溟:《东西文化及其哲学》,《梁漱溟全集》,第453页。
[4]梁漱溟:《东西文化及其哲学》,《梁漱溟全集》,第454页。
[5]梁漱溟:《东西文化及其哲学》,《梁漱溟全集》,第454—455页。
[6]梁漱溟:《东西文化及其哲学》,《梁漱溟全集》,第460页。

西方的民主与科学的时代意义,又不想放弃中国人这种直觉的不算账的情理的生活样态,即便他有些早熟的痕迹,不利于当代的生活。到抗战前后,梁漱溟提出理性的概念以避免直觉或本能的交叉含混,这样他开始考虑中西文化二者的融合了。他把理性观念置于中心位置,将理智置于其下作为工具方便,但是,他又肯定西方思想的特殊意义,尤其是团体生活的意义。其实,是想以理性观念统摄中西文化,即以中国文化的理性为基质完成一个文化观念上的创新。

梁漱溟承认陈独秀等人所谓伦理的突破,承认民主和人的个性之张扬的必要就是否弃旧有的天理法则。从戴震提出"以理杀人"到新文化运动提出"礼教吃人"再到陈独秀的伦理的更新革命,都是对传统的天理天则与人伦价值相统一的道统价值的反叛。梁漱溟虽然讲周孔伦理,但是他也承认传统伦理对人的束缚,但是,他又看到,儒家文化并没有像新文化领袖们所认为的那样简单粗糙和不堪,或者说他们只是看到了中国文化的表层。换句话说,他认为,中国文化的深层结构是颠扑不破的,即直觉的思维方式,但是,表层的运用制度可以改变。他既认肯儒家仁学的直觉的意义,又想获得现代西方所发展起来的科学方法和团体生活的生活样式,但是,又试图避免人与人之间的紧张对立,这就是一种融合性的重建了。在仁学的基础上重建理性,扬弃天理的外在宰执和制度性束缚,重建自孔子就有的儒家文化中内蕴的人文的理性,这就是梁漱溟的意义,也是他提出"理性"概念的意义。没有一个本于人性的理性概念的引入,对传统的天理的破除与重建都不可能,尤其是对破中的立则更不可能,即破除一个旧秩序之同时,还意味着开始重新建立一个新秩序,这个新秩序的基石就是"理性",当然,这个理性是孔子的"仁"。但是,当梁漱溟提出"理性"之说的时候,显然,他在世俗层面已经构成了一种观念的预设。虽然,中国古代没有这种观念标榜的思维方式,但是,却有以伦理秩序和天道观念秩序构成的实际,到宋明则演变成一个天理与伦理的统合——这就是宋明以后以朱子学为标的的"理学"对近世中国的统治。对这种观念及其现实制度的爆破正是民初中国革命家和文化革命家的总目标。如何剥离附丽于传统道德价值之上的制度阴影是 20 世纪中国文化保守主义者的主要努力目标,当然,也包括对其中传统思想的内在反省,其中一个成果就是新的"理"学的产生,梁漱溟即是开拓者。不过,他们借用了西方哲学的"理性"观念,而这也成为 20 世纪中国文化保守主义的潮流。牟宗三的道德理性主义或道德理想主义在一定意义上和梁漱溟、熊十力所说的是一回事,不过他用了康德的笔法而已。冯友兰当然更是理性主义了,因此,这是在新文化运动之伦理突破之否弃天理伦理统一之后的再造过程。这也就是后面的新儒家们如牟宗三重新提出所谓的道统、政统、学统的目的之所在。他们之间的理性观念未必完全一致,但是大体都是以儒家心性之理奠基起来的,即扬弃外在超越天理和制度架构的根基于人性道德本心的新"理性"或人文理性,因此,他们之间有着基础上的共性。这个"理性"观念虽然在 20 世纪的中国并没有引起足够的重视,但是,它作为现代文化的一个支流潜存下来,正在融汇进入现代世界哲学的构建之中。同时,在目前看,鉴于大陆儒学的多元化复兴,它在 21 世纪中国儒家思想的重构中可能会起到一种新的平衡作用。如果我们对它有一个更完备的认识的话,它或许为 21 世纪中国新文化的意义重建作出自己的贡献。因为,文化保守主义特别重视生命秩序即意义重建的问题,但是今天的大陆新儒家在对它所谓的"哲学化思辨"痛贬的同时,也许会丧失这种在理性层面重建的现代性价值,甚至又产生现实桎梏的可能。[1]

---

[1] 这也是笔者个人对当下儒家复兴运动的一丝隐忧,不管是其中的公羊学运动或儒教复兴运动,对 20 世纪初叶新文化运动的极力贬低和对儒学之人文意义的设定不再强调是其共相,但是,这样发展会否衍生新的社会专制或非理性狂热也是颇值得思考的。20 世纪的现代新儒家并不是这样,他们是在接受新文化洗礼中的自我辩证,试图寻找出一条意义秩序的自我确定,人类价值的共同尊享的普遍化思维,而不是特殊主义的思想路径。

（二）良知政道：基于人文理性秩序的政统建构

20世纪中国实际的变革是基于文化革命的政治革命和社会革命，即如林毓生教授所批评的总体性的思维方式，这一点尤其表现在激进主义的思想中为最明显，所谓全盘性的反传统、一体性的反传统——政治革命、社会革命和伦理革命的总体性思维。陈独秀的"吾人最后之觉悟"就是从"政治的觉悟"走向"伦理的觉悟"，用陈独秀自己的话就是"伦理思想，影响于政治，各国皆然，吾华尤甚"。[1] 他认为中国的纲常伦理就是政治，这个伦理就是等级森严的价值观，而西方近代的道德政治则是自由、平等、独立的观念，这是中西方之间根本的分水岭、不可通约之处。在中国实现共和立宪而却采用传统的纲常名教那是自相矛盾和行不通的。[2] 以胡适等为代表的自由主义在这个问题上的观点基本与此略同。20世纪其他中国文化保守主义者的政治观念同梁漱溟的看法基本相似，认同西方的民主价值，并认为这是未来中国的发展趋势，但是，他们却试图以中国本土文化的价值"嫁接"西方民主的理念和制度，甚至于说"嫁接"还会引起他们的反感，如牟宗三先生，他的意思就是从自身文化中"实现"现代民主理念和制度，当然，仅就他个人来说，他只能做这个思想的理论工作——良知自我坎陷开出民主与科学，这就是他说的实现，事实层面的"实现"究竟是否是这回事，那是另一个问题。但是，他的意思很明白，中国文化内里包含着开出民主和科学的基因，因此，无须把中国文化的传统全部推翻重来，这是他所讲的中国文化的新的使命，他们自己的使命则是为此讲出一番道理来。简单地说，就是为中国文化尤其是被新文化运动批得死去活来的儒家"正名"，但是绝不是复古，而是重新估定它的内在的合理价值，并在此基础上构建一个融通中西的价值秩序和政治秩序。

---

[1] 陈独秀：《吾人最后之觉悟》，《五四运动文选》，北京：生活·读书·新知三联书店，1959年，第17页。
[2] 陈独秀：《吾人最后之觉悟》，《五四运动文选》，第17页。

　　牟宗三指出,中国人从民初开始就在追求现代化,但是,却是以对儒家传统的颠覆为前提的,"事实上,儒家与现代化并不冲突,儒家亦不只是消极地去'适应'、'凑合'现代化,它更要在此中积极地尽它的责任"。[1] 这个所谓的积极地尽责任所指何谓呢? 牟宗三认为就是要从中国文化的内在价值和目的中确定"现代化"的指向:"我们说儒家这个学问能在现代化的过程中积极地负起它的责任,即是表明从儒家内部的生命中即积极地要求这个东西,而且能促进、实现这个东西,亦即从儒家的'内在目的'就要发出这个东西、要求这个东西。所以儒家之于现代化,不能看成是'适应'的问题,而应看成是'实现'的问题,唯有如此,方能讲'使命'。"[2]这个使命就是开出科学与民主政治。而科学和民主政治在牟宗三看来源于一种西方人特有的"事功精神",即英美的事功精神,这种精神在中国传统的理性主义,即道德理性主义中付之阙如,或者说不被重视,当然这不等于中国人不要事功,只是不特别突出从而在精神上也不特别强调之。中国古代的理性主义重视的是成圣成贤或者重视豪杰精神,而不重视一般的"办事精神",但是,就是这种寻常的"办事精神"在今天的时代是最重要的精神特质,即民主科学的精神,这就是梁漱溟在最初看出的西方人的"直觉运用理智"或"理智的精神"。现代化是一种事功主导的社会,现代化也是事功发扬的社会类型,但是,在牟宗三看来,成就圣贤的精神与事功精神之间不是冲突对立的,而且,中国人传统也向往事功,但是从今天看,事功必须在民主政治下才能实现。[3] 需要指出的是,牟宗三在这里还没有说出来的是,在西方坚船利炮冲决下的中国人的"事功"意识已经暴涨,但是"事工精神"则有待真正确立。从这个意义上说,"民主政治即为理性主义所蕴涵;在民主政治下行事功,这也是理

[1]牟宗三:《政道与治道》,新版序,桂林:广西师范大学出版社,2006年,第3页。
[2]牟宗三:《政道与治道》,新版序,第3页。
[3]牟宗三:《政道与治道》,新版序,第11页。

性主义的正当要求。这是儒家自内在要求所透显的理想主义——理性主义的理想主义"。[1] 对"科学"的诉求也同样如此。儒家并不反对知识的追求,"儒家的内在目的即要求科学,这个要求是发自于其内在目的的"。[2] 因为,儒家讲良知,重在动机和目的上,但是没有合适的手段,这个良好的动机也是无法实现的,良知、道德内在的本质地要求知识作为传达动机的手段和工具。因此,儒家必须肯定科学,这是自然的。[3] 中国儒家文化的更生即现代化首先是要求"新外王",民主政治是新外王的"形式条件",而科学知识则是新外王的"材质条件"。牟宗三说:"新外王要求'藏天下于天下'、开放的社会、民主政治、事功的保障、科学知识,这就是现代化。"[4]"民主政治能够表现一些'藏天下于天下'的理想。儒家学术最内部的要求亦一向在于此,但是从未在现实上出现,而今天之现代化亦主要在要求此一理想的实现。"[5]

在牟宗三看来,中国传统政治和现代西方发展的民主政治都是"理性主义"的,只是这两种理性的运用和表现方式存在着极大的差异。若说其分歧即在一个是"道德主体",一个是"知性主体",因此,一个表现为"综合的尽理之精神",一个表现为"分解的尽理之精神",亦即一个是道德理性,一个是认知理性,这后者就是梁漱溟所说的"理智"或理智精神。前者是"实践形态",后者是"理解形态"或"认识形态"。在中国古代,因为理解形态的未产生或不发展,则导致历史中逻辑、数学与科学的不发生,国家、政治和法律的完成形态也无法克成,因为,集团生命的组织形态正是逻辑、数学和科学由以产生的分解的知性精神的凸显。这一点其实在梁漱溟的《东西文化及其

[1]牟宗三:《政道与治道》,新版序,第11页。
[2]牟宗三:《政道与治道》,新版序,第11页。
[3]牟宗三:《政道与治道》,新版序,第11—12页。
[4]牟宗三:《政道与治道》,新版序,第15页。
[5]牟宗三:《政道与治道》,新版序,第15页。

哲学》中已经阐述得比较清楚。梁漱溟把它们看成是两种生活样态,其根源也是理智和"直觉"(后来用"理性"代之)的分途所致。梁漱溟所谓西方人惯于集团生活同时又个性充分发展,转到牟宗三就是在分解的知性或(理性)之下"对列格局"的形成,[1]只有"对列格局"展开才有个体的主体的独立和并立,才有所谓梁漱溟以及陈独秀、李大钊等人乃至以前梁启超、严复等人都所看到的西方个人权利的极充分的意识和实践。因为,中国传统的治道是理性即道德(理想化状态下)的作用表现,不是对列格局形态的人人平等、对等的形式,而是 sub-ordination 的隶属形态,即垂直的等级的样式,而西方的民主制度则是基于理性的对列格局之思维背景的分解理性的架构表现,因此,牟宗三认为,中国现代化的道路就是"转理性的作用表现为理性的架构表现",实现基于个人权利平等基础上的政治的对列格局的形成,这就是民主政治。因此,牟宗三的政治理性主义就是在他的道德理性主义下的第二层次,即梁漱溟的"理智"的自我凸显的运用过程。如果说在哲学上,梁漱溟与牟宗三致力于重建道德理性的新哲学的话,那么,牟宗三则开始致力于说明怎样从道德理性中推导出它所能够涵容的分解理性,虽然它和价值理性之间形成敌对关系,因而它是经过一个自我否定的转折才能开出的,但是,从目的论的层面它其实是一种直接诉求;从生成论的角度则是一种间接的关系。但是,在牟宗三看来,这是在肯定道德理性主义的前提下的一种努力。两种理性既存在着冲突关系,即分解的理性恰恰是要在道德理性的圆融之中解脱出来;但是,正是如此,也说明,分解的理性不外于道德理性本身,道德良知是它的母体,但是,认知理性或分解的理性是一种反思的理性、对待的理性,是主体人格的展现,它对个体人格和法治的实现是根本性的,这是中国人在传统社会中最缺乏的,即自我否

---

[1] 牟宗三:《政道与治道》,新版序,第17页。

定一种伦理共同体的存在而趋向于一种政治共同体的建构形态,以
形成一种有别于道德人格和艺术人格的主体人格的构成,显然,这是
一种"理智"运用的理性主义的建构形式,其内核是知性的思维方式
的形成。这样一种关于"政治"的理性主义是新儒家在 20 世纪的创
制,即在肯定儒家道德理性主义的前提下,扬弃他们总体性的伦理共
同体的制度形态,建构现代政治理念及其思维方式:分解对待的个体
主体性,这样一种知性的理性主义是科学思维模式和政治思维模式
的统一形态,因为其目的在于扬弃天道伦理建构知识"论理",但是又
不脱德性的根源和命脉,因此我把它称作是良知政道的建构法则,是
20 世纪中国现代理性主义有别于胡适等自由主义理性主义价值观念
下的一种文化保守主义的特殊发展形式。

(三)人文理性与演化理性:中西保守主义关于"理性"的差异性
认知

从上文我们已经可以看出,20 世纪中国保守主义的主流正如陈
来先生所言的,他们是文化保守主义,他们所讲论的"理性"或可用梁
漱溟的"情理"概括之。所谓"情理"既不是天的派生物,但是也不外
于天道,即是这种不离不一的关系。它是直接发端于个体生命的道
德本心,但是,又具有一定的道德先验性,但很明显,这个理性不同
于康德的道德理性的规定性,不是纯粹的形式理性的,它是人道的、
人文的、人生的、社会的,是天道、人道合一的。因此,从这一点看,20
世纪中国文化保守主义的"理性"观迥异于 20 世纪的西方保守主义
的最大学派——所谓演化论的保守主义者们,诸如哈耶克、奥克肖特
等人的理性观念,他们以对所谓"建构理性"的批判确立起一个"演化
理性"的观念。如果非要说有所接近的话,钱穆的传统观大体上与此
略有相近之处。

哈耶克作为 20 世纪西方主要的保守主义思想家对很多问题都做
出了重要论述,从哲学层面看,给人印象最深的当属他对于两种"理

性"的区分。[1] 哈耶克认为,在对人类活动方式的考察中,有两种思考模式特别值得关注:一是强调人类理性能力的无限性,一种是意识到我们自己思维能力的局限性,这两种思维路径会导致截然不同的实践路向。他说:"第一种方法使我们感觉到我们在实现自己愿望方面拥有无限的力量,而第二种方法却使我们一方面达致了这样一种洞见,即我们能够可以创造的东西是颇为有限的,另一方面则使我们认识到了我们现有的某些愿望确实是幻想。"[2] 第一种观点认为,人类的制度是人为设计出来为人的行动目的服务的,换句话说,制度存有其自在的目的性。我们需要做的是发现这个目的,其实就是工具,然后去设计这个工具出来,哈耶克将之称为"建构理性"。哈耶克认为这是一种简单幼稚的将自然进化的现象拟人化思维的结果,但是,正是这种幼稚的思维方式在近代正好受到这个时代所谓"理性时代"的哲学思维方式的支撑。而第二种思维方式则认为,人类进化的成果呈现出某种有序性,但是这种有序性不是人为设计出来的,恰恰是它在非人为的自然"增长"或"进化"过程中逐渐生成的,某种人类惯例的形成一方面在它发生时带有偶然性,另一方面也是最重要的是:它在人类发展过程中因为发挥了重要的支持性功能而被选择下来,但是这不是人为预设的目的促成的,也不是根据一个设定的目的人为建构而形成的。[3] 哈耶克将第一种思维方式的蔓延归罪于所谓笛卡尔的唯理主义哲学的诞生。他认为,笛卡尔的几何学的推理思维强化了人类思维能力的自我推崇,并增强了目的性思维及其运用工具的拟人化行动方式。他把它称作是"笛卡尔式的完全的行动理性",是设计师或工程师式的思维观念,简单地说就是设计蓝图式的思维方式,是在某种特定目的指引下的

---

[1] 如果借用梁漱溟的意见,他们所说的理性其实都是"理智",但是,为了方便,我们还是用"理性"一词,在必要的时候再作出分校。

[2] [英]哈耶克:《法律、立法与自由》(第一卷),邓正来等译,北京:中国大百科全书出版社,2000 年,第 2 页。

[3] 哈耶克:《法律、立法与自由》(第一卷),第 3—4 页。

人为设计和操纵。[1] 这种对未来抱有全知全能的观念在哈耶克看来是极其危险的。

哈耶克认为,人类制度的形成只是一系列具体的规则,而且这些规则是演化生成的,不是人为设计出来的。人类的强大不在于他"制定"了这些规则,而是在于他"遵循"了这些规则。[2] 问题仅仅在于这些"规则"是怎样在未经人们人为约定的条件下形成的? 人们又是如何遵守的? 规则当然也是一种约定,但是这种约定不是有目的设计出来的。为什么人们不能人为设计制度呢? 问题仅仅在于他们没有可能掌握他们所身处的世界——基于广泛分工所形成的庞大的复杂系统。我们如果概括或深化一下,大概是这样一个推理:第一,广泛分工所导致的知识的分布的广泛性、复杂性;第二,人们的生活是基于生存的自在欲望推动下的一系列的"生活事实",这些事实是我们身处的"世界",我们对"它们"所拥有的只是"体验"和"遵循",而不是抽象出来化为知识体系和条文加以规定或概括,因为,这种演化本身正如波普尔所认为的是在技术推动之下的无限可能性的"开放世界"。所以,我们如果从知识论的角度来界分这两种理性,或可说成是"知识构造理性"和"知识分布与演进理性"。[3] 就后者而言,这种分布的复杂性和演进的不可预知性是人类理性能力所不及的。

哈耶克所谓的演化理性中的成分的确比所谓的建构理性复杂,因为,它包含了理性的认知成分,这个认知既有知性的又有德性的,它是一种混合的杂拌。但是,如果我们来识别现代新儒家的"人文理性"的话,很显然,道德理性是其主要的内涵,当然,这些也不是绝对的,譬如不愿把自己纳入新儒家阵营的钱穆就特别重视"传统"——浸淫其中的文化的熏染和连续性。梁漱溟虽然最早把"理性"概念赋予清明的

---

[1] 哈耶克:《法律、立法与自由》(第一卷),第8页。
[2] 哈耶克:《法律、立法与自由》(第一卷),第7页。
[3] 这只是笔者个人的一个概括形式。

道德,但是他却坚持儒家原始性的"周孔教化"和"伦理化的家族制度",在这个意义上,他是一个二元论者。但是,如果从根基上来说,他又是一个道德理性主义者,把这种看法套到牟宗三和冯友兰也都是合适的,这也就是新儒家常被称作是"社群主义"的缘故。因为,他们对中国传统的家族伦理秉持一种相对复杂的态度(康有为和熊十力是很显著的例外,他们有很强烈的超越意识,直接可以舍弃中国自然演化的"家族认知"体系)。牟宗三和冯友兰、梁漱溟则是一种先验道德和经验道德的二重性并置的态度,或者是双层性观念。20 世纪中国文化保守主义中的另一个重要派系钱穆的思想则与上述思想家有较大的不同,我将之称为人文理性的两歧。

（四）人文理性的两歧

我们把 20 世纪文化保守主义的思想界定为"人文理性",但是,这是从广义来说的,一方面对比于被"五四"新文化运动痛批的传统社会的天道、天理和宗法伦理合一的价值体系;一方面对比于与现代新儒家同时产生的突出科学理性的科学主义的价值观念。所谓人文理性既是接受了近代思想价值观念洗礼的现代理性主义的价值,同时又是秉承于中国文化传统之人文精神的价值,这个人文精神凸显了中国古代文化中的人文秉性,扬弃了其天道和宗法家族伦理的同构性。但是,这种人文理性在这些思想家那里又呈现为两种不尽相同、甚至各有特征的色彩:在梁漱溟、牟宗三和冯友兰那里,"理性"是其思想的重心,中国文化的特质是通过他们所理解的某种理性特征展现出来的;而在钱穆等文史学家那里,他们不重视这种以某种观念设定的文化,而是强调像梁漱溟所指出的文化是一种"活法"或生活样式的界定,把某种生活方式及其"惯性"即"传统"作为他们的"人文理性"。我们完全可以把钱穆解释为一位"理性主义者",但是,这个理性不是哲学的含义,而是政治学的含义,即"现实主义";另一种是情操上的理智主义,这一点与"学衡派"比较吻合。因此,就我们这里所提到的钱穆与"学衡派"的人文理性这一点也与20世纪西方的保守主义有其可比较的相似和相异之处。

在20世纪的文化保守主义者中,钱穆的特殊性显而易见,于今日的所谓大陆新儒家亦有同者。于今,大陆新儒家有公羊学,颇为推崇康有为的学说,并渐成主流,这一支派以经世为鹄的,对纯粹的学理学院分析不屑一顾,虽然也有学者身在学院之中;另外一支其实也在这一大支派之中的,即将钱穆思想作为自己思想的奥援,譬如秋风教授即对钱穆先生的历史观颇为认同。心学一系为另一重要分流,以学院派为主,则早已有之,虽然并不真的畅旺;如果还有一支的话,就是"社会思想派",这一支派试图把儒学思想社会化,与民间的教化合流,但是不一定像第一支那样强调儒学的宗教性。钱穆的思想对这几种流派都有一定的影响,但是又都不是其中的思想核心,这是与他的思想特质有关系的。钱穆其实是一个经史传统和社会治理传统并重的学院派学者。他的人文特质体现在他对中国传统人文文化广义上的普遍认同和重视,而他的"理性"则更加体现在后者之中,即看重中国传统社会中的以"士大夫"为重心的生活方式和国家整合方式,因此这与20世纪初叶的无论自由主义还是社会主义的"平民理念"产生了冲突。钱穆并非"贵族",整个20世纪中国文化保守主义者都不认为中国传统社会存在所谓的"贵族",他们甚至不认为传统社会存在"阶级",但是,他们普遍有一种"文化精英"的精神,这就是"士"的精神。但是,这种精神在哲学家那里是以中国文化的"理性"元素体现的,因此,他们特别看重这种"士的精神"中的道德原基,但是,钱穆作为一个史学家则看重"士的精神"的"土壤"。他其实是注重中国文化中的"人文性教养"成分,这个成分中不只是道德涵养,也不只是文化元典中的子部或经部,而是经史子集四部都是文化的内涵,没有更加核心的内核,这是他与哲学家们的重大差别。余英时曾说,钱穆"一向认为中国学术传统以贯通和整合为其最主要的精神。经、史、子、集虽为四部,四部之内又各有千门万户,但是所有部门都呈露中国文化的特性,因而也都可以互通。他常说,在中国学术史上,通儒的地位往往在专家之上。'通儒'自然是一种理想境界,不是人人都能企及。但每一时代总有少数人被尊为通儒;凡是足当通儒之称的大概都是较能破除门户之见的学人。"[1]余英时在这里所谓的对"通儒"的尊崇或强调经史子集四部的贯通都是意有所指的,它们都指向新儒家的哲学思维方式和对传统文化中突出道德理性和心性学的倾向。这里可以看出,钱穆和20世纪中国现代新儒家之间的差异,这是在中国文化的人文界定上的区别;另一个重要的差异是关于"人文理性"中的"理性"。梁漱溟、牟宗三的理性乃至冯友兰的理性都指向儒家所唱扬的"道德"或道德涵养过程中的"心性的展露"层面,而若说钱穆有所谓人文理性,他的理性就是"传统"或"传统文化"本身,以及对传统之连续性的"思维"。他的这种观念其实是一种"理智":对传统生活方式的认同、自觉的认同,并将之贯穿到社会变革的过程中,在这一点上它相对更加接近一点所谓苏格兰启蒙学派的思想,包括自承这个学派传人的哈耶克的思想,而且也有一点接近柏克的思想。如果说,牟宗三强调朱子的"别子为宗"还是在整个儒学或理学的内部,那么他的现代的论敌即不是钱穆而是冯友兰。[2]钱穆则只能是更广义上的儒家了,所谓的"通儒",而这个儒就是人们通常意义上理解的"儒生"而不是"儒士",或宋明理学家所说的"学者"。因此,钱穆与张君劢在政治理念上的分歧就是自然的。主张心性立场的现代新儒家其实只是强调生命涵养奠定生命意义和秩序的儒家,而钱穆则是生活与存在意义上的儒家,他的存在是日常存在和文化存在,而不是新儒家所强调的生命之本根的存在。他要"为故国招魂"招的也是"士的生活方式"——从读书到做人乃至为政;而新儒家则是招的"士的精

---

[1]余英时:《钱穆与中国文化》,上海:上海远东出版社,1994年,第32页。
[2]笔者近年来一直在论证冯友兰先生的儒释道和理学、心学的贯通性。这一点陈来先生早就有所表示。但是,同时,我们也不能不指出,毕竟冯友兰和牟宗三存在内部的重大分野。

灵"和血脉,用王阳明的话就是那一点点"骨血",二者之间的确存有较大的分别,钱穆的人文理性有近于尊重传统的"演化理性"。

欧洲另一位现代政治保守主义思想家奥克肖特和哈耶克一样批判近代以来的理性主义政治观念及其哲学根源。他强调,近代以来的理性主义突出技术控制的可能性,这是理性主义泛滥的结果,因为他们忽略传统的连续性和实在性。他说,那些规划政治的人的政治,即"理性主义的政治是政治上没有经验的人的政治,最近四百年欧洲政治的突出特征就是他们遭到三种类型的政治无经验——新的统治者、新的统治阶级和新的政治社会——的侵袭,无须强调,理性主义政治是多么适合那些不是被培养或教育来搞政治的人了"。[1] 如果说,钱穆和奥克肖特之间有一些共同之处的话,那么他们对于精英治理可能会有类似的话语内涵,但是这一点却并不适用于现代新儒家们。于此,我们应该有一个相对清楚的认识,这倒不是确定彼此的对错,也许我们在今天的情势中根据这种分野的历史根据和各种可能性从中汲取不同的经验或教益。

第三节　普遍主义与中体西用、反本
开新和守先待后诸观念

一、哲学方法论——融通与开拓的自觉:作为普遍主义的中国保守主义

在开始进入中国保守主义讨论的时候,我想给出一个我们自己的看法:保守主义不是一种特殊主义的论述,在中国这一点尤其明显。特殊主义有相对主义的方法论倾向,而相对主义则一般强调问题的独立

---

[1] 奥克肖特:《政治中的理性主义》,张汝伦译,上海:上海译文出版社,2004 年,第 23 页。

性和特殊性。中国的保守主义当然有这方面的一些思考,但是这不是主流,他们的主流是走向西方的发展方向。梁漱溟的观点之特殊仅仅在于他的"普遍主义"将中国文化看作了人类未来的选择,而将西方的社会景象和思维方法看作是中国今天的选择,与大多数人譬如同样可以列入文化保守主义的冯友兰等相反而已,但是,他还是普遍主义的。例外者极其罕见,钱穆也许算是一个例外。中国保守主义的方法论与西方政治保守主义的方法论相类似,基本都是"调和"、"折中"以及融通。"融通"是中国文化保守主义的主旨,他们都同意,中国物质水平低落,器物和制度需要改进,甚至于文化某些方面都需要调整,他们和激进主义和自由主义的差别仅仅在于他们提出融合,而不是连根否定、连根拔起。中国文化保守主义的特殊性仅仅在于有一个主流派别的"反本开新",它的寻根意识以及从根出发创新的观念尤其突出而已,而这个创新其实从中国自己文化出发走向西方,与激进主义或自由主义的差异仅仅在于不能否弃中国传统文化的意义,甚至于这个意义不仅仅是中国的。

　　虽然,中国文化保守主义强调融合、融通,但是从来没有弱化他们对中国文化在人生价值确定和修养层面的普遍意义,乃至于人类性价值。这个问题其实是从康有为开始的,他的《大同书》已经昭示了这一点,因此,也有不少人不把他看作是保守主义者,但是,依据我们前面关于保守主义的几个判据,他是一个社会连续性和情境主义层面的保守主义者无疑;梁漱溟一开始就是从人类路径出发的,是这样的普遍主义自不待言,他的融合也是普遍的,中国要向西方学习那种向前的思维,而西方人也会在他看来很近的时期内向中国学习另一种思维;熊十力其实也是这样的,他的关于"本心"的探究不局限于人群、族群,他在晚年几乎开始重走康有为的路线,但是似乎比康有为更彻底。"现代新儒家"的核心圈层也是这样的,从牟宗三的"良知说"到杜维明的"文明对话"他们的视野逐渐转向了世界和人类。20世纪早期出现的《学衡》

派,作为一个经典的学院式思想派别,他们的观念一开始就是普遍性的,这和他们的老师白璧德如出一辙,他们所唱响的人文主义并不是一种地方主义、族群主义、历史主义的论述,而是一种关于人类生命存在的基本训练要求和基本价值要求的观点。在 20 世纪初叶具有较好科学素养的杜亚泉因为其直接明了的"折中"、"调适"理念更是这种方法论的鲜明代表。20 世纪中国保守主义的思想范围大体在世纪性的国家危机、民族意识危机和历史性变革的交织中思考中西文化的关系以及社会和政治变革的战略和策略等几个方面的问题,还有中西关系交涉的过程中,譬如政治实践之中又牵涉到政治的战略和策略的关系等等,这也是二元过程中寻求调适的理念之形成的根据。

　　20 世纪中国保守主义的哲学基础不尽相同,有一元论者,也有二元论者,这样他们之于中西文化以及物质与精神等问题的调适或融通的路径也就不完全一致,他们分别表现为现代新儒家的理性主义和倡导人文主义者们的二元一体论。前者以精神统摄世界,以精神为基元开出新的文化,是哲学家们的取径;一般为文史学家的二元论者强调以精神训练和文化涵养,以自律、约束、恪守传统人文精神和教养实现身心平衡和社会平衡。但是,他们共同的都是反对单纯的经验主义和功利主义价值,维护中国传统中的精神价值。除此方法论,保守主义还有几个重要的修辞成为 20 世纪保守主义的主要价值关切和诉求,并成为文化争论的焦点。下面从我们的角度重新予以新的诠释。

二、意义世界的重新确定与继续前行:中国保守主义的几种方法论修辞

　　中国的新文化运动及其前后的思想变革是传统中国之意义世界的毁灭性的冲击,这是一个身心秩序的破坏和重建过程。当时运动中心的主角们即革命者们自然应该也是这样看的,他们正是展开着对一个旧世界的毁灭性打击。从对保守主义者的感受来说其实和对激进主义

者和自由主义者的冲击感受没有二致,他们的不同只在于文化重建或人生意义、社会意义重建的出发点和方式是不一样的。文化保守主义的重心在于身心生命的关注,这不是说自由主义等其他思想流派不关心生命,而是关心生命的重心不同:一个是生命中的精神的安顿,一个是生命之本身的存活或舒展,这二者之间有联系也有重要的区别。从张灏先生所提出的三个迷失可以看出,文化保守主义特别的关怀之处:他们所有的困惑都集中在中国在学习西方的同时如何安顿生命上,究其实是寻找生命安立的根基,这是他们的焦点。生命存在意义上的安顿说,其实也同时包括个体生命与民族生命的双向安立和同时安立。你看到谈及个体生存问题,其实背后又有民族问题和文化问题;你看到谈及的国家问题,其实里面内蕴着关于个体生命之自由或价值的思考。虽然当时一直到二十世纪后半叶的保守主义者们的侧重点不尽相同,但是大体在这个范围之间,即以什么样的方式处置一个系列性的二元化难题:个体的自由、快乐与精神的安顿之关系?我们的文化和政治是转换还是重塑?政治上是革命还是改良?即我们过去曾经耳熟能详的"古今中西"问题。这真的是二十世纪唯一贯穿始终的根本性难题,保守主义者提供的只是自己一方的答卷,而实践似乎从来就是颠簸和循环的。

(一) 中体西用与中庸调和

"中体西用"的思想不是张之洞的首倡或发明,在此之前已经有不少人提出相关思想,诸如冯桂芬、王韬、郑观应等,大体以道器关系论述中学西学,也就是中国的伦理纲常相对于已经被视作一体的西方器物制度之学问,但是这个概念的系统化是张之洞集中提炼出来的,也是这个思想的集大成者,其实最重要的应该是这样一种思维方式的集成者。这个思想与康、梁、谭等人相比是保守的,与顽固派相比又是进步的甚至是激进的,从情境主义的视角看,这自然就是那个时代的保守主义。其实,仅仅在这个意义上理解"中体西用"这个概念的功能还不足以完全道出这个名词给百年乃至更长时期中国思想界的影响力。"中体西用"本身已经构成一种思维方式和思想观念:如果我们暂时抛开张之洞的具体思想,而从方法论层面看,它是以超越和扬弃中西对立的思维方式为出发点的。所以,张之洞在《劝学篇》序中说:"旧者因噎而食废,新者歧多而羊亡;旧者不知通,新者不知本。不知通则无应敌制变之术,不知本则有非薄名教之心。夫如是,则旧者愈病新,新者愈厌旧,交相为瘉,而恢诡倾危乱名改作之流,遂杂出其说以荡众心。学者摇摇,中无所主,邪说暴行,植流天下。敌既至无与战,敌未至无与安,吾恐中国之祸,不在四海之外,而在九州之内矣!"[1] 张之洞在这里左右开弓,试图走一条中间路线。

张之洞的《劝学篇》,常为人诟病的有两点:其一,美化清王朝的统治,"自汉唐以来,国家爱民之厚,未有过于我圣清者也。请言其实"云云。后面如"立法平允,其仁如天"、"本朝待士大夫最厚"等等,这在当时其实已经难以说服人心,至少是相当的民心和已经开始初步形成的知识分子群落。但是,张之洞这番言辞谆谆,到底是一种思维策略,还是发自本心,还是二者兼具? 这是张之洞的内心秘密已经不可考。在当时的士大夫中,张之洞是典型的改革派,孙中山后来认为武昌起义是张之洞给准备的思想和人才基础,尤其是在湖北。而且张之洞与康、梁的关系也很微妙,开始一直鼎力支持他们;但是,张之洞也的确与康、梁有重大的分歧。康有为在当时所要突出的"全变、速变"在张之洞那里肯定是不能接受的,当然在思想和学术取径上,张之洞与康有为更存在严重的分歧,那就是对待孔子及其学说的方式。康有为的《新学伪经考》和《孔子改制考》在当时起到了惊世骇俗的作用,一定意义上宣传了"改良"或"改革"是儒学的基本命题,向前而不是后顾是孔子的价值

---

[1] 张之洞:《劝学篇》序,《张之洞全集》,第十二册,石家庄:河北人民出版社,1998 年,第 9704 页。

观。但是,平心而论,康有为这两本书起到的积极性和它带来的思想质
疑和反弹,究竟得失如何,实在难以遽断。提出一个革命的孔子在鼓吹
资产阶级民主思想中的意义是有的,但是,这个意义到底有多大,也许
需要反省,却无疑引起了诸多反感。康有为这个思想肯定是他和张之
洞思想分野最重大的一环,是张之洞在思想上嫌厌他、最终走向决裂的
根本之处,虽然,不能否认张之洞作为一个官僚、政客有保全自己的战
略选择,但是二人的思想分歧不能否认,这种分歧也是表明在当时康有
为和张之洞一个激进、一个保守的表征,而这个保守更应该诠释为当时
的"保守主义"。

　　张之洞对清廷的吹捧其实不必认真,这对当时王朝的官员自身来
说,如果要推行改革路线,表面逢迎一下即可,因为张之洞也明确指出
了当时的积弊。他在《劝学篇》中受到批评的第二点是对民权思想的
否定,这是他与康、梁、谭等人的最大分歧,在当时即遭到胡礼垣等人的
十分激烈严厉的批评。张之洞将"民权"曲解为人的追求自由乃至于
绝对自由,否定政治权力的存在。他这样就将政治权利和政治权力对
立起来,似乎针对当时的一些看法,但是有故意歪曲之意。他的见解
是:"至外国今有自由党,西语实曰'里勃而特',犹言事事公道,于众有
益,译为'公论党'可也,译为'自由'非也。"[1]"此时纵欲开议院,其
如无议员何? 此必俟学堂大兴,人才日盛,然后议之,今非其时
也。"[2]张之洞对于要求开议院,提出退一步的看法,即那也必须等到
学堂开启,人才培育形成之后方可。可见,张之洞并不是完全反对民权
的认识,但是,他在《劝学篇》中的这些思想究竟是他的全部的真实想
法还是有所保留也难以定论,这是我们评价张之洞的困难之处。张之

---

[1]张之洞:《劝学篇》,《张之洞全集》,第十二册,第9723页。
[2]张之洞:《劝学篇》,《张之洞全集》,第十二册,第9724页。有学者认为,张之洞并不
　　简单地反对立宪,而是反对民主立宪,但是赞成贵族制的立宪政体,与当时的改良
　　主义者的观点相近。参见贾小叶《从〈劝学篇〉看张之洞的立宪思想》,载《北京电
　　子科技学院学报》2004年第1期。

洞体现其当时中庸的地方在于以下几点，第一："今欲强中国，存中学，则不得不讲西学。然不先以中学固其根柢，端其识趣，则强者为乱首，弱者为人奴，其祸更烈于不通西学者矣。"[1]第二："若书院猝不能多设，则有志之士当自立学会，互相切磋，文人旧俗，凡举业楷书、放生惜字、赋诗饮酒、围棋叶戏，动辄有会，何独于关系身世安危之学而缓之？古人牧豕都养，尚可听讲通经，岂必横舍千间，载书兼两而后为学哉？始则二三，渐至什伯，精诚所感，必有应之于千里之外者。昔原伯鲁以不悦学而亡，越勾践以十年教训而兴，国家之兴亡，亦存乎士而已矣。"[2]这二者，一个是提出中学西学兼用及其体用的关系，第二个就是开设学堂，但是张之洞的特点不在于开设学堂而是在于对民间"学会"的提倡，其实，这是他对不立即开行议院的一个弥补。虽然，这似乎只是一个类似中国传统书院类型，但是如果普遍行之，则就形成了一种"市民社会"的结构形态，而且张之洞主张这些都是关心乃至于问政的所在。综观张之洞思想，核心还是"中体西用"的概念，这是 20 世纪中国保守主义最重要的修辞。他的发明本身并不见得有后世所引发的诸多蕴涵，但是它本身在后来的 20 世纪中国成为了一个话语符号，代表着保守主义和自由主义对于中学和西学、身体和心灵、精神与功利之间对立的最初展开。张之洞将中学定义为身心修养之学，定义为"内学"，给予"中学"以十分明确的界定，后来的现代新儒家正是从此出发的。当然，基于张之洞自己对于"中学"的理解，他绝没有现代新儒家那样对儒学道统中的心性专注、具体而微，但是，这个在他那里相对广泛的说法成为 20 世纪中国保守主义的共同修辞。他在当时已经意识到中国正在面临一场重大的意义危机，从社会秩序和人的生存依托的生命价值，因此他应该是这个系统回应的首倡者。虽然，在 20 世纪各

---

[1] 张之洞：《劝学篇》，《张之洞全集》，第十二册，第 9724 页。
[2] 张之洞：《劝学篇》，《张之洞全集》，第十二册，第 9741 页。

种论战中,不同学派的思想家对于"中体西用"大都回避或持批评态度,但是,其精神实质不出于这个修辞本身所构成的中西之间对比、对称、对立的二元含义,这个二元性思维统治了20世纪保守主义和一元化思维的激进主义、自由主义之间的思想斗争。这其中呈现的是思维方式的一元化还是二元化的问题。前者偏于激进,而后者则相对保守,这与西方保守主义的思维模式也有类似之处;另外,现代新儒家的"返本开新"正是对"中体西用"的回应和超越。

(二)　反本开新与道德理性的承当

"反本开新"是20世纪中国保守主义(严格地说是文化保守主义)最招展的旗帜和最响亮的口号,它主要是由现代新儒家即熊十力及其弟子牟、唐、徐等人展开的,另外梁漱溟也扮演了重要角色。其思想核心是基于儒家"内圣外王"的理念,力图在传统儒家心性修养及其本体基础上拓展至社会建设,成为一个新的基于生命养成而导向社会向着现代性迈进的一种新儒家的理论设计。他们的思想是一本的,即心性之本,这是天道,从儒家传承谱系来说也是道统,因此是"反本开新",但是在未来社会的设计上和开出上也是两行的甚至是多元的开放的。熊十力和梁漱溟基于其思想本身和在中国大陆的体验等阐发的是从心性本体走向社会主义,而在港台地区的牟宗三等人则是坚持"五四"民主与科学的理念,走向自由主义,标志是张君劢、徐复观、牟宗三和唐君毅1958年在香港《民主评论》共同署名发表的《为中国文化敬告世界人士宣言——我们对中国学术研究及中国文化与世界文化前途之共同认识》。《宣言》系统阐释了以传统儒家心性为根本的中国本土文化立场和中国要走向民主发展的现代性路向以及这二者之间的内在相依性和发展可能性。牟宗三、徐复观和唐君毅此后分别在不同侧面对这一设计进行了论证。牟宗三和唐君毅侧重于心性理念的自足圆成和自我确立,这是在他们老师熊十力"本心"理念基础上的辅之以哲学思辨的发展;牟宗三和徐复观侧重于中国传统人文意识中的普遍性、现代性以及与现代政治连接的工作。徐复观和牟宗三着重中国士大夫的"忧患意识"则是意在展开中国知识分子从古代到今天的相对于官僚政治体系的独立性,徐复观还着重于知识分子的抗议性,以此展示中国传统儒家士大夫的道德价值尊崇中所蕴涵的现代意义,他们都在试图建立一种道统的自足性、独立性和圆满性。为了科学与民主在中国的发展,他们为此甚至不惜在《宣言》中提出道德的"暂忘说",道德让开一步,让知性理念在中国首先确立起来,以促成科学思维和民主平等理念的实施。当然,最体现反本开新理念的是牟宗三提出的"良知坎陷说",即良知坎陷开出民主与科学,这是现代新儒家为实现"反本开新"所做的最大的发明创造,此说一出,真如鲁迅先生评价众人说《红楼梦》一样,众说纷纭,不一而足,相信关于这个问题的争论还会持续下去。道德理念本体和政治社会现实是一种什么样的关系?二者有没有可能建立一种连接?在唯物主义者那里,这样的问题不须讨论,有连接但自然是社会存在决定社会意识;在自由主义者那里其实也不须讨论,理念是重要的但不是道德理念更谈不上道德本体,理念是关于人的生存的理念,人与人关系的理念诸如自由、平等、功利、效率、民主、科学等等,跟先验的价值几无关系。当然这更凸显了中国20世纪保守主义者的理想主义、传统主义的特质及其反对经验主义的品格。[1] 保守主义的理想主义就是回到道德根本开出现代价值乃至于在此基础上开出现代社会的构思。这一点在梁漱溟也是如此,他不仅理论上试图说明,而且实践上做了甚大的努力。

梁漱溟在早年强调的是中西文化路径的阶段论,即西方文化相对于中国文化是现实的,中国文化是未来的,当然印度文化更是后来的。

---

[1] 这里不是曼海姆批评的"传统主义",即先天存在的维护传统的惯性的传统主义,而是指在现代性冲击下的对传统价值的高度自觉认同的"传统主义"。我们在导言中着重于提出问题而不是阐释论证,因此,这里均不做全面铺陈论述,会在正文中就有关问题展开。前面对张之洞稍作叙述,是因为在后文中将不对他再做太多的详细说明。

以此说明中国文化不是过时的、落后的和衰败的等等。以此说明人类历史上不同的发展阶段有不同的意欲的诉求,中国的意欲持中的方向要在明天展现其意义,因此,中国文化不但不落后而且超前,这是一个理论上的论说。但是,当梁漱溟真正走入中国社会实现他改变中国的宏愿时,他不得不面对中国这种意欲持中的理念如何与西方那种由意欲向前所形成的集团生活和个人平等自由之间的对接,这样他不得不走向"嫁接论"。但是,他终究没有也不可能像西化论者那样全面倒向西方,而是走向一个反本开新的路径,回到中国的"理性",强调在中国传统伦理基础上发展出一种新的文化:"中国儒家并没有反对宗教(反对宗教是很笨的事,此种笨的事,他不作),他只发挥了一个与宗教相反的方向——'理性'(开生机)。"他不仅强调理性,同时还回到"生命","生命是一面有其痛痒知觉,一面能应付其痛痒问题;我们无论干什么事非体会'生命'这意思,因生命自然之道,发挥生命之作用不可"。[1] 他在山东农村搞乡村建设,试图建立一种以中国本土文明为根基的现代社会组织,"这个社会组织乃是以伦理情谊为本源,以人生向上为目的,可名之为情谊化的组织或教育化的组织;因其关系是建筑在伦理情谊之上,其作用为教学相长。这样纯粹是一个理性组织,它充分发挥了人类的精神(理性),充分容纳了西洋人的长处"。[2] 梁漱溟考察到西方现在正在走向"社会本位",因此认为可以从中国人的理性(道德的本心)出发,实现在社会伦理架构基础上的乡土社会重建,而且这个重建是在走向西方的现代的价值和社会组织形态的。这可以说是梁漱溟在进入具体社会改造以后从文化的阶段论者变成了嫁接论和反本开新主义。冯友兰几乎同样也是如此,虽然他的思想主轴是理学和实在论,但也是要重建中国的人文境界并走向现代生活,当然他的

---

[1]梁漱溟:《乡村建设理论》,《梁漱溟全集》,第二卷,济南:山东人民出版社,1990年,第421页。

[2]梁漱溟:《乡村建设理论》,《梁漱溟全集》,第二卷,第308—309页。

反本不一定是从此出发而开新,它可以是并行的路径。但是,毫无争议,反本开新是 20 世纪中国保守主义的最大话语修辞,现代新儒家的后学杜维明等人是在这条路上的在世界文明对话路径上的新的继承者。

反本开新在意义追寻上的贡献无疑是最大的,当然争议也是最大的,因为在其他思想流派的学者看来,现代新儒家尤其是心性论者把个体价值依存和社会秩序架构的可能性都交给道德圆成实在是不切实际得过分,甚至是一种思维的臆想,是西方老黑格尔主义的畸形的演绎,今天再谈内圣外王的构想是不经之谈,但是,争议意味着它具有价值,因为,争议本身代表着人们对它的重视,这个问题的争论远没有结束。

(三) 守先待后与融通渗透

这个标题下涉及的仍然是新儒家(但是广义上)的重要人物,那就是史学家和思想史家钱穆。钱穆在 20 世纪中国保守主义中占有重要位置,但是以往大有忽略,这里有多方面的原因。但是,对这样一个重要角色的忽视是需要补足的,因为他是 20 世纪中国保守主义中集合了文史、政治和思想史意义上的一个综合体,有很多的意味。从他的弟子余英时以下,无论在大陆、台湾以及海外都有很大的影响和不少的追随者,更重要的是"守先待后"是一种类型的保守主义,需要关注,值得研究。

首先是"守先待后"之何谓? 陈确《答沈朗思书》中谓:"夫以程朱之贤,即不表章《大学》,而循循焉惟孔孟之从,必可以守先待后,为一代大儒无疑也。"[1]其基本含义就是"传承",即古人所谓"传不习乎"和孔子"述而不作"之意。在陈确看来以程朱个人的基质和修为,即便不突出宣扬那些"格物"、"致知"的学问和功夫,只是顺着孔孟学说即将《论语》、《孟子》思想继承下去、传播开来就是一代大儒了。这就是一种类型的儒者,即对古代思想只是做一个坚定的传承者的角色。当然在 20

---

[1]陈确:《答沈朗思书》,《陈确集》,北京:中华书局,1979 年,第 575 页。

世纪的中国,仅仅这样做也是不容易的,甚至是很不容易的,因为这个时候的儒家价值观正在接受严格的思想检验和刑事判决,大多数人已经将它处以了死刑。因此,反本开新一系的学者是一种典型的保守主义,他们是一种普遍主义类型的保守主义,即他们认为中国的思想在人生的意义上具有普遍意义,这一点在梁漱溟最显赫,因为他认为中国文化是普世的而且是超前的。现代新儒家中的心性学派即熊牟一系其实也是认为中国文化中的道德修养具有普遍性,这是天地间的学问,不是纯粹的一个民族的学问,虽然它是在中国民族和中国文化中形成的。良知能够坎陷、德性能够圆成自然是具有人类意义的,其他民族没有,只是没有做这个学问罢了。这是一种有根的学说,也是一种寻根的学说,这个根不是宗教,但是有上溯宗教性精神的意义,这是从梁漱溟、熊十力到牟宗三、唐君毅都十分努力确证的,是一种为个体精神安身立命的学说,在现代新儒家看来,"五四"的冲击有中国人生命、尤其是慧命断根之虞,因此这是生命意义重寻的学说。与此相比,钱穆没有这种意识和抱负。但是,他的意识和抱负也十分宏大,他也自认为在维护中国和中国文化的命脉,但是里面没有宗教性,而是突出历史性、文化性和学术性。

余英时曾经写道:"钱先生的学问宗主在儒家,终极信仰也归宿于儒家这是不成问题的。但是他的基本态度是所谓'守先待后'(也就是述而不作);他的主要旨趣是在阐明中国的学术传统,以待后起者之自为。因此,他从未自树新义,而期人以必从。"[1]钱穆的治学范围广大,但是没有宗教性情怀,以中国文化的文史经学总体为本,同时对中国传统政治、尤其是士大夫政治传统抱有强烈的好感和认同,因此,他对"五四"新文化的几乎所有层面都是不太感冒的,无论是胡适的思想还是他所倡导的实验方法,更不要说激进主义的思潮了。因此,钱穆的保守主义思想清晰而强烈,对中国的整个传统抱有同情心,按余英时的

---

[1] 余英时:《钱穆与中国文化》,上海:上海远东出版社,1994年,第55—56页。

说法叫"一生为故国招魂",这个说法是很贴切的。他这个魂不同于现代新儒家中心性论的主张,是没有终极关怀、没有根基的追溯,是一个广大的躯体,也没有强烈的开新走向现代性的主张意图,显然他的思想更保守。如果钱穆早生三十年,他的思想可能远不及康、梁,最多与张之洞相仿佛。[1] 钱穆对中国文化的同情和认同有时候到了令人惊异的地步,他痛切"五四"的荒诞,也不认同外国资本主义走向帝国主义的侵略性,可以说他唯一的钟爱就是中国文化,他对中国文化的历史绵延不绝有着强烈的自豪和推崇,并以在这个时代抉发其中的价值为己任。这个价值的源泉不限于思想学术而广及中国历史中的各个领域,新文化运动诸人最痛恨的政治制度也在钱穆辩护和搜寻其价值正当性的范围之内。当然,这与钱穆自己叙述的当时在那个巨变时代的中国的被动性、中国文化的处境危机有关系,他为"中国不会亡"而奋力。[2]

钱穆思想的出发点有强烈的文化民族主义的动因,他也在自己的意义上重建中国文化的信念、信心,也是重新在完全怀疑甚至完全否定的时代确证中国文化的价值和意义。这种文化相对主义走到对西方的认同限于勉强和愤怒,对中国传统的认同诚挚而热烈,在情感上走向了另一种普遍主义:如果西方文化是间断的而且帝国主义不会长久的,那么中国文化就具有普遍性了,这种推理应用于钱穆并不一定十分勉强。因此,在20世纪生活了一生的钱穆作为一种以传承为己任的一类保守主义尤其值得关注,在和保守主义阵营内部以及和其他思潮的对比中衡论他的成败得失是十分必要的。钱穆的保守主义也不是简单的守旧主义,虽然他守先的色彩明显,但是,也是从相对的角度而言。他也是立足于现代性的基本要求譬如民主、科学等概念出发的,虽然他的理解

---

[1] 钱穆弟子余英时在《钱穆与新儒家》中反复强调钱穆思想之承接传统面向未来的面相,但是,也许是处在20世纪这个激烈动荡的时代,钱穆的总体面目与趋前的思维方式似乎存在着相当的距离,这也是一个事实。

[2] 参见余英时《一生为故国招魂》,《钱穆与中国文化》。

可能与众不同。他对科学及其发展趋势不特认同,认为民主有多元形
式,你可以认为钱穆这种思想有多元现代性的早期萌发。同时,他对中
国传统文化尤其是传统政治有独特的理解,认为其中有诸种现代性的
因素。因此,他虽然在为文化传统和古典政治辩护,但是也是站在现代
价值认同的意义上来进行的。他有点文化相对主义的成分,正因为如
此,他的文化价值观有交叉渗透的含义在里面。

前面简述 20 世纪中国文化保守主义的修辞特征,并非说在整个
20 世纪中国没有典型的政治保守主义,但是,那的确不是重点。但是,
大体来说,20 世纪中国保守主义不是守旧的而都是向前的,这也是保
守主义的特质所规定的,即便钱穆一直在颂扬中国政治传统并受到张
君劢的激烈抨击,但是,他也不是要完全退行到历史中去,而是在抉发
传统的价值和意义的层面上的回归,因此可以适当放到"融通"的意义
上来理解这一种保守主义。真正"融通"的保守主义是杜亚泉和吴宓
等的《学衡》派。

(四) 接续主义、情境主义和中道

接续主义是杜亚泉的概念,这个概念本身具有一种理论上的标志
性或有一种哲学方法论的意义在内。从内容上说,他和钱穆关于文化
本身就是传统的意思相近,但是,杜亚泉是从政治上说的,这就有了不
同的意义。杜亚泉的比方是关于个体的存在。每个人的生存都是一个
连续性的存在,不可能一生的事情在一天之内毕其功于一役,因此,连
续性是人生的一个常规。换句话说,每一天都是昨天的继续,都是明天
的开始,因此人生是连续的,不是间断的。他的连续性还有筹划的意
思,不能"今朝有酒今朝醉,明日愁来明日当"。这是个人立身之本,推
广于家庭、社会乃至于国家皆可。[1]　在国家政治的意义上,接续主义

[1] 杜亚泉:《杜亚泉文存》,上海:上海世纪出版集团、上海教育出版社,2003 年,第 13
　　页。

表示的是开进与保守的统一。第一,接续主义自然是开进的,但是开进而无保守,则国家基础可能动摇。因此,所谓保守是在意免于"纷更"的保守,不是复古。第二,重视国家在动荡过程中的传统尚未彻底中断者,予以必要的维护,即断而未断的地方,需要特别注意;另一方面,对于已经断裂的地方需要修复,"为不接续之接续"。[1] 民主国家较君主国家更要注意接续问题,因为总存在着政权更迭的情况。杜亚泉针对接续的方式提出的是道德的方案。他认为,政治家之道德是国家是否断裂或连续的根本,当然政治家之道德也是个人的道德,因此,道德的涵养是国家政治的要点,是维护国家不致翻云覆雨的条件。而国家的肆意颠倒则会导致国民的道德坠落,而国民道德坠落,则国家更加破裂衰败,构成一种恶性循环。[2]

杜亚泉的接续主义首先和柏克的思想十分接近,自不待言。他和亨廷顿的情境主义也有类同之处。亨廷顿虽然标志为情境主义,但是,他实际上重视的是政治变革的连续性。譬如,他认为民主化进程的开放会导致社会动员、参政热情的高涨、参政机会的敞开等等,但是,这也可能会导致一个不可控的进程的出现,所以如何把握这种条件十分关键。社会与经济的现代化对政治和政治体制的影响有:传统社会与政治集团的瓦解、对传统权威忠诚的削弱、传统体制解体导致心理上的崩溃与反常等等。[3] 他说:"产生政治混乱并非由于没有现代性,而是由于要实现这种现代性而进行的努力。"[4] 因此,社会动荡是现代化的必然产物,但是,避免动荡的不必要的损失和伤害是需要思想家和政治家考虑的问题之一。从这样的角度,显然,康有为也是在这个层面上思考的思想家之一员。康有为的激进与晚期的保守成为人们激辩的话

[1] 杜亚泉:《杜亚泉文存》,第13—14页。
[2] 杜亚泉:《杜亚泉文存》,第15页。
[3] 塞缪尔·亨廷顿:《变动社会的政治秩序》,上海:上海译文出版社,1989年,第40—41页。
[4] 塞缪尔·亨廷顿:《变动社会的政治秩序》,第45页。

题,今天对他的重新重视,说明今天的中国也还面临着类似的问题存在。他试图在信仰和功能主义两个层面上同时发挥孔子甚至可以说利用孔子,有其认识深刻的理由存在,这也是不能否认的。

接续主义和情境主义在认识论上是一种"中道"或"中庸"哲学。中道是《学衡》派的一个重要观点。但是,他们主要是在个体身心修养的平衡层面上和防止精英文化和大众文化的对立层面上的提撕,针对新文化运动的革命派的激进而言的,而不是在政治变革的意义上、乃至于一般意义上的考量。但是,从《学衡》秉承白璧德的人文主义本身来看,中道犹如亚里士多德的伦理学其实是一种哲学方法和精神,这是我们今天看待保守主义值得思考的一个重要向度。

第一章　20世纪中国保守主义的哲学基础

第一节　理性主义对抗经验主义

一、胡适实用主义的经验主义及其方法

20世纪的中国保守主义以文化保守主义为主体,我们在讨论他们的哲学基础的时候是以文化保守主义为核心的。[1] 20世纪中国文化保守主义者很多是哲学家(这也是一个很值得研究的现象),即便不是哲学家也有自己的哲学理念,我们把他们大体界定为理性主义者和二元论者,理性主义者以学院和民间的哲学家为主体,即我们前面所说的一元论者;二元论者大体是文史学者,譬如《学衡》诸老和钱穆这样的史学家。他们对抗的是另一种基本上的一元论者,我们把它称作经验主义者,这是以胡适为代表的自由主义学者群体。[2] 胡适的实验主义在当时的学术界影响巨大,与进化论一道成为中国思想界当时重要的思维方法和理论指南,影响遍及自然、社会科学界乃至史学界,譬如顾颉刚等人的"疑古史学",他们也是保

---

[1] 我们会在后面专门讨论政治方面的问题。

[2] 社会主义者以唯物史观为思想理念核心,更是一元论的,其实也是经验主义的,实用主义的经验主义者在学界和思想界影响巨大,而唯物主义者在社会群众中传播甚广。保守主义大体在思想上与这两派人士是有严重分歧的,讨论的对手也是他们,但以胡适实验主义为主。

守主义辩论的主要对手。[1]

　　文化保守主义的理性主义不是科学理性而是道德理性,因此在牟宗三那里他有时候叫"道德理性主义",有时候又叫"道德理想主义",这二者几乎是同一的。牟宗三说:"此怵惕恻隐之仁心何以又是理性的? 此所谓理性,当然不指理论理性,即逻辑理性而言。"[2]"这个仁心之所以为理性的,当从其抒发理想指导吾人之现实生活处看。仁心所抒发之每一理想皆表示一种'应当'之命令。"[3]"这个理是从怵惕恻隐之心发,所以是'天理'。天理即是天定如此之理,亦即无条件而定然如此之理。自其为公而无私的,正义的,客观地言,它是一个有普遍性之理,即它是一个普遍的律则。"[4]这种以道德理性为根本旨归的哲学当然与以科学实验、实效为标榜的科学主义的思维方法形成激烈的冲突。双方的论战贯穿于20世纪,这论战以20世纪初的"科玄论战"为重要标志,但是此论战从梁漱溟的《东西文化及其哲学》即已开始,"科玄论战"其实只是一次论战,"论战"的意味很浓,但是论战双方的深度欠奉,他们的主将并不是台前的几个人,在保守主义的对岸不论对手是谁,其背后都或隐或显的有一个胡适及其哲学的影子,胡适所代表倡扬的实验主义是继进化论介绍之后最重要的科学派的思想武器。

　　胡适对实验主义哲学的介绍主要限于詹姆士和杜威,针对的是西方传统的哲学的理性主义的思维方式,但字里行间锋芒所向的却是中国传统思想和传统文化观念。胡适对詹姆士实验主义的三重意义做了系统的阐释,包括方法论的实验主义、真理论的实验主义和实在论

----

[1] 在这些方面和社会主义者辩论的则是自由主义者,保守主义的争论多集中于胡适的实用主义哲学。

[2] 牟宗三:《道德的理想主义》,长春:吉林出版集团有限公司,2010年,第20页。

[3] 牟宗三:《道德的理想主义》,第21页。

[4] 牟宗三:《道德的理想主义》,第21页。

的实验主义。方法论的实验主义重点是"要把注意之点从最先的物事移到最后的物事;从通则移到事实,从范畴(Categories)移到效果。"[1]他认为詹姆士对传统的理性主义哲学进行了激烈的抨击和讽刺,认为他们都是在玩弄辞藻和名称,不切实际,他认为:"'宇宙的道理即在名字里面,有了名字即有宇宙了(参看中国儒家所论正名的重要,如孔丘、董仲舒所说)。"上帝"、"物质"、"理"、"太极"、"力"都是万能的名字。你认得他们就算完事了。玄学的研究,到了认得这些神通广大的名字可算到了极处了。'他这段话挖苦那班理性派的哲学家,可算得利害了。他的意思只是要表示实验主义根本上和从前的哲学不同。实验主义要把种种全称的名字一个一个地'现兑'做人生经验,再看这些名字究竟有无意义。"[2]在他看来,玄学或形而上学都是玄幻无实的名称空谈,只有在现实中验证的确凿的事实才是真实的实在,这便是实验主义的根本方法。它用来规定事物的意义、观念的意义和规定一切信仰。一个观念就像一张支票,上面注明它的可兑现的效果,如果大自然见了这个支票即刻就能兑现,那这个观念就是真的,否则就是假的。信仰的意义要放置在人生实际中观察,两种争执的学说如果对人生实际上没有分别性的影响那就说明他们都是废话。[3] 对于所谓真理观,胡适也直接挪用詹姆士的学说:"凡真理都是我们能直接消化受用的;能考验的,能用旁证证明的,能稽查核实的。凡假的概念都是不能如此的。"[4]真理要能稽查核实,真理的功能在于做经验的"摆渡"而不是静态的和实在的符合。这种真理观叫做"历史的真理论"(Genetic Theory of Truth),"所谓真理,原不过是人的一种工具,真理和我手里这张纸,这条粉笔,这块黑板,这把茶壶,是

[1] 胡适:《实验主义》,《胡适哲学思想资料选》,上海:华东师范大学出版社,1981年,第57页。
[2] 胡适:《实验主义》,《胡适哲学思想资料选》,第58页。
[3] 胡适:《实验主义》,《胡适哲学思想资料选》,第58—59页。
[4] 胡适:《实验主义》,《胡适哲学思想资料选》,第60页。

一样的东西;都是我们的工具"。[1] 如果这个工具不合用了,它就不是真理了,就必须更换。"真理所以成为公认的真理,正因为他替我们摆过渡,做过媒。摆渡的船破了,再造一个。帆船太慢了,换上一只汽车。这个媒婆不行,打他一顿媒拳,赶他出去,另外请一位靠得住的朋友做大媒。"[2]所以,像三纲五伦、天圆地方,就相当于工具的更新,过去用过,过时了,过气了,就得废除。因此,胡适这种价值观是必然遭到信奉儒家和古典西方学说的人士激烈反对的。

　　詹姆士为胡适提供了真理观,杜威则为他提供了科学研究的方法论。杜威关于经验是知识,经验不独是知识,经验还是方法、是工具、是应付环境的法子,这些思想为胡适深深服膺。詹姆斯和杜威的实用主义在哲学上有重要的意义,但是,它的产生有其特定的历史环境因素,如果抛去这些具体性而将之普遍化也会产生新的问题。胡适在接受实用主义哲学的时候就似乎没有做出必要的省察,而将其作为一种全新的哲学同时又是对付中国传统思想的一个重要武器。这个武器就是杜威的实用主义具有民主和平民主义色彩,正好是对付贵族化、知识化、专业化和社会等级化的最有力量的工具之一。这个工具就是不把"知识"抽象化、绝对化并成为少数上层人的专利,所以胡适在这里引用并加以引申。"杜威说:'知识乃是一件人的事业,人人都该做的,并不是几个上流人或几个专门哲学家科学家所能独享的美术鉴赏力。'从前的大病就是把知识思想当作了一种上等人的美术鉴赏力,与人生行为毫无关系;所以从前的哲学钻来钻去总跳不出'本体'、'现象'、'主观'、'外物'等等不成问题的争论。现在我们受了生物学的教训,就该老老实实承认经验就是生活,生活就是人与环境的交往行为,就是思想的作用指挥一切能力,利用环境,征服他,

---

[1]胡适:《实验主义》,《胡适哲学思想资料选》,第61页。
[2]胡适:《实验主义》,《胡适哲学思想资料选》,第62页。

约束他,使生活的内容外域永远增加,使生活的能力格外自由,使生活的意味格外浓厚。"[1]胡适所信奉的这种哲学具有时代意义,但是当他把对实用主义的信奉和当时流行的生物进化论等思维方式一并不加消化地吸收,就形成了他的一些庸俗化的倾向,即知识和日常生活的混同,精神的取消,生物本能和经验的混杂等等,这就成为了儒学家和人文主义者攻讦的目标。

胡适在杜威那里接受的另一个重要的思想是科学研究的"五步法":"杜威论思想,分作五步说:(一)疑难的境地;(二)指定疑难之点究竟在什么地方;(三)假定种种解决疑难的方法;(四)把每种假定所涵的结果,一一想出来,看那一个假定能够解决这个困难;(五)证实这种解决使人信用;或证明这种解决的谬误,使人不信用。"[2]在胡适看来,杜威的五步法,其核心是第三步即"假设",这一步承上启下,后面两步是求证,这样就构成了"大胆假设"和"小心求证"的两步法。其验证的方法还是通过生活实践看这种理论及其构想对实际生活有没有用处,"人生实际的事业,处处是实用的,处处用效果来证实理论,可以养成我们用效果来评判假设的能力,养成我们实验的态度"。[3]问题是,这个效果指的是什么?就是人们生活的满足?生活的满足就是物欲的享受?人们的精神生活在哪里?人生的意义是否就是追求"生活"的满足?这些问题胡适并没有给出结实的答案,这正是 20 世纪的保守主义者们对此质疑、责难的地方。

二、人文理性主义者对实用主义方法论的批评

(一) 经验方法及其使用的偏颇

经验主义在欧洲的出现其实应该是人类思想史的一个重要的成

---

[1] 胡适:《实验主义》,《胡适哲学思想资料选》,第 70—71 页。
[2] 胡适:《实验主义》,《胡适哲学思想资料选》,第 73 页。
[3] 胡适:《实验主义》,《胡适哲学思想资料选》,第 79 页。

就,它对独断论以及由此产生的思想或宗教等专权的垄断是致命的冲击。中国自严复开始逐渐接纳经验主义和进化论的思维方式,但是经验主义有一个共同的毛病,那就是对人类精神世界保持高度的怀疑,对进化观念保持一种机械的认同,这两种思维有好的一面,但是也可能出现简单、片面的倾向。经验主义也是自由主义的哲学根基、命脉,甚至于现在人们一讨论西方保守主义的时候就会将休谟拉出来,他成了保守主义的第一人或保护神。但是,近代西方自由主义一开始就有几条路径,洛克以下,苏格兰启蒙学派偏右一点,而二元论的康德则中性一点。康德为自己的精神世界和人类精神世界都保留一个地盘,没有将譬如道德的自由意志归于经验范畴,中国的文化保守主义大体上接近于康德的二元论,但是,他们在思想上是复杂的,不一定在政治上都是自由主义的,只是对简单的怀疑主义和美国经验主义蜕变到中国后的效验主义表示了极大的反感。

严复的经验主义其实不是简单的而是复杂的和有所保留的,他其实是一个严格的二元论,可以以他晚年加入"灵学会"为证。其实,这二者互不否证、可以并行存在,当然,这可能对于一般的经验主义者不可思议。因此,严复以下,从胡适开始到其他经验主义的信徒在当时倡导新文化冲击封建旧观念的使命和科学信仰的引导下,有一种怀疑论的狂热。因此,丁文江说:"存疑主义是积极的,不是消极的,是奋斗的,不是旁观的。要'严格地不信任一切没有充分证据的东西','用比喻和猜想来同我说是没有用的',所以无论遇见什么论断,什么主义,第一句话是:'拿证据来'。"[1]这种对于人生哲学层面的"拿证据来"的说法令崇尚人文主义的学者或思想家完全无法接受,徐复观后来对此进行了激烈的抨击:"治学中的怀疑精神与思想中的怀疑主义,是不

---

[1] 丁文江:《玄学与科学——答张君劢》,《科学与人生观》,沈阳:辽宁教育出版社,1998年,第179页。

可混为一谈的。任何诚恳治学的人,一定会有怀疑精神。但怀疑主义,则即使在西方的思想史中,也只不过是不重要的小支派。稚晖先生漆黑一团的人生观,乃是不可知论,怀疑主义的大胆的结论。这与科学无关,因为从漆黑的人生观中产生不出科学。把怀疑主义的人生观,在中国与科学结合在一起,这是中国科学发展中的最大不幸之一。这也是为什么胡适先生这样地崇拜西方文化,但他连对西方的文学、史学也一无所知的最好的说明。"[1]

人文主义对经验主义科学方法使用的批评还有一个方面就是,其使用不是真实的而是虚妄的,是党派性质的即对人不对己的党同伐异,梅光迪曾就此进行抨击:"今之国中,时髦学者,亦盛言科学方法,然实未尝知科学方法为何物,特借之以震骇非学校出身之老儒耳。故其为学也,毫无审慎与客观之态度,先有成见,而后援引相合之事实以证之,专横武断,削趾就履。彼之所谓思想,非真思想,乃诡辩也。彼之所谓创造,非真创造,乃捏造也。又以深通名学,自夸于众,然其用归纳法,则取不完备之证据,用演绎法,则取乖谬之前提,虽两者所得结论,皆合于名学原理,而其结论之失当,无可免也。牛门(Cardinal Newman)、约翰亚当斯亦曰:'人乃运思之动物,非运思合当之动物也。'(Man is a reasoning animal.)故彼等所欲证明者,皆可证明之,以自圆其说,而倡其根据成见不合真理之伪学。"[2]梅光迪议论直指胡适,在梅光迪看来,胡适的科学方法强调审慎和客观,但是他只是拿着这顶光鲜的学院派的帽子震吓不曾接受这种学问的人,因为这种思想目的和出发点就不是真正客观的,因此他的审慎、客观都是用来约束别人的而不是拿来自己用的。基于这样的攻击性的目的和私心自用的企图,所谓演绎法、

[1]徐复观:《纪念吴稚晖先生的真实意义》,《中国知识分子精神》,上海:华东师范大学出版社,2005 年,第 77 页。

[2]梅光迪:《论今日吾国学术界之需要》,载《国故新知论》,北京:中国广播电视出版社,1994 年,第 142 页。

归纳法都使用得极其荒唐,在梅光迪看来,他们运用演绎则出发点即前提荒谬,归纳法使用则证据偏颇不足等等不一而足,这是从另一个方向上的批评,但也道出了当时争论各家各派的共同特征,即文化论战不只是一个学术争论,其中还隐含着价值争端,因此,所用的即便提倡科学方法的也未必全部适当、周延。

(二)"心灵"为测量所不及至及体认与经验认识的根本性差异

中国保守主义者同西方保守主义者一样,不是顽固派或单纯的守旧主义,因此他们对科学以及科学方法没有成见,甚至在其特定范围予以推崇,但是,就如康德的划界一样,文化保守主义的特征也是对科学以及科学方法的运用范围有自己的看法,不认为科学能够毫无保留地应用于人生价值层面。尤其是对个体生命德性的提升和对所谓宇宙"真理"的体悟,文化保守主义者更是有自己的系统理论,不容经验主义者们肆意的侵袭。他们不管偏向于心学家还是偏向于理学家,大都一致地认为,人生的道理是一种智慧,它和宇宙"大道"相统一;对于自然界和人类社会的认识大体在他们看来处于现象界的范畴,科学可以认识,但是超越这一界限,科学就无能为力了。胡适在批评张君劢的时候,抓住张君劢没有明确区分的物事和人事混同所说导致的所谓三个自相矛盾来说明人生观是受科学或逻辑规律支配的,但是,张君劢仅仅是在努力说明精神科学不存在预测问题,即人的自由意志与一般普通的科学是不同的。张君劢因为强调直觉主义而使问题暧昧不明,自由意志的提法在科学派看来如同"上帝"等概念一样的含混,后来熊十力、冯友兰等人的论证反倒比张君劢在科玄论战中的说法清晰得多。

熊十力指出:"科学的心理学,其方法注重实测,其解释心理现象以神经系统为基础。若站在科学的立场来说,余固不须反对。然或以为心理学之观点与方法可以发明心地,余则未知其可。"心理学以神经系统为基础,由其说必至于以物质为心灵之本源。其实,神经系统只是心作用之凭藉以发现,而直说为心理的基础,便似心灵从物质所生,此其观点实太偏而不正。[1] 他认为,运用实际测量的方法观察人的心理活动,不是不适当的,尤其是从人类心理现象本身还保留有动植物的生活机能与直觉、本能等活动性来看更是如此。但是,人类之特有的"仁心"是心理测量的方法达不到的:"如所谓仁心,则唯有反己体认而自知耳,诚非实测术所可及也。"[2] 心理测量方法是对形气体貌的实际观察、测度,这是对动物世界的有效方法,对人的躯体机能层面也是有效的,但是人与动物界有一个不同,那就是人的"仁心",这是动物界所不能达到的,动物只有知觉,实质就是动物蔽于形气,人类的"仁心"则是超越形气的桎梏,而与天地万物同体,这是人类的"高级心灵",是心理测量方法永远无法企及的。[3] 他提出哲学心理学以纠科学心理学之弊。哲学心理学就是中国传统的默识体认。熊十力还提出了一个"思维术"的方法,即所谓"直任明睿的思维深穷宇宙体用,动然旷观,毋滞一曲,须会其全;毋妄推度,要必有据。久之,体用透彻,而心之所以为心,有其源,有其关系,皆无复疑矣。若不明起源,则以心当作实体者,将超脱现实世界以养其神,而流弊无穷"[4]。在熊十力心物都非实体,心物相互依存,但是一般经验科学测度外部世界的方法不能全面地应用到心灵的深层问题,只能达其表层而已矣。这种通过科学概念说明的方式与其用"性智"和"量智"相类似。这是熊十力对具体科学来审视心灵问题的回应,他还曾多次一般性地或总体性地论及这个问题,即科学与哲学的分野。他认为当时提倡科学方法的人士把科学之向外求理的路径走得太过、太死,不了解人生生命之真谛和中国哲学探究这一问题的真实途径。他认为,哲学和科学探索的对象是不同的,领域也不同,因此治学的精神和方法也相应地全不一样了。科学的方法

---

[1] 熊十力:《体用论》,北京:中华书局,1994 年,第 220 页。
[2] 熊十力:《体用论》,第 220 页。
[3] 熊十力:《体用论》,第 220—221 页。
[4] 熊十力:《体用论》,第 222 页。

旨在"向外求理",因此,认为玄学是"虚悬与糊涂",一时之间,中国人都狂热地追求这种向外的思维方法,但是,中国哲学以体认考察世界,没有内外之分,当然这是从体认大道的层面来看的。其实真理不是别的,就是人生之理宇宙形成之理,个体与宇宙是融摄的、不是分别的,因此非体认不可,也就是说,外部观察性的和技术测量的方法与中国哲学对人生的体认方式存在着巨大的差异。这一点在"科玄论战"中没有真正体现出来,而熊十力的这些言论也是针对当时的氛围和思想界的环境有感而发的。

(三) 生命的认识是一种自反的"觉解"

在胡适那里,人生就是一种以经验应付环境的"活法",实际生活就是寻找如何活得好的各种努力,真理就是我们的认识是否有效,也无所谓本体或别的存在形态。在新儒家那里恰好相反,人生不同于外部世界,其根本是智慧,是自我反省后的觉悟,且只有通过它我们才有可能对这个世界的"本质"有所认识,科学基本不能达到这一点。对于生命和世界本体的考察,在熊十力是"体认",在冯友兰则是"觉解"。他认为,人异于禽兽,是因为人有知觉灵明,这是根本性的差别,而人的知觉灵明包括科学层面的认识能力即知识能力,但是它又不限于此,它的这种能力有认识人自己本性的能力,即古人说的"尽心尽性"。"所以,照上所说,我们可以为,有知觉灵明,或有较高程度的知觉灵明,是人所特异于禽兽者。旧说人为万物之灵,灵即就知觉灵明说。知觉灵明是人的心的要素。人将其知觉灵明,充分发展,即是'尽心'。""或问:科学家研究科学,是否亦是发展其心的知觉灵明,是否亦是求尽心尽性?于此我们说,科学的知识,虽是广大精微,但亦是常识的延长,是与常识在一层次之内的。人有科学的知识,只表示人有觉解,但觉解只是觉解,而不是高一层的觉解。所以科学家虽研究许多事物,有许多知识。但仍是在上所谓梦觉关的门限之梦的一边。所以科学家研究科学,虽事实上亦是发展其心的知觉灵明,但他对于求尽心尽性,并无觉解。普通研究科学者,多不自觉其研究是发展其心的知觉灵明,即不自觉,所以于其作此等研究时,他是在梦觉关的梦边,而不是在其觉边,还是在无明中,而不是在明中。用海格尔的话说,他发展其心的知觉灵明,是'为他的'而不是'为自的'。所以他研究科学,虽事实上亦是发展他的心的知觉灵明,但对于他并没有求尽心尽性的意义。所以他虽可对科学有很大的成就,但不能有圣人所能有的境界,如本书下文所说者。"[1]

冯友兰认为,哲学的特征就在于它不是常识的延伸,哲学是一种自我反思的认识,它的认识来自于对自我的认识,因此,科学是思想,而哲学是从思想开始的思想。"我们可以说:有科学的格物致知,有哲学的格物致知。此二种的格物致知,其所格的物,可同可不同。但其致的知则不同。科学的格物致知,所致的知,是与常识在一层次上的知。哲学的格物致知,所致的知,则是高一层次的知。科学的格物致知,不能使人透过梦觉关。而哲学的格物致知,则能使人透过此关。"[2]这样,哲学和科学的界分就比较清楚了,无论是在冯友兰还是熊十力都在个体的觉悟上,熊十力更加强调中国传统的体认和默会自识上或者就是纯任思维直下通彻天地,而冯友兰则重在心灵的自我反省和对宇宙之理的认识及其在此认识基础上的升华,但是都是截然分开了哲学与科学的边界,后来唐君毅则综合了他二人或者是处于他们之间,他说:"自哲学上言,则人欲成其生命存在之升进,则首赖于有一以自觉心灵,统此一切概念思想知识之哲学。人有此一哲学,即更助成其自觉心灵之恒居于统此一切概念思想知识之地位,而对此一切概念等,自由地、平等地,加以运用,而存之或废之;亦知其皆可存可废,而不以自限。此自觉心灵,又不只可统此概念知识思想等,亦可

---

[1]冯友兰:《贞元六书》,上海:华东师范大学出版社,1996 年,第 544 页。
[2]冯友兰:《贞元六书》,第 545—546 页。

于其自觉吾人相继而生之其他活动时,自觉此诸活动与其所对之境物之相继而现;并可以一切可能有之活动与境物,视之为其自身之可能的所对,亦表现其自觉之能之所在。由此而本此人之自觉心灵,以观人之一切活动,与其所对境物,即皆可通之为一体;而整个之人生宇宙,皆可视为此自觉心灵所感、所知、所觉之境。此即哲学中唯心论所以为人之循哲学之路,以求其生命存在心灵之超拔升进,恒必经之一关之故也。"[1]第一,要有心灵的反思性自觉,在冯友兰看来这是人类所独有的特征;第二,在唐君毅仿效他的老师体认宇宙本体而通过自觉心灵遍周万物,亦似熊十力的思维术,而所谓"通为一体"即受儒家"万物皆备于我"或"万物一体"的体察之影响所致,也有类于冯友兰的"大全",当然,冯氏的"大全"是一个哲学性观念,而全体具有实在性,但是均是经验论所极力否定的所谓抽象无法验证的"东西"。胡适在1939年曾经批评中国传统的理学:"五百多年(一〇五〇——一六〇〇)的理学,到后来只落得一边是支离破碎的迂腐,一边是模糊空虚的玄谈。到了十七世纪的初年,理学的流弊更明显了。五百年的谈玄说理,不能挽救政治的腐败,盗贼的横行,外族的侵略。于是有反理学的运动起来。"[2]胡适认为到明清之际和清代几个做朴学功夫的思想家顾炎武、戴震等人致力于破坏心性玄谈和不近人情的理学观,建设新的知识方法。但是,从上面我们看到,现代新儒家正是传承的宋明儒学,但是在他们看来,他们所致力于的根本不是知识,而是生命的智慧,从他们的角度,胡适的批判看错了对象,尤其是对于心性学派来说更是如此,而这正是保守主义与经验主义者在玄学与科学问题上的根本性分歧之一。

---

[1]唐君毅:《生命存在与心灵九境》,《中国现代学术经典·唐君毅卷》,石家庄:河北教育出版社,1996年,第810页。

[2]胡适:《几个反理学的思想家》,《胡适文集》,第四集,北京:北京大学出版社,1998年,第65页。

第二节　20 世纪中国理性主义的建构

中国自近代引入西方哲学以来,接受了很多西方哲学的概念,但是也从中做了自己的调整,譬如"理性"概念,这是中国人尤其是新儒家的一个贡献。在西方哲学中的理性尤其是在康德那里辨析得比较清楚:纯粹理性、实践理性,这样就将对知识的肯定和对道德的昂扬做了区分,但是,这能够和亚里士多德乃至柏拉图的哲学达成一致。但是,这样的区分放置到中国就很困难了。中国的德性学说在宋明儒那里有程朱理学的"理"、"天理",但是,这种将内在生命的德性探求和外在知识的寻求结合起来的做法在儒家内部就是不统一的,心学一系对此进行了激烈的批评。而且这一点其实在孔子那里找不到源头:以一种理性的普遍性设定来规定人的道德实践行为,这是在理念和方法上都是不存在的。从孔子也是随处指示、点化或者最多给予否定的说法,从而让你在否定中得到一丝正面的"讯息"此所谓举一反三的思维方法在作用。近代中国的新儒学又遇到了这个问题,但是,梁漱溟做了一个比较好的解决。他用"理性"和"理智"的分别指示道德层面的"理"和知识层面的"理",因此,他的理性就不是西方哲学中的普遍性和推理的概念所能范围,而是大大渗入了"直觉"的成分,这样就把"仁心"涵括了进去,后期他甚至将"理性"铺陈得更广一些,直到伦理层面的觉悟。后来的冯友兰和牟宗三对此问题都有各自的发展,基本上形成了一个中国保守主义的"理性"观念和理性主义的新建构形态,与没有充分成型的自由主义哲学形成鲜明的对照。

一、梁漱溟:"理性"为本的心哲学

(一) 直觉与理智

现代新儒家的哲学尤其是偏向于心学的一系,统统认得一个"仁"

字,以"仁"或"仁德"为儒家思想核心,但是越往后譬如从梁漱溟、熊十
力到牟宗三,他们越开始向"理"或"理性"靠拢,因为,他们在西学尤其
是西方哲学输入以后,也希望通过理论和概念表达的方式能够说明或
指示这个"仁"字;另一重原因则是自西学概念输入之后,必须对它有
一个对称性的回应,即用他们惯常的概念以说明而形成对照,理性相对
应的就是"理智"。但是,梁漱溟最初没有用"理性"而是"直觉",后来
他发现有可能会和"本能"混淆,所以逐渐过渡到"理性"。牟宗三也是
力图用理性来表述"仁"或熊十力教给他们的"本心",这与学院化有一
定的关系,但是也与试图将传统儒家哲学现代化有着直接的关系。冯
友兰本身就是现代理学派的,但是,其实他是"理"、"心"会通的,因此,
他们就共同构成了20世纪保守主义的理性主义哲学,但是,这个源头
是梁漱溟开辟的,他直接指向了当时经验主义哲学推崇的"工具性理
性"或"理智":"我们已说过西洋哲学是偏向于外的,对于自然的。对
于静体的一面特别发达,这个结果就是略于人事;所以在他人生哲学好
像不是哲学的正题所在,而所有其人生哲学又自古迄今似乎成一种特
别派头。什么派头? 一言以蔽之,就是尚理智:或主功利,便须理智计
算,或主知识,便须理智经营;或主绝对又是严重的理性。"[1]这里所
说的哲学应该就是指的西方的思维方式及其行动方式,从梁漱溟来看,
一般来说,就是主功利,在理智层面上用功,但是也有的是走向绝对的
譬如黑格尔的绝对精神。这里说的不尚人事就是这种哲学或思维方式
跟人自身不发生关系,理智作为工具当然是如此,绝对的理性其实也不
是中国的人道、天道之相通的方式,因为中国的文化的理不是在外的而
是在人自身的。他的行动由他自己发出,而这就是"理",这与西方客
观性的理或者通过功利的诉求和理智的方法实现价值目标均不同。

　　梁漱溟在批评胡适的关于"仁就是尽人道,完成人格"时指出,胡

---

[1]梁漱溟:《东西文化及其哲学》,《梁漱溟全集》,第一卷,第482页。

适这话虽然不能说不对,但是笼统茫荡,不着边际,因为他不懂得,孔子的仁就是活跃现成的。[1] 这个活泼现成的就是当下的直觉呈现,譬如宰我问三年之丧,孔子就是以心安还是不安来诘问。安或不安就是情感层面是否反应敏锐,这就是仁或仁心的当下反应,"儒家完全要听凭直觉,所以唯一重要的就在直觉敏锐明利;而唯一怕的就在直觉迟钝麻痰。所有的恶,都由于直觉麻痰,更无别的原故,所以孔子教人就是'求仁'。人类所有的一切的诸德,本无不出自此直觉,即无不出自孔子所谓'仁',所以一个'仁'就将种种美德都可代表了"。[2] 仁是直觉,是当下的直接敏锐的反应,不转弯、不转念、不计较、不算计,是就是,非就非,它是生机活泼的,顺应天理和人道的,是天理和人道相统一的。理智恰好与它相对、相反,直觉在场,理智退却;理智显现,直觉隐身。这里梁漱溟的直觉就是"仁",就是"仁"的外显。而理智就是"出来分别一个物我,而打量、计较,以致直觉退位,成了不仁"。[3] 理智本身是无私的、静观的,是一个计算工具,但是它是每每伴随着占有冲动而来,就妨碍了情感的流露,而且它的自私这两点就遭到了儒家的反对。[4] 梁漱溟将依据理智的计较而形成的伦理哲学称作是"算账的"哲学,他认为仁是活泼泼的,最反对算账计较,关于这个问题我们还会在文化的探讨中涉及。

仁既然是直觉,因此有情感成分,仁是情感,但是,仅仅情感不能说明它。梁漱溟接受了宋明儒的仁的理解:仁是一种无以名状的状态,是"寂"和"感",这都是宋明儒曾经给出过解释的,正是这种心理状态导致直觉的可能,这种直觉之能在梁漱溟正是儒家的本事,如果将道德仅仅看作是习惯的养成,不是人的本能,那是大错特错的,梁漱溟在这里

[1] 梁漱溟:《东西文化及其哲学》,《梁漱溟全集》,第一卷,第453页。
[2] 梁漱溟:《东西文化及其哲学》,《梁漱溟全集》,第一卷,第453—454页。
[3] 梁漱溟:《东西文化及其哲学》,《梁漱溟全集》,第一卷,第455页。
[4] 梁漱溟:《东西文化及其哲学》,《梁漱溟全集》,第一卷,第455页。

将胡适的学说进行了最严厉的批评。[1] 因为,这里没有将直觉和本能做出界分,所以,后来的梁漱溟觉得这是个大问题,从 20 世纪 30 年代进入农村建设之后,逐渐转入用"理性"代替"直觉"。

(二) 理性的概念及其作为理智之本

梁漱溟本于中国文化自身的特质,他所提出的"理性"大与西方惯常的理解为异,尤以与近代科学理性不同,但与古希腊早期的"逻各斯"、"努斯"也有一些可比较之处,但是,这是一个大问题,此处姑且不论,还是先从梁漱溟自己的定义说起。梁漱溟对"理性"的界定,本于他在《东西方文化及其哲学》中的直觉,尤其是仁心之"寂"和"感"。寂是根本,感是寂的直发状态,是理性具体的呈现,它以寂为本。寂不是枯,而是平和,从根本上说也不是一般的平和,而是一种完全的不受外界扰动困惑的心理状态,即喜怒哀乐未发谓之中,即中的状态,但是作为本体之中显然不易得,因此,梁漱溟有时候也用我们寻常的"平和"说理性。梁漱溟说:"所谓理性者,要亦不外吾人平静通达的心理而已。这似乎很浅近,很寻常,然而这实在是宇宙间顶可贵的东西。宇宙间所有唯一未曾陷于机械化的是人;而人所有唯一未曾陷于机械化的,亦只在此。"[2] 梁漱溟是通过人际交往的彼此相入、相得而没有杂念于其间为理性的状态:"你可以观察他人,或反省自家,当其心气和平,胸中空洞无事,听人话最能听得入,两人彼此说话最容易说得通的时候,便是一个人有理性之时。"[3] 准此,梁漱溟的理性其实与人的德性相关,如他在《东西文化及其哲学》中所讲的直觉或仁,是他所独有的,因为他不像西方哲学家亚里士多德、康德那样虽然同样讲道德层面的理性,但是必须说明讲的是实践或人的行动的哲学,而不是纯粹理性

---

[1] 梁漱溟:《东西文化及其哲学》,《梁漱溟全集》,第一卷,第457页。
[2] 梁漱溟:《中国文化要义》,《梁漱溟全集》,第三卷,济南:山东人民出版社,1990年,第123页。
[3] 梁漱溟:《中国文化要义》,《梁漱溟全集》,第三卷,第123页。

或知识理性的哲学。而在梁漱溟他将知识理性或纯粹理性归之于"理智",他对二者做了严格的判分,这是他确立他的理性观念的最重要的前提条件。所以,他说:"总起来两种不同的理,分别出自两种不同的认识:必须屏除感情而后其认识乃能锐入者,是之谓理智;其不欺好恶而判别自然明切者,是之谓理性。"[1]

这种中国文化的"理"或"理性"在梁漱溟是作为"情理"而存在的。所谓情理其实就是人的"心理",但不是我们一般心理学意义上的"心理",它是一种"无偏私"的心理状态,同时是一种"情感"。在西方思想中,理性恰与情感相对照、相对待。在梁漱溟那里,理性是心理的一个方面,另一个方面就是理智,二者正相反对并构成梁漱溟认识中西文化的哲学基础——理性与理智对待的两种文化根基。"盖理智必造乎'无所为'的冷静地步,而后得尽其用;就从这里不期而开出了无所私的感情(impersonal feeling)——这便是理性。理性、理智为心思作用之两面:知的一面曰理智,情的一面曰理性,二者本来密切相联不离。譬如计算数目,计算之心是理智,而求正确之心理是理性。数目算错了,不容自昧,就是一极有力的感情,这一感情是无私的,不是为了什么生活问题。分析、计算、假设、推理……理智之用无穷,而独不作主张,作主张的是理性。理性之取舍不一,而要以无私的感情(梁注:无私的感情(impersonal feeling),在英国罗素著《社会改造原理》中曾提到过;我这里的意思和他差不多。读者亦可取而参详。)为中心。此即人类所以异于一般生物只在觅生活者,乃更有向上一念,要求生活之合理也。"[2]

梁漱溟的理性与理智其实一个是人的先天主宰心,一个是人的先天工具心。先天主宰心是理性,是人的行动的支配者,拿主意的所在;先天工具心是人的行动的筹划者。它只关照行动的事实层面,而不管

---

[1]梁漱溟:《中国文化要义》,《梁漱溟全集》,第三卷,第128页。
[2]梁漱溟:《中国文化要义》,《梁漱溟全集》,第三卷,第125—126页。

行动本身是否合理、是否得当,因此,它本身没有所谓的价值评判,没有善恶。理性则不然。理性在梁漱溟那里,从表面看,也似乎超越了善恶,即一颗澄明的心灵的活动,但那恰恰是善本身,因此,梁漱溟的理性就是人性本身所由以发出的他所谓的"情理",而理智则是应对于具体事务方面的方法,即物理或事理,而且这个事理不包含任何价值属性,仅仅是事理的运用实施过程的"道理"而已。所以,梁漱溟辨别了两种理,理性之理和物理之理:"所谓理者,即有此不同,似当分别予以不同名称。前者为人情上的理,不妨简称'情理',后者为物观上的理,不妨简称'物理'。此二者,在认识上本是有分别的。现时流行有'正义感'一句话。正义感是一种感情,对于正义便欣然接受拥护,对于不合正义的便厌恶拒绝。正义感,即是正义之认识力;离开此感情,正义就不可得。一切是非善恶之理,皆同此例。点头即是,摇头即不是。善,即存乎悦服崇敬赞叹的心情上;恶,即存乎嫌恶愤嫉不平的心情上。但在情理之理虽则如此;物理之理,恰好不然。情理,离却主观好恶即无从认识;物理,则不离主观好恶即无从认识。物理得自物观观测;观测靠人的感觉和推理;人的感觉和推理,原是人类超脱于本能而冷静下来的产物,亦必要屏除一切感情而后乃能尽其用。因此科学家都以冷静著称。但相反之中,仍有相同之点。即情理虽著见在感情上,却必是无私的感情。无私的感情,同样地是人类超脱于本能而冷静下来的产物。此在前已点出过了。"[1]这样,梁漱溟的理性就是人的道德情感,但是,这种道德情感之称为理性,却和一般人的理解不同。梁漱溟的道德情感是发乎人的纯粹的心体,是人心的直发,是仁心的直接流露,中间不夹杂任何个人的自私的感情,也就是这个理性和理智都是纯粹的,但是都不是人的本能。梁漱溟后期强烈地认识到,他的哲学有一个大的隐患:那就是无论理性还是理智都可能和人的本能相混淆。理性是直觉的,

---

[1] 梁漱溟:《中国文化要义》,《梁漱溟全集》,第三卷,第127—128页。

但是不是本能的,因为它是自在清明的,是道德的;理智也不是本能的,因为它是计算的,虽然,本能也能作为人类的工具开发世界,但那是极其不够的,因此,西方人开发了理智这一大套的工具来向前推进。

理智发动本于人类生活或直接说生存的要求,即本能的要求。但是,理智有其超乎本能的面向,一旦理智的发动转向自身,即超越了本能而只是理智自身的运行则就走向理性了。"盖理智必造乎'无所为'的冷静地步,而后得尽其用;就从这里不期而开出了无所私的感情(impersonal feeling)——这便是理性。"[1]梁漱溟经常谈到经验主义和由此形成的伦理上的功利主义是"算账的哲学",这便是直接由"理智之心"形成的,算账或计算数目是理智,而求得正确与否则是理性,即对计算本身的审查核实。计算可能是为了生活、生存,但是看看计算是否有误无关乎生活之目的,因此是理性:"理性、理智为心思作用之两面:知的一面曰理智,情的一面曰理性,二者本来密切相联不离。譬如计算数目,计算之心是理智,而求正确之心便是理性。数目算错了,不容自昧,就是一极有力的感情,这一感情是无私的,不是为了什么生活问题。"功利的目的是本能,为了功利目的而使用的工具是理智,不为了功利目的的运用则是理性。从目的性上说,本能和理性都是做主张的,理智只是工具,本能自身既是目的也是工具,人类的特征在于没有像动物那样局限于自身,而是通过理智超越了自身的局限而扩展到无限。但是不管这种无限有多远,如果还是本能支配,那它就是一种非理性的行动,而一旦超越了本能的和功利的诉求转而为理智自身或者是不期然的自由状态,即平和清明的心理状态则是理性。理智的为自身是心气平和、清明的一种而不是全部。它们的特点就是"无私",也就是不偏。理智是工具,理性是主导,现代源于西方的"正义"或"正义感"在梁漱溟看即是理性情感的一种展现,这是一种与20世纪初叶所推崇的

---

[1]梁漱溟:《中国文化要义》,《梁漱溟全集》,第三卷,第125页。

物的文化大不相同的一种"心的文化",而梁漱溟认为,这是人类正要转向的一个新的方向,即不排斥理智甚至本能,但是以理性统御理智,这即是梁漱溟的理性主义哲学。

二、冯友兰的人文理性主义的"理哲学"

（一）心、性、理的统一

理学和礼学在近代是思想启蒙最大的攻击对象,陈独秀《吾人最后之觉悟》以及吴虞、鲁迅等人的思想直指中国伦理文化对中国发展的阻隔,理学对人的宰制,由理学助阵的礼学对人的戕害。因此,冯友兰理学的重建是20世纪文化保守主义的重要工作,虽然,他的工作本身受到了保守主义阵营内部尤其是心学一系的严厉批评,但是,他的工作本身从整个20世纪的思想建构来说有其特殊的意义,它是保守主义最重要的理论建树之一,尤其是当我们注意到保守主义的哲学内涵主导是理性主义的时候更是如此。

一般来说,冯友兰及其研究者大都认为,他的思想尤其是他的"理"在很多方面近似宋儒的程朱,因此,他的理、性是一体的,但是与人心是二元的。他的理学带有先验的普遍的理性主义的色彩,他的理学和现实的人性修养之间的关系是间接的。从这个层面来理解冯友兰也是有道理的,他的思想本身的确有此一面相。但是,他的思想的境界说与他的理学不是那种二元隔绝的,其中有他自己的联系的贯通的脉络。他的天理、天民的观念构成了他的理学和他的人生修养的境界学说的统一,应当说他认为他所说的理也可称为"天理":"理,宋儒亦称为天理。我们亦可称为天理。我们于上文说,天兼本然、自然二义。理是本然而有,本来已有,故是本然,故可称为天理。"[1]因为理是本然,

---

[1] 冯友兰:《新理学》,《贞元六书》,上海:华东师范大学出版社,1996年,第35—36页。

因此,理是世界万物的根源、根基、根本:"就真际之本然说,有理始可有性,有性始可有实际底事物。""实际底的事物是实现理者,故为显,为已发。某理即是某种事物之所以为某种事物者,某种事物即是所以实现某理者。"先天之理是具体事物存在的根据,具体事物是理的现实呈现者。事事物物都有它存在的理的根据。[1] "从天之观点看,每一类之事物皆有其理,其理亦即是其极。就此类之事物说,其极是其至善,其气质之性,即其所实际地依照此理者,是'继之者善'。一类之事物,在'无极而太极'之大道中,从天之观点看,其应做之事,即是充分依照其理,能十分地充分依照其理,即是尽性,即是穷理。"事物之理是事物形成的根据,也是它的最高规定性,换句话说,它的现实形态就不是它的本然形态,就人来说也是如此,人如果要回归超然形态,就要在现实中作超越现实的努力:"以我之知知事物之理,则我可超乎经验而不为经验所囿,此是对于经验之超脱。以我之行,充分实现我所依照之理,则我可超乎自己所缚,此是对于自己之超脱。"[2] 人按照其为人之理,而尽其性。但是,在冯友兰看来,这个尽性的第一场所首先是在社会中,因为人的生活是社会的生活,而社会生活的尽性就是道德的行为,这就是超乎自私的自我之境界。这种超乎个体乃至于超乎经验的行动而人自己又能知道而且还能享受期间,这是人的特质,是动物所不具备的,因此,人是万物之灵。[3] 而当人究其极,他的心也就成为宇宙之心。

从冯友兰的理学角度说,人性首先是一种逻辑存在而不是一种现实存在,现实的人心当然更不是宇宙本心了,也就是说,人心与人性在人的现实形态中是不统一的,甚至是冲突的、矛盾的。但是,当现实中的个体真正进入"圣域",那至少对他来说,心、性就统一了。既然,人

---

[1]冯友兰:《新理学》,《贞元六书》,第37页。
[2]冯友兰:《新理学》,《贞元六书》,第207页。
[3]冯友兰:《新理学》,《贞元六书》,第214页。

已经复归其本性,那么他的心也就是天地之心了。"已入圣域之人,既超乎经验、超乎自己,而决天地万物与其超乎自己之自己,均为一体,则对于他,他的心'即'宇宙底心。"[1]在冯友兰看来,一般地说,只有宇宙的心,没有宇宙底心。意思是只有宇宙的逻辑的心,而没有宇宙事实的心,但是在他谈到后来这些"进入圣域之人"的时,可以说是有宇宙"底"心。"此宇宙'底'心即他'的'心。他可用另一种意义,说:'我心即天心。'如此说时,他即可以说,他是'为天地立心'。"[2]冯友兰的这种思想的延伸就使他进入了"四种境界"说。

(二) 执掌普遍之理、行使普遍天职的天民对峙伦理的冲决

冯友兰在构建他的《贞元六书》时,正值抗战期间。此书并不算特别巨大,但是却是一个宏大的体系,这是根本。他是从一个哲学家、思想家的视角看待当代社会和世界,以一种哲学家的自觉来从事他的研究和阐述。这个自觉被他名为"接着说"。显然,这个和"五四"对传统的决裂绝非一意。他的理论构造继承了宋明儒的思想,也吸纳了西方哲学家的实在论,尤其是综合了宋儒为天地立心、生民立命的使命感和西方哲人从纯粹理论到实践哲学和社会哲学的贯通路径。因此,他就将他的理学建设传导到他的社会认识之中。

冯友兰强调个体的社会责任和个人的伦理职责,但是他对个体在社会中责任和伦理的承担不是从个人功利或社会功利角度论证的,否则就和胡适的实用主义的方法等同了。他对社会责任的确定和伦理职责的持守是从人性展开角度论证的,其实质是在该方面确定人内在的道德理性。他认为人在社会中的尽伦尽职是人性展开的客观要求。冯友兰反对所谓个人的先天自由的说法,他认为这大抵都是革命家的说法,但是革命家说法的论证是有缺陷的。譬如,卢梭说人生而自由,但

---

[1]冯友兰:《新理学》,《贞元六书》,第214—215页。
[2]冯友兰:《新理学》,《贞元六书》,第215页。

是,现在都在各种锁链之中。"中国清末民初革命时代的革命家,亦大都如此说。这些革命家,都要从社会制度中,把个人解放出来。从所谓'吃人底礼教'中,把个人解放出来。"[1]冯友兰认为将人从社会制度中解放出来的话是不通的、不合逻辑的。严格地说,是将人从"某种社会制度中解放出来"。[2] 换句话说,社会和社会制度是不能取消的,它是和人的存在即人的社会存在联系在一起的,人是社会性动物,不可能没有社会。"'是社会底'是人的性,所以社会不是压迫个人,而是人于尽性时所必需。"[3]抛开人的某一种具体的社会制度性而说人的社会性是人的性,人性的完善要在社会之中实现。"在任何种类底社会中,人与人必有社会底关系。此种关系,即是其中底人伦。"[4]"凡社会的分子,在其社会中,都必有其伦与职。"[5]这种职责和职位被冯友兰称作"人职",即人的社会职位(因为他依据孟子之说还有人的"天职"的理论)。而每一种社会职位都有它的最高理想,而那就是这个职位的"理",这样他又回到了他的理学。"尽伦尽职的行为,是道德底行为。凡道德底行为,都必与尽伦尽职有关。"[6]冯友兰的理性在这里特别体现为尽伦尽职不是一个纯从自然的过程,而是一个自觉觉解以后的行动,即人的自觉认识以后即在获得高一层认识基础上的行为,是一个自我的自觉的选择,是中国人所谓"自作主宰"或西方人"自由意志"的体现。"在道德境界中底人,尽伦尽职,'只是成就一个是而已'。"[7]这个"是"就是这个职位的"理"了,即其所当是者。因此,冯友兰在这里通过这种比较抽象的论证,超越了对特定社会制度一般性

---

[1]冯友兰:《新原人》,《贞元六书》,上海:华东师范大学出版社,1996 年,第 606 页。
[2]冯友兰:《新原人》,《贞元六书》,第 607 页。
[3]冯友兰:《新原人》,《贞元六书》,第 607 页。
[4]冯友兰:《新原人》,《贞元六书》,第 608 页。
[5]冯友兰:《新原人》,《贞元六书》,第 608 页。
[6]冯友兰:《新原人》,《贞元六书》,第 609 页。
[7]冯友兰:《新原人》,《贞元六书》,第 618 页。

的否定。因为人在任何社会之中都有他的社会职责的一般规定性,展现这种普遍的规定性是人的先天的职责与使命,譬如道德伦理就是这样一种人在社会中必须履行的使命。由此,冯友兰抽象地否定了新文化运动对具体的社会伦理所作的批判。也就是说,社会伦理的批判应该是二分的,哪些是必须要否定的、超越的,哪些是人类普遍存在的、一般继承的,这二者之间必须分开才能说得恰当。

从新文化运动时期的思想来看,程朱理学无疑是作为儒学正统而遭到最严厉的批评,其中又以它的天理观、天命观等为启蒙思想家所多痛恨与批判。[1] 而从思想解放的角度看,对儒学的批判还有一个转换就是从圣贤人格向平民人格的转型,从圣贤的等级走向自由的平民的平等。[2] 这从总体上说,自然是新文化运动时期无论自由主义、社会主义乃至其他革命性思想流派的共同的也是他们最基本的思想主张。因此,在"五四"启蒙思想光芒映照之下的冯友兰回归程朱理学的天道观,的确是有些出其不意,独此一家,更无分店。他的"四种境界说"在一定程度上就是对"五四"启蒙思想的一定的反拨,"天民"概念则是对其重建天理天道的一项哲学社会学的实验,及重新确立一种不同于"五四"人文主义的、平民主义的人格规制,表露了明显的文化保守主义的诉求。

在冯友兰看来,对于宇宙或大全有觉解的人,他在社会中的存在地位和意义也同时意味着他在整个宇宙中的地位和意义。"天民在社会中居一某位,此位对于他即是天位。他于社会中,居一某伦,此伦对于他即是天伦。他于居某位某伦时所应作底事,亦即是一般人于居某位某伦时所应作底事。不过,他的作为,对于他都有事天的意义。"[3]他的行动既是尽人伦、人职,也是尽天伦、天职。这种人是宇宙的公民,而

---

[1] 参见高瑞泉《天命的没落》,上海:上海人民出版社,1991年。

[2] 参见冯契先生个人及其弟子著作,均对此有详细探讨。

[3] 冯友兰:《新原人》,《贞元六书》,第631页。

且是宇宙之自觉的公民,所有人都可以说是宇宙公民,但是只有理解、把握天理、天道的人才能如孟子所说的是那种真正的"天民",他们获得是"天爵",他们乐的是仁义忠恕而不是普通人的衣食住行、吃喝拉撒,这与胡适所强调的功利主义的伦理学的目标简直有天渊之别。达到天地境界的人,做的也都是吃饭穿衣、扶老携幼、日常工作的尽职尽责的平常事,但是他们的境界、觉解和普通人全然不同,因此,这些平常事的意义于它也就和这些事相对于普通人都是截然不同的。按照冯友兰前面的说法,那么他们的心也就是天地之心了。显然这些人在冯友兰那里才是人格的完善的最高境界。这个最高境界是同天、同理的,这个理是宇宙的理,因此他是理性的、自觉的,虽然他已经进入自觉、进入理性,而不再感觉到那种向理性努力的"感觉",但是他们是真正理性的人。而这种理性的道德属性、乃至超道德属性与近代启蒙中所提倡的科学理性是完全的两个概念、两个意义。

三、牟宗三道德的理想主义之理性观念

20 世纪是革命的世纪,从清末民初的早期启蒙到新文化运动,中国在近代开启的思想解放运动基本上就是针对二千年来的旧制度和旧思想、旧文化,尤其是像陈独秀所说的旧伦理。对普遍之理尤其是传统伦理及其理论设定的破除是自由主义和社会主义者乃至无政府主义者们共同的课题。他们的思想武器就是经验主义、个人主义、功利主义或唯物主义等等对峙传统的理性主义、传统的道义观以及种种理学思想。中国的保守主义者自然就是这些启蒙思潮的反对者,但是也并不就是说二者是直接针锋相对的矛盾冲突,而是一种错位的融汇的矛盾。融汇的是指,文化保守主义并不是现代思想的绝对的反动者,而是同他们一样对西方思想有强烈的理性认知和认同;其次,他们才是错位的冲突。这个错位就是大家都在谈理性,现代启蒙就是用科学理性、知识理性批判传统的道德理性或天道理性;而文化保守主义也在试图重建理

性,但是他们的目的则是在认同科学理性的基础上重建道德理性乃至于天道理性。同时,希望这种新的理性的建构同时实现中国人的个性和主体性的新建构,而这在自由主义那里是通过经验主义的认知理性和个人主义的价值观挺立起来的,这是二者的核心分歧。尤有甚者,那就是牟宗三,他既承认知识理性的重要价值,即民主与科学的存在基础,因此,他在一定意义上甚至于试图在为知识理性寻找一个不同的价值基础,这一点甚至在梁漱溟和冯友兰那里都没有作此想象。

德性之知不萌于见闻,这是宋儒如张载等人的看法,因此,德性是自足的。德性与知识不是一回事,而且具有绝大的差异,那么知识的来源呢? 这个问题一直困扰着儒家学者。到了近代科学与民主观念的盛行,这个问题更加尖锐起来。王阳明曾经说过知识不外于德性。当然,这不是说,知识来源于德性。而是说,二者并不尖锐对立和冲突,知识也只是天地间的一种存在,而德性本身从其内在实质上同于天地,因此知识和道德有其一致性。但是这二者也不是直接同一的。牟宗三一直致力于这个问题的解决,他借助于康德现象和物自身的对立,表示道德与知识之间的内外关系。但是,他和康德所面对的问题是有很大不同的。牟宗三所面对的问题更加复杂:民主与科学的基础在于知识理性的确立,但是,在中国知识理性的确立却导致中国文化主体性和个体生命依归的丧失,这是他不能接受的。因此,他试图同时使二者以一种矛盾统一的方式成立。这个问题在自由主义者和社会主义者那里都不存在,因为,他们以一种批判性姿态用知识理性将道德理性当作腐朽没落的文化扫掉了,但是在文化保守主义那里就成了问题。他必须肯定道德价值挺立的普遍意义,超越它的具体历史性给它带来的消极特征,譬如将道德价值和道德理想与传统社会的具体价值观区分开来,使之与个体直接相关。从而重建道德主体性;另一方面他又要避免传统的道德理性对认知性价值的泯灭,使知识理性也能挺立起来,因为科学民主都要以其为基础,这就是文化保守主义的艰巨工作。当然,如果不是这样的话,那也不能称之为保守主义了。牟宗三的理性主义重建工作就是由此开始的。牟宗三的理性的理想主义建立在对理想、理性之普遍性及其对现实和功利特殊性的超越的论证基础上而得出。

近世中国的启蒙有两个人物特别值得重视,一个是黄宗羲,后来梁启超就认为他的思想是近代革命思想的出发点,他对中国几千年的政治制度发出了大胆的质疑,提出了私天下与公天下的问题;另一个十分重要的角色是戴震,他的中国传统理学价值"以理杀人"的说法振聋发聩,至少间接影响了近代胡适等一批思想家。因此,进入20世纪在革命启蒙的时代背景下,如何论说理之普遍性上的正负效应就非常令人踟蹰。大胆接过这个烫手山芋的就是冯友兰和牟宗三。他们二人的共同特征就是将"理"的普遍性与个体生命发展的具体性相统一,在前面对冯友兰的介绍已可见一斑。牟宗三则是进一步强调普遍性如何成为人的价值理想,人应该依理想而生存,不能无理想而苟活,在这一点上确立理性即理想的同一性,普遍性价值存在的社会必要性。他的直接的问题就是如何使人的理想即普遍性与人的自由即个体性实现圆融:"一般言之,普遍性代表理想,个体性代表自由。这两者究竟是对立呢,还是可以融通,使自由成为真自由,理想成为真理想?"[1]理想存在的意义在于人们至少在思想上需要一种设定,它能够冲破我们在现实生活中由种种的具体的私利所形成的人际的藩篱和隔阂。在牟宗三看来,这些限制与障碍来自于人们的私欲。人人各自裹挟私欲前行,彼此的限制与障隔就势所必然。[2]"这限制与障隔是由私利的主观性与特殊性而形成。这里并没有一个公共纽带可以使人超越其自己之私利之主观性与特殊性。如是,人陷溺于主观私利之无厌足的追逐中,必见互相是障碍,互相是限制。人各顺其主观私利之无厌足的追逐,必须

---

[1] 牟宗三:《道德的理想主义》,第92页。
[2] 牟宗三:《道德的理想主义》,第92页。

冲破对方,而对方亦复顺其主观私利而又冲回来。互相冲击,而又冲击不下。这里一切唯机诈是视,唯力是视。或者亦无机诈,亦无力,而唯是瘫痪下去。如是,人纯落于现实中而无理想可言,这是有性情、有志趣的人所不能耐的。"[1]在牟宗三看来,人的阻隔是由两个因素造成的:一个是人的私利,一个是人的主观私见,二者的叠合则更加重偏私的发展。打破这种私利和私见的方式就是道德的普遍性,它以公共的纽带破除各自私利的局限。"普遍性是表示自我之超拔。人在此普遍性前,生命始能客观化,始能从自己之躯壳私利中拖出来。普遍性就是理想性。人在此超拔中而呈现出普遍性就是自我之解放。"[2]牟宗三认为,庄子说道原处没有"封",道就是普遍性,就是理想,封就是封闭、畛域、界限、限制,冲破这些限制才能呈现道体,因此,道就是普遍性,就是理想性,就是个体的解放(解脱、自在)。[3]　关于以理性界说为理想,以此超越殊相的局限,打破思想上的自我禁锢,冯友兰也曾有过类似的说法,而且更加注重从哲学分析的层面看待:"一个人所有的概念就是他的精神境界;一个人所有的概念的高低,就分别出他的精神境界的高低。"[4]冯友兰曾举例证明:"比如说,人们看见过一千棵树,由此得到树的概念。这个树的概念并不是第一千零一棵树,而是另外一回事,对于那一千棵具体的树的认识,是感性的认识,它们是感觉的对象。树的概念是对于树的共相的认识,是理性认识,共相是理性认识的对象。由感性认识到理性认识一个飞跃。真正认识到共相和殊相的区别以后,就可以体会这种飞跃的真实意义。在社会进化中,革命是一种飞跃。只有真正经过革命的人才能体会这个飞跃的真实意义。我猜想,禅宗所说的'悟',大概也是一种飞跃吧。无论怎样,我认识到抽象

---

[1]牟宗三:《道德的理想主义》,第 92 页。
[2]牟宗三:《道德的理想主义》,第 92—93 页。
[3]牟宗三:《道德的理想主义》,第 93 页。
[4]冯友兰:《中国现代哲学史》,广州:广东人民出版社,1999 年,第 214 页。

和具体的分别以后,觉得眼界大开,心胸广阔。"[1]在冯友兰和牟宗三那里,理性以其普遍性对感性和局部的超越就意味着理想的一种可能存在。他们看到,人们在局部和感性认识中的胶着会将个体生命的自我认知僵化、固化,看不到个体利益之外和局部环境之上的更多的内容,这就是普遍性所具有的意义,即理性的意义。理性的意义就在于它在一定意义上可以构成理想,理想则引导人们走出狭隘的个体藩篱。当然,理性在历史上曾经有过的对人性的宰制,在理性主义的文化保守主义那里不是毫无警惕,牟宗三对此还是做了必要的辨析。

在牟宗三那里,普遍性之能超越在于它植根于个体生命的道德心性而不是虚幻的、纯粹知性概念的、外在强制之教条的。普遍性的理想在于超拔,但是超拔的消极在于它脱离生命而单独成为价值性存在,所以,他说:"凡在知性上主客关系中,从客观方面所把握的普遍性皆只能是经验的,归纳的,服从知识意义的。若用之于人事,转而为行动之教条,其为教条之普遍性皆是虚幻的,皆为立理以限事。"[2]他举出了基督教在中世纪的教条化、僵化和官方主宰化,但是又不能透过个人心灵的体认而获致,因此成为虚幻普遍性而与真实的以生命体认和生命挺立为根据的真实普遍性相对冲。这种和真实的普遍性相对立的虚幻的普遍性作为知识理性但又试图作用于社会与人事之最后的结果必然是:知识价值彰显但人文价值丧失,此外,"在实践生活中,只剩下实然的、原子的、个人主义的个体性,其自由是任意任性之主观的,激情之冲动的。"[3]真实的普遍性是个体可以付诸实践的,而不是从外部确立的。对于人类个体来说,不能没有这种以理想建立起来的真实的普遍性的确立,对于个体、家庭及至于民主而言这种社会或政治普遍性都具有重要意义。但是,牟宗三也同样看到,民主与科学这种建立在知性基

[1]冯友兰:《三松堂自序》,北京:三联书店,1984年,第278页。
[2]牟宗三:《道德的理想主义》,第95页。
[3]牟宗三:《道德的理想主义》,第96页。

础上的普遍性并不在个体的道德属性上直接建立起来,它于道德心性反而有对反的意义,但是,天地之圆融却归诸于德性的圆融,因此,知性不可能在德性作为基质的本体之外,但是,它却需要有一个现实的发展,社会才能在彼此对待的基础上形成科学理性和民主理性以及以此建立民主的制度架构,因此,认知理性或知识理性或知性的理性在中国需要开出来,它和德性又以一种复杂的关系呈现。

第二章　人文理性的遍在：
文化、宗教与儒学

文化问题是生发现代各家争鸣的核心，后来在此基础上才有走向不同主义的分野，即政治观念的分歧发生于文化争论的基础之上。现代各家思想在进步与保守的标签下站队，然后才形成后来的政治路线的不同阵营。尤其是对文化保守主义思想来说，文化问题更是他们终身的依托，因为有了对中国文化的分歧，才有了这个思想流派的产生。因此，对文化的概念、对中国文化及其传统的价值认知、对传统儒学的宗教性特征的肯否以及东西文化的发展走向都是他们思考的重要内容。他们在对中西文化尤其是中国文化的特质及其前景的认知中，亦无不渗透着人文理性的烙印：仁的特质、天道的内在性、中国人的讲理精神、文化的伦理色彩等诸方面的内容，以此确立中国文化的理性的普遍性——超越纯粹感性的诉求，但是又不脱离日用常行之道。

第一节　重新认知中国文化：刚健的理性和绵延的"心"

一、梁漱溟：儒家生活与文化中的理性特质和说理精神

新文化运动以后，整体的激进思想开始占据社会思想的主流，对中国文化的批判与对西方思想的颂扬成为主题。还有相当一部分的"调和"思想，这就是文化保守主义。但是，不同的文化保守主义者对于中西调和的论证视角其实差异很大，譬如梁漱溟是从中西文化各自的不

同历史阶段的先进性论证今天的调和的。当然，最初，他正是从批评梁启超等人的"调和"论开始的，到三四十年代，他自己也变成了新的"调和论"者。这种调和的方式是中国的"理性"与西方的"理智"的融合。

（一）孔子思想与向前的"刚"的精神

1. 中国文化有内在的向前的精神

确定梁漱溟的中西文化观必须确定他的人类文化观。在梁漱溟看来，人类自始就有三种样态的文化类型，这是从不同民族的生活样态及其内在所包含的"意欲"方向上来看的，这就是梁漱溟最著名的西、中、印向前、持中和向后三种生活样态的说法。针对现代人类生存的当下状况，现实的西方文化是一种针对现实的先进文化，即从具体有效的针对人类生活发展而言，它最有效、最可取、最值得效法。在生活是应付自然的层面说，梁漱溟的文化哲学与胡适的文化哲学相近。但是，在胡适那里，应付得好的文化就是先进文化，应付得差的文化就是落后文化，文化只有一条直线行进的路线，这也就是他们所信奉的进化论。但是，梁漱溟不这样看，他的文化观别开生面，至少对当时的先进的启蒙人士来说是这样的。梁漱溟总结了三种生活观或人生观，并同时肯定了这三种的具体意义。每一种文化的差别在类型上，它们对治三种人类的发展阶段，每一阶段各有一个适应的文化类型。针对当下来说，西方文化是时代之先进者，这一点在梁漱溟看来毫无疑问。但是，这三种划分及其同时肯定，却普遍地将梁漱溟打入了保守主义或者说反对现代化、反对欧化的集团，其实，这样的观点是片面的。梁漱溟在他的《东西文化及其哲学》中也可以说是不遗余力地解析并肯定了西方文化尤其是新文化运动所推重的两个观念：民主与科学。对于民主与科学的这两样东西，梁漱溟不像其他一些文化保守主义者譬如钱穆等，他是持强烈拥护的态度的，只是到他真正进入社会改造运动后，他才进一步提出了，在中国文化基础上调和中西，形成一种效仿于西方但是又不完全同于西方的道路模式。鉴于涉及梁漱溟前期文化思想的讨论已不鲜见,所以,我把重心放到他稍后一段的思想上。

在讨论梁漱溟真正实施调和的方案之前,我们先需要考察一下梁漱溟早期对文化观及其现代化的结论性的看法。梁漱溟在《东西文化及其哲学》中,提出在当时中国人对这样三种文化路向应该采取的态度:第一,要排斥印度的态度,丝毫不能容留;第二,对于西方文化应该全盘接受,而根本改过,这个所谓的根本改过,就是对它的行事的态度要改一改;第三,批评地把中国的态度拿出来。[1] 梁漱溟强调中国和印度文化的态度没有问题,即持中的和向后的心态没有问题,但是时机不对,用他的话说就是"成熟太早,不合时宜"。[2] 西方文化是沿着一种自然顺序展开的,它会在第一条道路走完后自然或被迫转向第二条、第三条路向;中国、印度都不然,因为这种文化的特性,它的态度是超前的,而且这种超前的态度之顺从性、自然性使其不可能转向与自然对抗的方式。在梁漱溟那里看来,当时中国、西方的落后、先进都是由于文化的基因所根本决定的。因此,梁漱溟坚决地主张中国文化的变革。因此,他认为陈独秀向旧派人物的发问即"孔子的真精神到底是什么?"问得不错,因为旧派人物实在自身学问根底空乏,他们是真的回答不了;同时,也更是因为新派所提倡的民主与科学实在确当,无懈可击,就是我们中国当下所应该全盘接受的。他说:"其实这两种精神完全是对的,只能为无条件的承认;即我所谓对西方化要'全盘承受'。怎样引进这两种精神实在是当今所急的;否则,我们将永此不配谈人格,我们将永此不配谈学术。你只要细审从来所受病痛是怎样,就知道我这话非激。"[3] 这一段足见梁漱溟思想的西方化并不输于西化派,但是他与西化派的简单的进化论不同,不管他们是唯物论的还是其他的经验主义的功利主义者。简单地说,就是人类有三种同样平等的文

---

[1] 梁漱溟:《东西文化及其哲学》,《梁漱溟全集》,第一卷,第 528 页。
[2] 梁漱溟:《东西文化及其哲学》,《梁漱溟全集》,第一卷,第 529 页。
[3] 梁漱溟:《东西文化及其哲学》,《梁漱溟全集》,第一卷,第 532—533 页。

化,它们适应于人类三个历史发展阶段。但是,新奇的是,它们在同一个大的历史周期中几乎同时出现了,结果超前出现的文化需要补课、往回走,这当然是从他所谓的文化的核心即生活态度或人生态度的视角说。往回走但是又不是重走西方的路,因为要改变他们的态度;改革中国的文化,但是中国文化中的"人生或生命态度"要改变一些地重新拿出来,这就是他的调和路线。因此,梁漱溟笃信佛教,但是在当时他却坚定地反对将佛教精神向世俗生活中做有力的推广。因为,他认为那种出世的哲学精神完全不能应用到现实中来。因此,他要在孔子思想中找到一个带动中国人从持中的意欲转变为向前意欲的精神,这就是孔子的"刚"。但是,这个"刚"的向前是中国的而不是西方的,这就是这个向前是非功利的,而不是计较利害得失的。因为在梁漱溟看来西方文化中向前很突出,但是很强的一面就是功利的计较,这是不对的,不计较厉害是中国人的真精神。梁漱溟把这个真精神称作"理性",因此,他把中国文化看作是真正理性的文化,西方文化则是理智的文化,在某种意义上,中国的理性文化高于西方的理智文化。我们这里需要指出的是:梁漱溟显然还不是特别深入地了解西方文化的来龙去脉。他看到了西方科学与民主对治自然和社会的方式,但是没有注意到西方的科学其实也是、甚至更是从不计较利害的"精神"中形成的。[1]反过来,却有很多人认为,中国文化是实用的、功利的等等,常见大抵如此,而一些重要的哲学家也总持这样的观点,譬如李泽厚教授就持这种看法。但是,我们从这种分歧中反而看到梁漱溟对中国文化本质精神理解之深,但是,也同时注意到,他对西方文化的理解解释还不够完善。

2. 寻求个体生命之"刚"的精神与孔颜的人生

梁漱溟既然确定了中国要走向前的路,他就要在儒家那里寻找这

_____

[1]梁漱溟后来也提到过西方文化不计利害的态度,但是仍然是从其理智层面说的,因为他否定了他们的理性态度的可能性,仅把这种态度赋予了中国文化,这是有不小偏颇的。

种人生态度以此改变中国积习已久的安然现状的状态。梁漱溟找到了
孔子的"刚"。他找"刚"的理据就是要破除安然不动的静止状态。他
说："我今所要求的，不过是要大家往前动作，而此动作最好要发于直
接的情感，而非出自欲望的计虑。孔子说'枨也欲，焉得刚'，大约欲和
刚都像是很勇的往前活动；却是一则内里充实有力，而一则全是假
的——不充实，假有力；一则其动为自内里发出，一则其动为向外逐去。
孔子说的'刚毅木讷近仁'全露出一个人意志高强，情感充实的样子；
这样人的动作大约便都是直接发于情感的。我们此刻无论为眼前急需
的护持生命财产个人权利的安全而定乱入治，或促进未来世界文化之
开辟而得合理生活，都非参取第一态度，大家奋往向前不可，但又如果
不根本的把他含融到第二态度的人生里面，将不能防止他的危险，将不
能避免他的错误，将不能适合于今世第一和第二路的过渡时代。"[1]
"我意不过提倡一种奋往向前的风气，而同时排斥那向外逐物的颓
流。"[2]梁漱溟西化的特征不言而喻，但是又别有自己的特性：中国人
要学习西方人的人生态度要奋勇向前、一例开拓，但是这种向前的开拓
又不是像功利主义者那样的具体目标形态的。胡适在批评反对西化论
的人的时候，举的例证是那些人都说西方文明是物质的，中国文明是精
神的云云，胡适就是要破除这种看法。但是，梁漱溟跟他一样，也同样
反对这种文化分类形式，因此，他对梁启超做了非常严厉的批评。梁漱
溟说梁启超欧游回来后说的那些话几乎全不对，因为那些中国老祖宗
说的道理西方人也都会说，不是什么新鲜词。在梁漱溟看来，这种调和
论的把文化分为物质精神的说法不是根本性的，诸如陈独秀那种绝对
的、决然的否定全盘的看法才确能看到中西文化上之根本不同。[3]
在根本之不同上，梁漱溟和陈独秀、胡适是一样的。换句话说，西化派

[1] 梁漱溟：《东西文化及其哲学》，《梁漱溟全集》，第一卷，第537—538页。
[2] 梁漱溟：《东西文化及其哲学》，《梁漱溟全集》，第一卷，第538页。
[3] 梁漱溟：《东西文化及其哲学》，《梁漱溟全集》，第一卷，第334—335页。

和梁漱溟有一个共同点：他们都是文化整体派。但是，犹如前面所说，梁漱溟的文化观与他们不同。因此，梁漱溟的想法就是改变中国原来那种不向前的姿态，但是保留中国文化不讲功利的态度。过往的文化讨论将梁漱溟简单化不做深入细致的辨析，导致将他和现代派们若楚河汉界，只有交兵没有交涉、交集是不适当的。梁漱溟这种整体观的特质是：孔子的"理性"之中有向前的精神，在一定意义上说，这个向前的精神是理性的，即德性的，同时又是理智的，即能动的、可被作用的，他试图以一种孔子的"理性主义"涵摄中西文化中的他认为的理性与理智的两种属性。

梁漱溟还看到青年之烦闷问题，以为用孔颜乐处的心态可以诊治这种病灶。所谓孔颜乐处和孔子的"刚"在梁漱溟那里的一致性就是，二者都是情感的自然喷发，不是心理中经过转弯、算计的功利计较。这是梁漱溟推崇的儒家（用他自己的话"孔家"）的核心："一个人必确定了他的人生才得往前走动，多数人也是这样；只有昭苏了中国人的人生态度，才能把生机剥尽死气沉沉的中国人复活过来，从里面发出动作，才是真动。中国不复活则已，中国而复活，只能于此得之，这是唯一无二的路。有人以清代学术比作中国的文艺复兴，其实文艺复兴的真意义在其人生态度的复兴，清学有什么中国人生态度复兴的可说？有人以'五四'而来的新文化运动为中国的文艺复兴；其实这新运动只是西洋化在中国的兴起，怎能算得中国的文艺复兴？若真中国的文艺复兴，应当是中国自己人生态度的复兴；那只有如我现在所说可以当得起。"[1]这样，梁漱溟在表面对西方肯定的前提下，又明确地将他所谓的中国文化的真精神全盘地提出来了，以构筑一个现代面向未来的中西合璧的新文化类型，至少是中国自己要走向的新文化。

[1]梁漱溟：《东西文化及其哲学》，《梁漱溟全集》，第一卷，第539页。

（二） 以理性和理智圆融为核心的改造与重构

1. 中国人的理性的伦理生活

当梁漱溟强调中国文化是理性的文化的时候，显然遭到了太多的误解和质疑。胡适即直言十分不理解梁漱溟在《东西文化及其哲学》中提出的所谓"西洋生活是直觉运用理智的"、"中国生活是理智运用直觉的"。胡适认为梁漱溟用词含混，内容不明。他说："梁先生也知道我们不能懂这种玄妙的话，故劝我们'善会其意而无以词害意'。但我们实在无法善会其意！"[1] 梁漱溟在这个时候更多地是用"直觉"来意指他之后用的"理性"一词，但是，他后来意识到"直觉"本身的毛病是它和本能有时候不能分得太清楚。因此，他从三四十年代开始逐渐过渡到用理性来表示他在早期所理解的孔子的仁心的直觉的特征。他没有对此做任何思想上的改变，但是，在用词上做了一个大的改变，显然，理性比起直觉更加严谨了，但是，新的歧义是近代以来用理性和理智等同的人很多，而梁漱溟恰恰是要将他的理性概念和西方人擅长的理智特征作根本的区别。因为在他看来，这才是两种文化的根本性差异之所在，是文化差异的节点，导致文化方向不同的根本之处。他在前面那两句断语即是说：西洋生活是理智的，或运用理智的；中国生活是直觉的或运用直觉的。当他弃用直觉一词而用理性一词的时候，他的理性概念意思其实还是说的原先的"直觉"含义："你愿意认出理性何在吗？你可以观察他人，或反省自家，当其心气和平，胸中空洞无事，听人说话最能听得入，两人彼此说话最容易说得通的时候，便是一个人有理性之时。所谓理性者，要亦不外吾人平静通达的心理而已。这似乎很浅近，很寻常，然而这实在是宇宙间顶可贵的东西！宇宙间所有唯一未曾陷于机械化的是人；而人所有唯一未曾陷于机械化的，亦只在此。"[2] 梁漱溟

---

[1] 胡适：《读梁漱溟先生的〈东西文化及其哲学〉》，载罗荣渠主编《从"西化"到现代化》，北京：北京大学出版社，1990 年，第 115 页。

[2] 梁漱溟：《中国文化要义》，《梁漱溟全集》，第三卷，第 123 页。

这里的意思就是个人没有"机心",心地平坦,可以纯粹地运用直觉,就是孔子所说的"直"或孔子所说的"仁心"。梁漱溟在《东西文化及其哲学》中曾经大谈孔子的"仁"。就是人与人交往不计较、不算账,以空空荡荡的平常心彼此相对。仁是活泼、生机盎然的,算计、计算、诈伪则是不自然的。这是梁漱溟当时说的孔门的"直觉"或"仁的直觉",现在用理性的概念代之,但是,核心内容没有变,他认为,中国文化的长处、特质就在这里:"所谓理性,是指吾人所有平静通达的心理。吾人心里平平静静没有什么事,这个时候,彼此之间无论说什么话,顶容易说得通。""如果有人问我:中国文化的特点或长处在哪里? 我便回答:就在这里,就在能发挥人类的理性。我尝说:中国文化是人类文化的早熟(见《东西文化及其哲学》),现在更正确地指实来说,那就是人类理性开发得早,想明白中国过去的文化,及中国未来的前途,都要先明白这个东西——理性。"[1]

这种平和通达的心态之所以可以直觉运思,可以不计较利害得失,就在于它还是"无对的",没有差别对待,没有对立面的存在,也没有自我的存在,是一颗平常心。这种没有对待的平常心还不是纯粹作为工具性存在的"理智",理智在梁漱溟那里是对待性的,虽然它自身没有功利性,但是,它是作为一个有对待的功利性目标的工具存在的,但是梁漱溟所强调的儒家理性、那颗平常心则没有功利性和差别对立在其间,因此,它具有一种特殊的"普遍性"。他把这称作是"生命的和谐状态"。"中国古人却正有见于人类生命之和谐。——人自身是和谐的(所谓'无礼之礼,无声之乐'指此);人与人是和谐的(所谓'能以天下为一家,中国为一人'者在此);以人为中心的整个宇宙是和谐的(所以说'致中和天地位焉,万物育焉','赞天地之化育,与天地参'等

---

[1]梁漱溟:《乡村建设理论》,《梁漱溟全集》,第二卷,第181页。

等）。"[1]这样,梁漱溟不仅反思了中国文化的核心理念,提出理性这个概念,同时,以此为基点,将它贯彻到中国文化的具体方面。理性这种人类本身存在的不计较、不算账、清明平和的心理状态,它是贯通的,是人心之间敞开的一种状态,即天下一家的和谐,个体生命的和谐带来彼此生命的和谐,带来中国人生活的伦理形态。在理性层面的个体平和在梁漱溟看来就是认知上的"无对",这种无对当然就走向人类群体生命的和谐一致性。"此和谐之点,即清明安和之心,即理性。一切生物均限于'有对'之中,唯人类则以'有对'超进于'无对'。清明也,和谐也,皆得之于此。果然有见于此,自尔无疑。若其无见,寻求不到。盖清明不清明,和谐不和谐,都是生命自身的事。"[2]生命本于理性状态就是和谐的状态,但是人心一向外驰求在梁漱溟看来就不对了:"今日科学家的方法,总无非本于生物有对态度向外寻求,止于看见生命的一些影子,而且偏于机械一面。和谐看不到,问题却看到了。""但要晓得,问题在人:问题之解决仍在人自己,不能外求;不信赖人,又怎样? 信赖神吗? 信赖国家吗? 或信赖……吗? 西洋人如此,中国人不如此。"[3]那么,中国文化不向外驰求的路径是什么样子的呢? 梁漱溟认为那就是孔子、孟子的反求诸己、先立乎其大。"孔子态度平实,所以不表乐观(不倡言性善),唯处处教人用心回省,即自己诉诸理性。孟子态度轩豁,直抉出理性以示人。其所谓'心之官则思',所谓'从其大体……从其小体',所谓'先立乎其大者,则小者不能夺',岂非皆明白指出心思作用要超于官体作用之上,勿为所掩蔽。其'理义悦心,刍豢悦口'之喻,及'怵惕'、'恻隐'等说,更从心思作用之情的一面,直指理性之所在。最后则说'无为其所不为,无欲其所不欲,如此而已矣!'何等斩截了当,使人当下豁然无疑。"[4]

---

[1]梁漱溟:《中国文化要义》,《梁漱溟全集》,第三卷,第131页。

[2]梁漱溟:《中国文化要义》,《梁漱溟全集》,第三卷,第132页。

[3]梁漱溟:《中国文化要义》,《梁漱溟全集》,第三卷,第132页。

[4]梁漱溟:《中国文化要义》,《梁漱溟全集》,第三卷,第132页。

在梁漱溟看来，儒家所倡导的反求诸己和理性张扬的生活态度构造了中国历史上特有的伦理生活：即群体生活的方向、方法、步骤皆求助于理性的反省，求助于自己个体内在的良知的能力。中国人的伦理生活或组织生活在梁漱溟看来是由一种个体修养、以理性为基准的修养诉求构成的。因此，他甚至认为，孔子最初着眼的社会组织生活其实首先不在组织群体层面而在个体生命的安顿上："中国伦理本位的社会，形成于礼俗之上，多由儒家之倡导而来，这是事实。现在我们说明儒家之所以出此，正因其有见于理性，有见于人类生命，一个人天然与他前后左右的人，与他的世界不可分离。所以前章'安排伦理组织社会'一段，我说孔子最初所着眼的，倒不在社会组织，而宁在一个人如何完成他自己。"[1] 因此，梁漱溟将这种生活方式界定为"心的文化"，即理性的文化，对应于西方人的"物的文化"，即理智的生活。他认为，自周孔以来的中国三千年发展都仰赖于此，无论是成功抑或失败之处都在这个地方，这是中国文化之特质的根本节点，是构成中国人伦理生活方式的原点。这种理性反思的生活似乎圆满无碍了，其实不然，梁漱溟也看到这种生活本身的缺陷与不足，基于此，他提出了自己的改造方案。

2. 回归与前行：走向平等与讲理的集团生活

梁漱溟为了说明中国人伦理生活的意义，他采取了和当年讨论直觉相近的看法，即把它看成是一种民族之必然乃至绝对，譬如中国的伦理本位和西方的团体生活。在这一点上他和另一个重要的文化保守主义代表冯友兰产生了分歧。冯友兰认为家庭生活及其基础家庭作坊或小农经济和现代工商业的大规模生产及其基础上的社会生活是人类发展的两大阶段，这是普遍性的，跟民族文化特性关系不大，也就是说这是人类社会发展的共同的必由之路。梁漱溟不赞成这种看法。

————————————

[1] 梁漱溟：《中国文化要义》，《梁漱溟全集》，第三卷，第136—137页。

他认为,中国文化产生了中国的家庭文化,西方人的团体生活也不是后来的工业文明才有的,跟基督教乃至于希腊文明都有关系,他还是坚持中西文化的类型说。[1] 梁漱溟的论证策略是:文化不是经济所能完全决定的,甚至于中国经济没有发展出现代工业恰恰是由于中国文化的特性所造成的,有点文化决定论或文化根本体的意思。在由文化说明不同民族历史发展乃至经济发展之后,梁漱溟最终又回到了世界文化和人类发展最终走向一体的看法:"如我判断,人类文化史之全部历程,恐怕是这样的:最早一段,受自然(受身体生理、心理与身外环境间)限制极大,在各处不期而有些类似,乃至有某些类同随后就个性渐显,各走各路。其间,又从接触融合与锐进领导,而出现几条干路。到世界大交通,而融会贯通之势成,今后将渐渐有所谓世界文化出现。在世界文化内,各处自仍有其情调风格之不同。复次,此世界文化不是一成不变的;它倒可能次第演出几个阶段来。"[2]

梁漱溟的两点论在这里昭然若揭:一方面,文化开始是分别发展的,各有各的特色,到晚近才逐渐形成几条主要的大线路,从现在到未来会逐步形成一个融汇百家的世界文化的可能前景。那么,也就是说,不同文化的理路仍然是不同的,世界文化具有共同性,但是内里的不同特色依然显著,而且存在阶段性发展。从不同特色来说,中西文化有其重大差异;从世界文化层面说,不同文化的趋近与融合又势在必行。梁漱溟在20世纪30年代以后重点宣扬的东西文化的特点不再是直觉与理智的对峙,而是更加直白的所谓"心的文化"和"身的文化"的差异,在这一点中包含了科学发展的问题;第二是伦理本位和团体生活的不同,这一点中包含了过去关于中国有无"民

[1]梁漱溟:《中国文化要义》,《梁漱溟全集》,第三卷,第32—38页。
[2]梁漱溟:《中国文化要义》,《梁漱溟全集》,第三卷,第47页。

主"的问题。梁漱溟自己在后来总结的时候说:"早先我作文化比较研究(如1921年出版之《东西文化及其哲学》),曾把近代西洋文化所长归纳为三点:一科学,二民主,三征服自然利用自然之卓越成就(物质文明)。但后来我变了,喜欢说两点,而不说三点。两点就是团体组织和科学技术。"[1]梁漱溟对此解释的理由是:关于民主的理念及其在中国的有无在他那里未定结论,这是他与自由主义或社会主义者的重大差别;第二,团体生活是更根本性的差异,是中西文化源远流长的差别,而民主则是西方晚近发展的较新的成就,不能体现文化的根本性差异。科学技术不同,它依然如梁漱溟早年所坚持的,是西方意欲向前、向外的发展成果,中国如果没有外来文化的刺激以及我们自己的模仿几乎不可能发展出来,而且就这一点来说,是中西文化从身体和心灵两种文化对立的集中表现:一则是理性,一则是理智。前面我们所提到的梁漱溟所说的中国文化是理性的无对,西方则是人与物的对待,结果造成一个从心(理性)出发的文化,向人情努力的文化即中国文化;一个是从身体向外用力的态度而成西方文化,名作"从身体出发"。[2] 这种从身体出发的态度,其实是从"我"出发的,看外界一切都是物,都是对象:身体是争生存的工具,而这争也只是为身体而争。[3] 这就是理智的加强运用,这在梁漱溟看来是一种基于本能和为本能所驱动的力量。理性则不然。梁漱溟认为理性内在驱动的文明是无对的、情感的、感通的,是从人与人之间的义务关系上认知确定的人际关系。所谓中国伦理本位的优长就在这个地方,这个无对的理性就是人的感情。梁漱溟否认中国传统社会是一个封建社会而认为是由礼俗社会替代了封建社会,然后几千年未变。而所谓"礼俗"则出自人心和仁心:"礼俗本来随时在

---

[1]梁漱溟:《中国建国之路》,《梁漱溟全集》,第三卷,第344页。
[2]梁漱溟:《中国文化要义》,《梁漱溟全集》,第三卷,第260页。
[3]梁漱溟:《中国文化要义》,《梁漱溟全集》,第三卷,第260页。

变的,其能行之如此久远者,盖自有其根据于人心,非任何一种势力所能维持。"[1]梁漱溟认为,礼俗社会的建构原则是孔子基于个体人格的形成原则建立的:"孝子慈父,在个人为完成他自己,在社会,则某种组织与秩序亦即由此而得完成。这是一回事,不是两回事。"[2]个人浑沦整体地完成在人格表现上,即在家庭中就是父慈子孝等等的具体展现。抽象来说就是一个没有将他人作为一个"对象"、一个"物"来认识、开发、对待的理念,而这种理念就是西方文化的理智及其运用的理念,这正是东西方对峙的文化。但是,西方这种人与人、人与物对待的文化发展了科学技术和团体组织,虽然它是基于人我对立的态度然后整合而成的。而它形成了我们文化所不具备的一些优良的特质。梁漱溟列举了四条西人所长我们所短的特质:公共观念、纪律习惯、组织能力、法制精神。[3] 西方人因为彼此对立而又须共同生活,故形成了一种集团生活方式,其中的阶级斗争被梁漱溟所不看重,但是它由此构成的国家则是中国人所不逮。梁漱溟也清醒地看到,中国的伦理本位的两极性摇摆:或者囿于家庭,或者直接到"天下",而缺乏一个中间的大小适宜的具体生活状态,结果导致我们不能形成一个紧密型的共同体及其生活方式,所以上述由集团生活构成的现代性的优点我们也不能品尝。但是,梁漱溟坚持家族生活与集团生活都是人类早期形成的生活方式,没有特别的优劣。而且,中国人的家族生活因此而不主力,即不主争斗的生活样式,"舍力用理"[4]是它的长处。这些优点是梁漱溟在清醒地认识到中国文化缺乏组织化后反复申述的,意思是它还是人类未来发展的方向。梁漱溟认为,中国不一定没有民主,但是的确没有现代西方意义上的民主,这种民主的两个特征就是:平等和讲理。

---

[1]梁漱溟:《中国文化要义》,《梁漱溟全集》,第三卷,第119页。
[2]梁漱溟:《中国文化要义》,《梁漱溟全集》,第三卷,第120页。
[3]梁漱溟:《中国文化要义》,《梁漱溟全集》,第三卷,第67页。
[4]梁漱溟:《中国文化要义》,《梁漱溟全集》,第三卷,第211页。

这一点,梁漱溟算是说到了点子上。另一点是自由和个体人权的出现。这一套西方文化的东西的共同点就是"承认他人"或"承认他人存在"。中国文化的最大不是处就是个人永不被发现。[1] 但是,梁漱溟每每论及中国文化之短处同时就申述,中国文化不是不承认他人,而是承认他人忘了自己,他这种文化超越了"承认他人"的状态。中国人也未尝不自由,但是人权自由观建立不起来。中国根于理性的无对、伦理情谊导致了我们权利观念的不曾产生,这是从心的文化造成的。这种理性偏长、理智极短的文化在今天遇到了身体文化冲撞的严峻挑战,而且它自己盘旋不进,因此,需要做一个大的转变。梁漱溟认为,身体的文化运用理智开发自然和社会,心的文化运用情感求得社会稳定和自足。但是,人类的生活是依靠理性主导、理智运用工具共同推进的,这个身体工具性的能力衰弱了,理性也就不复施为了,"因为生命浑整不可分,未有其身体本能既萎弱而理性犹健全者。今日的中国人,从某些地方看其理性尚不如西洋人,即为此"。[2] 中国的伟大在于理性的伟大,中国的衰弱也在于理性的早启,文化的早熟。因此,中国需要补课:身体的文化之课、集团生活之课,但是仍不废弃理性的指引,因为这是人类的发展趋势。这个所谓趋势是什么呢? 社会本位。梁漱溟说:"今天世界正面临这一历史转折的当口,社会本位的经济势不在远,第一问题即快有交代。"[3] 这个所谓的第一问题就是一例向前的文化快要转轨了,要从"身的文化"向"心的文化"改变了。中国不可能退回到第一文化,而西方乃至整个世界都要转向第二文化,[4]因此,中西合璧正成为必然。中国共产党正是这样一个趋势,但是共产党讲阶级斗争,这是中国文化所不取的,那么梁漱溟认为,这一点上不能跟着走。

---

[1] 梁漱溟:《中国文化要义》,《梁漱溟全集》,第三卷,第251页。
[2] 梁漱溟:《中国文化要义》,《梁漱溟全集》,第三卷,第309页。
[3] 梁漱溟:《中国建国之路》,《梁漱溟全集》,第三卷,第381页。
[4] 梁漱溟:《中国建国之路》,《梁漱溟全集》,第三卷,第381页。

也就是说,以中国自己的态度走现代集团生活并逐步转向理性的生活方式,其实这种态度正是他最初设想的要用中国文化的理性态度引领现代科学和民主的实施,即保留中国文化中仁心的、理性的、情感的或情理的思维,同时好好运用西方发展的科学技术和集团生活方式,将二者统一起来。后来钱穆也陷入了这种理想主义的观念之中。

梁漱溟早期基于文化发展阶段论的看法,把东西文化看作是前后相继的两个阶段。这个阶段论其实两边都不见得讨好,因为,他既羡慕西方的理智的现实主义,对于现实来说,中国要向西方学习,必须尽可能完全地学习;但是,他又主张中国文化按阶段论是超前的,换句话说是先进的,这样的话,弃之可惜。所以,中国学习西方的民主与科学,同时要改一改他们的态度。到 20 世纪 30 年代以后,梁漱溟的看法发生较大变化:一个是理性概念成为他的思想观念中心,一个是对西方文化的解释用团体生活代替民主。在此基础上则是提出中国的伦理本位和职业分途的说法。梁漱溟的文化观依然是自我矛盾和辩证统一的,即中西文化仍然是各有长短。中国传统的伦理本位的生活是中国文化之理性贯彻的成果,但是团体生活是现代生活所必需。因此,中国人一方面要学习这种团体生活的样式,一方面要从自己的理性生活的传统出发在有所坚持的基础上有所改进。如此,梁漱溟也成为了真正保守主义的"调和"的立场:从中国文化理性之"讲理"走向肯定个人权利的新的集团生活,这是一种中西融通的"新理性"。

二、钱穆:绵延的民族之"心"与历史合理性

讨论 20 世纪保守主义,必须有其所保守者,这个保守的具体对象就是"文化"或"中国文化"。对于中国文化之特色或中西文化之间的差异的确认是保守主义尤其是文化保守主义的主要特征。但是,文化保守主义者们的倾向也不完全一致,前面我们曾简单提及梁漱溟与冯友兰的观点异同。纵观 20 世纪文化保守主义者,文化保守色彩最鲜

明、最强烈的当属钱穆。在哲学家中间文化危机意识比较强烈的是现代新儒家。而在历史学家中,钱穆的民族文化意识以及文化民族主义的意识或者中国文化的危机意识尤为强烈,因此,他一生都在申诉中国文化的优长,但是不像梁漱溟、冯友兰等人同时宣扬西方文化所具有的现代性特质。钱穆也不否认这些,但是,他申诉的是西方文化的危机以力辟之,宣扬中国文化的特质以肯定之,所以余英时说他"一生为故国招魂",确也形象。钱穆总有一种文化田园已经或几乎丧失的危机感,有一种力挽大厦于将倾的责任感,这些都体现在他的著作表述中。同时,这只是问题的一个方面,钱穆和其他20世纪保守思想家最大的不同在于受其专业影响巨深的文化观念,他的文化观念具有强烈的历史性和民族性:文化就是连续的生命,生命就是连续的文化。文化是一种连续性的人生脉络,具有民族的独特性。中国民族有其自己的文化渊源,因此,它是特有的,当然同时也是有其特殊价值的。但是,无论他多么反向的"激进",有意思的是,也可以说宿命的是,钱穆最后也走向了他自己的中西调和论,这可能是20世纪中国思想家必然的、但也是正当的宿命,从这个意义上说的话,那他们的历程才具有更加长远的意义和价值。

（一）文化的特征就是"传统",是"心"的传统

钱穆说到文化指出来,这是一种传统、精神传统,不是即时性的,是一种时间性存在、延续性存在,不存在历史性的断裂问题。譬如他比较新文化运动以后人们最爱说的文化的新与旧,他认为,所谓的新旧很难截然分开,新旧只是一个时间观念。但是,文化是整体的,没有前面就没有后面;没有旧的,也就谈不上新的,这是一个生命体,这是一个生命成长的过程,你不可能将以前的生命存在割裂出去:人们"总爱说新文化,又要说新生命,但如一棵树,是不是开了花便叫新树? 那根与干便是老树呢? 我想这种'新旧'观念,该要从头重新来辨认。如说生命从旧变新,我们不能丧心病狂,先不要那旧的。旧生命没有了,新生命又

从哪里来？倘说科学可以创造新生命，但转瞬间，新生命又会变成老生命旧生命。只要是生命，就该有持续，亦必会有变化"。[1] 所以，文化在钱穆这儿并没有真正意义上的新旧之分，新的、旧的都是文化体上的一个组成部分，而且旧的仿佛枝干更加主要，新的文化都是在这根和干上生长起来的，这样，钱穆的文化学几乎完全不同于 20 世纪初期新文化运动思想家们的进化论观念和文化革命的思想。

钱穆认为文化的特征就是"传统"。"传统"二字在新文化运动后的最初几十年是一个令人生厌的辞藻，每每要在"传统"二字前面加一个"旧"字，以示否弃。但是，钱穆认为，文化本来就是一种传统，没有"传统"、没有"历史过程"何来的文化？"退一步说，文化是一种'存在'，而存在则必然有'时间性'。任何一事物不能霎地存在，霎地消失。存在的时间，即是此存在之传统。"[2]他举个人为例，一个人成长到几十岁，那就是他的传统、几十年的传统。要取消这样的传统，只能是这个人的自杀，否则传统就一直存在。[3] 而且就个人来说，他的传统还不仅仅是他个人的，还可以、也需要上溯到他的父母祖先等等，这样传统的历史自然越来越长。从这个角度上说，钱穆的思想是一种有机体的观念，而且不是西方保守主义的社会有机体的观念，而是历史和文化有机体的观念。因此，在这个意义上，他的文化观具有历史合理主义的特征。钱穆还认为，文化传统是一种理性的传统，传统包含物质性的延伸和文化性的延伸，就个人来说跟文化相似的地方是：个人与社会文化都有一个类似个人"身传统"和"心传统"的两个传统。前者是物质的，后者是精神的。它是一种存在，自然就是一种持续、延续，存在的意义和延续的意义等同，否则就是毁灭。

---

[1]钱穆：《中国文化精神》，《钱宾四先生全集》，第38册，台北：联经出版事业股份有限公司，1998年，第8页。
[2]钱穆：《中国文化精神》，《钱宾四先生全集》，第38册，第4页。
[3]钱穆：《中国文化精神》，《钱宾四先生全集》，第38册，第4页。

身的传统和心的传统也就是身的生活和心的生活，身的生活和心的生活二者是两回事，但是也是相通的，但是心的生活是主导。心生活是主，身生活是手段、是仆从。没有身生活当然没有心生活，但是，没有心生活，身生活也就失去了意义。[1] 身生活是暂时性的或即时性的，像一个漏斗一样，随时进去，随时漏掉。但是，心生活却是永久性的，能积存，如万宝藏。[2] 人的身生活同动物相差无几，但是人的心生活随社会发展而成就一个有意义的、精神的、心灵的世界，这就是文化了。钱穆将这种心生活的意义或价值归纳为中国人的"道"概念，认为这就是西方人的"文化"概念，人道就是人类的生活和文化。钱穆提出两个概念，安与乐，认为这是中国人或人类心生活所追求的。心的安乐与身的安乐有一定的相关性，但不是一回事。钱穆所谓心的安乐与梁漱溟的看法也不相同。虽然，他也看到了，周敦颐教二程"寻孔颜乐处"、禅宗达磨教慧可安心以说明心安的条件不在外部环境而主要在个人内心。但是，钱穆所强调的文化特征和心安还主要是历史文化和中国家庭环境所构成的安心法门。梁漱溟所讲的中国文化的"心的文化"是真正地从个体身心生命的深处开发的，是与西方文化的理智的向外开展相对立的。而钱穆的心的文化究其底里还是将心等同于人类精神层面的各种创造和积累。这些创造和积累构成了一个民族的"心的生命"或"文化的生命"而成就一个民族的精神寄托。

（二）家、国与艺术：作为民族生命史的文化

钱穆认为，文化是有内外和大小的，这些也和人相类似，因为它是生命体，因此，它就有大小、内外之分。所谓大小就是指从外向内的过程，这也是从物质世界向精神世界过渡、从人类社会向个体精神过渡的过程，这被钱穆称之为"小生命"；从个人内心逐渐向外扩展，

[1] 钱穆：《中华文化十二讲》，《钱宾四先生全集》，第 38 册，第 46 页。
[2] 钱穆：《中华文化十二讲》，《钱宾四先生全集》，第 38 册，第 49 页。

一直扩展到外部世界的是他所谓的"大生命"。钱穆规定文化性生命大小的依据是:从里向外的行动、思想是向外的贡献,因为它的贡献大,所以称作"大生命"。[1] 从外向内的过程是生命的"共相",从里向外的过程是生命的"个性"。文化是精神性的,因此,是大生命,是大生命因此就各有其个性,即自己独特的性质与禀赋。[2] 这是文化的特点,也可以说这是"心"的特点。人类以群居,此群就构成一个大生命,也就是文化,群的文化就构成该群的精神历史即一种人文性存在,人文性与所谓物质性这一点不同是他分别中西文化的重要特点,同时他也特别强调文化及其传统的民族性、整体性及其生命性:"文化传统,便是一部民族生命史。欧洲人有欧洲人的文化,我们此刻称之曰'西方文化',但内涵各民族,有拉丁、条顿、斯拉夫民族等,各民族间仍然有分别。各民族间的生命都有长时期的历史积累,便成为文化传统。"[3]中国在世界各种文化中呈现出来的最大的特色或个性是什么呢? 在钱穆看来,那就是"家"和"国"的观念及其历史形态,另外还有我们族群历史中形成的文化艺术。这是他所看重的文化之精义所在,而不是梁漱溟所看重的我们中国人和印度人、西方人不同的那个"意欲"或"无对"的心的文化,因此,在文化的认知层面上,作为史学家的钱穆与偏好哲思的梁漱溟、冯友兰等人的概括都不相同或差异较大。他的文化概念强调文化的实存层面,而梁漱溟等人更注重文化的气质层面。作为文化保守主义者,他们二人的共同点是:都是将西方文化看成是偏物质的,把中国文化看成是偏精神的。钱穆认为这种想法是自然的和显而易见的,这可以理解为中国民族和西方民族的爱好之不同或嗜好不同。[4] 这其中最大的不同是,中国

---

[1] 钱穆:《中国文化精神》,《钱宾四先生全集》,第 38 册,第 6—7 页。

[2] 钱穆:《中国文化精神》,《钱宾四先生全集》,第 38 册,第 7 页。

[3] 钱穆:《中国文化精神》,《钱宾四先生全集》,第 38 册,第 10 页。

[4] 钱穆:《中国文化精神》,《钱宾四先生全集》,第 38 册,第 15 页。

的家庭及其传承方式为西方人所根本不具备，他说，这是中国文化的家庭传统和家庭生命。新文化运动却要改变这种古老文化而成就一种新文化，在钱穆看来是匪夷所思的。[1] 钱穆和梁漱溟他们都关注、重视中国的家庭、家庭制度，但是关注的重心大不相同：梁漱溟关注伦理本位的心的根基，以及由此可能的转化；钱穆关注的是家庭及其制度对人的涵育方式以及人在其中的安乐状况。在一定意义上，他们的运思逻辑正好相反：梁漱溟看到的是孔子强调个体生命的完满而形成家庭制度。而钱穆看到的是，家庭正是中国人教育个体生长的摇篮，这是二人根本差异之处。

说钱穆的文化观是一种理性主义的文化观，不是从哲学层面上说的，而是从他所认为的文化理念上说的，他的文化理念不同于常人。前面我们说到的有机体观念为其一；其二是他所认定的中国人的生活方式与规则以及连续性的层面，即梁漱溟所说的，中国人认为没有皇帝就会乱套的心态，这是一种文化心态的积淀而形成的"文化理性"，这个理性其实是一种文化习俗或惯性，钱穆将之看作是"常道"。这个"常道"在他那里就是有一个文化中的道理、生活方式以及承载者存在，而且它们是稳定的，甚至是固定的，因此，在他那里几乎没有新文化运动中所谓的"革命"的观念存在，因此，他的人文理性就是人文的理智——自我认同的固化。同时，他把文化看成是群体生活，而且将人类文化看成是群体生活的方式，甚至于认为，群体生活是实在的和最真实的，因此，他具有一定的群体本位的思想，并且与一定的规制和生活涵养形式联系在一起。譬如，中国作为一个统一的国家以及始终有一个中央政府是钱穆所认为的中国文化的又一个重点，这也是他所看重的中国家国一体的文化的另一翼。这一点可能是钱穆和新文化运动中的人物之最大不同点。钱穆认为，中国几千年有王朝、有王室、大一统，这

---

[1] 钱穆：《中国文化精神》，《钱宾四先生全集》，第38册，第14页。

都是中国的常道。[1] 受中国文化影响的越南、朝鲜等国家最起码也没有遭受亡国灭种的灾难。家庭生活方式及其孔夫子所规范的家庭理念以及国家及其历史形态,这都是钱穆所认为的中国文化中的固定部分。钱穆认为,现在的人们都在艳羡西欧,但是,钱穆却反问:"像英法般,较之我们中国,究竟哪个更现代、更合理?"[2] "我想,我们中国人做人,可做将来世界人一榜样;我们的家庭也可做将来世界家庭一榜样;我们的国家,也可做将来世界国家一榜样。"[3] 这里钱穆就是指的中国自始至终的一种历史上长久积存的"统一文化"。一般文化譬如在西欧,即便是一个文化也不一定能造就国家的统一,"甚至同一民族同一文化在同一地区,地区并不大,而仍不能共同建立一国家,如古代之希腊,近代之西班牙与葡萄牙皆是。若要他们建成一大国,则必由武力征服而成为帝国型,如古代之罗马,近代之大英帝国。此与中国之由同一民族同一文化而建成之国家大不相同"。[4] 甚至于他认为,世界大同之最大障碍是宗教的分类、差异,而中国自古以来就是不同宗教的和谐相处。若世界各大宗教融合归一,实在困难,而就中国传统看,也许只有中国才有这个力量和机会。世界宗教的合流只有在中国社会中才有可能。[5] 这是钱穆对世界文化的一个很重要的看法。因为,在他看来,文化的差异需要一种统一的文化和统一的历史传统才有可能。

钱穆对本民族文化最感得意的地方是中国文化涵育了世界上最早的和持续时间最长的民族国家。这是因为,中国遵循了三层结构:经济、政治、文化三层结构体系,中国的国家制度遵循着由文化指导政治,由政治指导经济的原则,是由伦理文化体构筑的整体性的有文化支撑

[1] 钱穆:《中国文化精神》,《钱宾四先生全集》,第38册,第14—16页。
[2] 钱穆:《中国文化精神》,《钱宾四先生全集》,第38册,第27页。
[3] 钱穆:《中国文化精神》,《钱宾四先生全集》,第38册,第27页。
[4] 钱穆:《中华文化十二讲》,《钱宾四先生全集》,第38册,第73—74页。
[5] 钱穆:《中华文化十二讲》,《钱宾四先生全集》,第38册,第74—75页。

和依托的民族体系。希腊、罗马、后来的主权王权国家或中世纪神权国家都缺乏这种一贯性的道德文化支持，因此，或兴或衰，不能自主。[1]钱穆对文化的研究有一个重要的特点是特别强调中国政治的优长和特殊性，基本上还是传统的天下观支配着他的思维，这里面有其认识之所长，当然毫无疑问也有其认识的严重缺陷。我们会在后文对此予以专门的讨论。

与中国的"统一文化观"或"大一统"观念相匹配，钱穆的一般文化观本身就是整体性、一体性的。家、国是中国人实现道德价值和自身完善的场域，是实现教化的阵地，而艺术作为心的文化的重要产物也是文化的重要组成部分，因此，钱穆的文化观相对于哲学家们是宏大的广泛的文化观。他说："艺术世界、礼乐世界、道义世界都该属于'心'的世界，也可谓是精神世界。什么叫'精神'呢？凡从个人心里流出来的，便可叫精神。机器世界从科学家心灵创造出来，科学家也可代表一种精神，但机器造出以后，此项精神便没失于物质之内，由是由机器再造机器。不用再花很多精神。人坐在机器旁，服侍那机器，那机器自会活动，在旁的人只要不打瞌睡便行。艺术世界不同须不断要从心灵中创造出来。学唱学画、一笔一钩、一声一字，须懂得要从心灵中流出。画家一幅画，作曲家一部曲，代代流传，不断临摹，不断演奏，前代后代，此曲此画之内在精神则依然存在，这就是精神世界。"[2]钱穆精神世界和心的概念的范围在这里都远远超过梁漱溟以及冯友兰的概念。他把由于人的内在精神创造出来的产品都看作是文化，这是广义范围的文化，当然也是社会学家、历史学家比较认可的文化，而不像哲学家强调文化的精神内核层面譬如哲学理念、道德指向性等，他们往往把精神和精神产品作为内核的衍生做出区

---

[1]钱穆：《文化学大义》，《钱宾四先生全集》，第37册，第49页。
[2]钱穆：《中华文化十二讲》，《钱宾四先生全集》，第38册，第60页。

别。在钱穆那里,毋宁他更重视这些产品本身的文化意义,即文化就是心灵的产物,而不是还有一个心灵本身的问题。所以,他也一直在说身生活、心生活,但是这个心生活与梁漱溟的心大不同,换句话说,钱穆的"心"就是"心生活","心生活"就是精神世界的所有创造物,所以器物、制度、艺术都是他所看重的文化内涵。他所致力于传承的、寄托的也是这个整体的文化传统。当然,由于在中国,家、国体系所代表的是道义层面,因此,相对于文化艺术,钱穆也是在次序上将道德精神的传承看得相对更主要一些,这是中国的大传统。另外一点,不是钱穆不重视艺术文化,而是在他看来,艺术文化有一个能力问题,这不是人人都能达到的,而道德涵养层面的安身立命则是人人需要、也是人人可以做到的,如果想要在文化艺术中安身立命,有的人可能做不到,因此,基于这一点,中国文化也更强调道义世界的重要,这就是中国人安身立命的所在。[1] 中国人安身立命就在文化中,这就是中国文化的特质。因为文化是一个整体,新旧传统不能割裂,因此中国人安身立命就必须在这个整体的传统之中,在我们的家、国维系的道义传统和历史承载的文化艺术传统中存活。他说:"什么叫'文化'?简言之,文化即是人生,文化是我们'大群集体人生'一综合体,亦可说是此大群集体人生精神的共业,此一大群集体人生是多方面的。如政治、经济、军事,如文学、艺术,如宗教、教育与道德皆是。综合此多方面始称作文化。故文化必有一体系,亦可说文化是一个机体。等于人之一身,耳用来听,眼用来看,五官四肢内脏各部各有各的作用,而合成为各人之生命。所以文化是多方面的人生,定要互相配合成为一体,不能各自分开独立,否则便失掉了意义。"[2]这种大群体观、大文化观和有机体观决定了钱穆所认定所传

---

[1] 钱穆:《中华文化十二讲》,《钱宾四先生全集》,第38册,第61页。
[2] 钱穆:《中华文化十二讲》,《钱宾四先生全集》,第38册,第79—80页。

承的文化传统就是中国家国道德和文史文化的一体性总文化和大传统了,这是他和新儒家的差异,其实也是他不愿意自觉加入以个体心性为主导的新儒家阵营的内在逻辑根据。因此,钱穆对中国文化的热爱也不同于现代新儒家秉承道统和价值承担责任的关切理据,他的关爱、认同是基于对整个中国文化的眷恋和钟爱,是对文化浸淫的热爱。他的文化观与现代新儒家相比较有比较强烈的经验主义色彩,但是又绝不同于新文化运动中的主张社会进化论的经验主义和功利主义者,即他对文化的热爱基于历史文化经验,但是对于历史文化的经验又含有强调道德价值关切的成分,但是,他的道德关切也是文化的、整体的,是整体道义论的道德价值关怀。从对文化的感受而言,他和"学衡派"的学者们大体相近,但是,"学衡派"作为古典人文主义强调个体德性和文化的操守与涵养,而钱穆关注的重点则是在人群整体层面上。当然,其共同点是,同样反对经验主义基础上的功利主义和简单进化论思维模式。

(三) 人文与器物、内倾与外倾的对峙及其融通

1. 文化自本自根,转化须依其基础

钱穆对文化的分类依据于他的历史基本观察,即人类生活的三种原初状态:游牧、农耕和商业文化。而钱穆又认为,这三种生产和生活文化又有气质上的两种倾向:内倾的和外倾的。农耕文化安土重迁是静的。游牧生活和商业生活形成的文化不断游动、变迁,是向外依存的、动的,因为内不足、需求在外,彼此容易进入生人社会,交换生意和掠夺是基本生活依靠,必然是"对内团结,对外斗争的"。[1] 掠夺、征服是他们的生存方法,"不仅敌我对立,而且是天人对立",因为这种征服过程需要工具手段,因此,他们"又富工具感"。农耕民族,一半靠人力,一半靠天力、自然,工具非马而牛,牛则驯顺与人合作,则农耕民族

---

[1] 钱穆:《文化学大义》,第31—32 页。

的宇宙观、人生观,由此而与其他两族不同。故一偏机智和财富,一偏
仁慈和自足。[1] 那么,钱穆由此总结了游牧和商业文化与农耕文化也
即西方文化与中国文化的大不同:西方文化主外倾、求富强、求征服、求
斗争、天人对立和人我对立,是空间的、集团的、无限向外的、走向抽象
和宗教的;农耕起源的中国文化则是内倾的、安足的、求融合的、天人合
一的、主协调的,是重视时间的、历史的、家庭的、疆土永守勿失的,走向
实体的和伦理的等等。[2] 总体上,钱穆的文化分类和说法没有超出近
代以来人们对中西文化的一般性分类和认识,只是他更加综合了各家
的说法,汇为一炉,包括他也经常说的,西方倾向于是物质的,中国是精
神的。但是,有时候,他自己也在不同意义上批评这种说法,作为流俗
的、常见的和有一定争议的说法,我们这里对这一点不做重点考察。

　　钱穆文化研究的重点在强调中国文化的特殊性或不同类型特征,
强调这两类文化各有其自足的本质。为此,他又强调文化和文明的不
同。他说,文明的属性是物质的,可以传播,可以模仿;而文化是精神
的、是生命的,须自本自根,从自己内部生命中培植生长。譬如电影艺
术中,电影器械、放映器材等等是属于物质技巧方面的,是文明的;而编
剧、导演、演员表演方面则是文化的,是精神的,是跟自己的文化生命直
接相关的,是从文化生命中流溢出来的,二者就必须截然分开,不能混
为一谈。放到国家政治层面更是如此,也就是说,文化精神生命不可以
简单模仿。为什么不能简单模仿? 因为都是各自有根的,根不同,脉也
不同;源不同,流也不同,不可能照抄照搬。因为,文化的基础太深厚
了,要移去是不可能的:"若使中国也如罗马帝国崩溃前夕之北方蛮族
般,自身本无甚深的文化基础,只凭自己精力来接受外面文化陶冶,这
比较尚简单;然亦得经历西方中古时期一段又长时间之演变,才有近代

---

[1] 钱穆:《文化学大义》,第32—33 页。
[2] 钱穆:《文化学大义》,第34—35 页。

西方文化之光采发越。不幸近代中国人,早已不是一蛮族,排去旧的,接纳新的,不全是精力问题,还需要高度的理智。能疏解,能诱导,始可逐步转进。若今天般单凭短视的势利眼光,把中国的一笔抹杀,西方的盲目接受,那真谈何容易?"[1]在钱穆看来,文化类型之不同导致文化发展的底蕴完全不同,如果像新文化运动中激进人士那样简单的西化是根本不可能的,把原有文化几乎取消是不可能的,只能是在现有基础上的转进,在这一点上,钱穆是思想方式上的理性主义者,即现实主义者。所以,他说,欧洲蛮族入侵西欧以后,即便他们自身没有什么文化积累仍然经历了漫长的中世纪的涵化过程,中国这样的几千年历史的文明古国当然是不能全盘西化的。在这里也凸显了文化保守主义和自由主义之间的思想分歧。

2. 双向问题融合解决

钱穆不否认中国现在的落后及其改进的必要,但是他同时也认为西方的发展也在走下坡路。在这一点上他有点像梁启超在《欧游心影录》中所描述的那样,对西方资本主义走向帝国主义的忧惧,同时他又有点与马克思主义者对资本主义必然走向帝国主义而且必然衰落有一种接近的看法,虽然,他似乎在各方面都不同意、不接受马克思主义理论。他认为,今天资本主义帝国主义都是西方文化的结果,帝国主义面临崩溃的边缘,虽然我们无法得知他的结论的来源。他的唯一证据在当时就是殖民地的逐步瓦解,而全世界逐步接受西方文化的另一个后果则将是世界纷争的更加严重。[2] 他把达尔文的进化论、唯物主义学说都看作是唯物偏向或物质偏向和斗争偏向,这在钱穆看来都不是文化及其发展的根本。文化在他那儿是七个要素不分彼此,只有内外的综合:经济、政治、科学、宗教、道德、文学、艺术。越往后面越属于文

---

[1] 钱穆:《文化学大义》,第74页。
[2] 钱穆:《中华文化十二讲》,《钱宾四先生全集》,第38册,第98—99页。

化的精神部分,而支撑在于宗教道德层面。所以,他对物质基础上的进化论深恶痛绝。他甚至说,物质生活的提高不是文化提高的重要表征,物质生活仅在于让人吃饱穿暖,在此之上就没有太大意义了。电灯看书不比油灯看书能使人有更深刻的意义理解。乘坐飞机环球旅行、喝着咖啡非常舒适,但是对你的精神界没有多少意义,更不会发生多大改变,科学发展和人生几乎关联很少。[1] 这在"五四"一代无论自由主义还是社会主义知识分子看来,只能是冥顽不化的保守分子了。

钱穆对个人主义和个人自由也持强烈的批判态度,他认为个人自由的膨胀是西方文化之推崇力量、外倾的必然后果。他认为,西方演进到近代文化,科学发展、自由追求和世俗化的肉体化导致从中世纪对神的无限追求转向对功利、利益的无限追求,转而成为"权力意志"的无度扩张。自由的无限性本来是天国中的目标,现在转到尘世之中。非西方人没有学到这种权力意志就学不到西方人的科学发展以及民主政治等等。[2] 而中国人自古就没有精神无限伸展的强烈追求,也没有走向世俗化的文艺复兴。中国文化的"历史性"特征以及缺乏上述西方人的精神无限性、现实自由欲望和极度的权力意志,因此,中国文化便也没能发展出西方科学。[3]

显然,西方文化的长处和病根在一起,中国文化的病痛中也含着自己的特长,至少在钱穆那里是这样看待的。钱穆曾经经常信手提起中国文化的诸多长处以提升众人的信心,这是和他的个人信念历程紧密相关的。他的物质精神二分、自然人文二分的哲学信念也支持着他的思想。但是,面对中西现实的各有短长,中国现实落后被动的情形,钱穆也提出了融合会通的观念。他说,虽然说中国文化重人文、西方重自然,但是人文也是脱胎于自然的,人文也是自然。中国人的天人合一正

---

[1] 参见钱穆《文化学大义》,第39—43 页。
[2] 参见钱穆《文化学大义》,第104—108 页。
[3] 钱穆:《文化学大义》,第116 页。

支持这种人文自然的统一观。如此，在钱穆看来，以西方文化改进中国文化也便成为可能。他说："在此等观念与意识之下，我认为中国文化里尽可以渗透西方文化来，使中国文化更充实、更光辉。并不如一些人的想法，保守了中国固有之旧，即不能吸收西方现代之新。似乎大家总爱把一切事业作相反对立看，不肯把此等相反对立作互通合一看。所以我们中国所讲'执两用中的中庸之道'，此刻应该大大地再阐明。"[１]钱穆的"西方文化渗透观"凸显了他的内心世界中以中国文化为主题融合吸收西方文化的企图和宏愿，这和西化派用西方思想彻底改造中国文化或部分文化保守主义者实现中西对接有着一系列令人瞩目的差异。总体来说，钱穆的"理性主义"主要体现在两个方面：第一，他的整体性或群体性、有机论的文化观；第二，他的思维方法上的，即现实的、理智的文化融合观。他的理性主义带有特殊主义的倾向，即把历史传统相对固定化、合理化，民族性、团体性和历史性构成了他的文化观的突出色调，他的历史合理性、传统合理性的色彩特别明显，这是与现代新儒家的学者们不大相同的。

　　其实，钱穆也同样看到了中西方文化都存在各自的优长和不足，至少在他看来是这样的。其实，钱穆在这方面并没有什么创新，他对中国文化的好的看法都在他关于中国传统政治的讨论中。同时，他对中国家庭宗教意义的探讨也有突出的个性色彩。对于中国文化的宗教性、儒学的宗教性和人文性以及中国人身修养的途径等问题也是 20 世纪保守主义者和自由主义等主流思想界争论的一个重要领域，我们将通过下面讨论文化保守主义家们的各种论述逐次展开其观点。

第二节　儒学与中国人文理性主义的重新厘定

　　近代思想的一个基本特征就是打倒儒学在中国几千年历史上形成

---

[１] 钱穆：《中国文化十二讲》，《钱宾四先生全集》，第 38 册，第 146 页。

的独尊地位,这是自由主义者和社会主义者们的共性之处。他们的立论出发点基本上是对旧传统伦理的攻击,诸如"吃人的礼教"等等方面,但是,这样就开始了对整个传统的彻底性的革命。这种攻击是突出反面的,正面的叙述是积极宣传西方的进化论、实证主义精神等等,这对传统道德和精神的神学基础譬如天道、天命等等思想实现了挖根的效果。而作为对中国传统持同情、认同至少是部分的同情认同态度的文化保守主义则致力于对这个传统的重新诠释和在现代思想意义和学科意义上的再表述,用冯友兰的话就是有"照着讲"更有"接着讲"。他们接着讲的一个重要题目就是把儒学从传统意识形态的禁锢中解脱出来,不再使其被认为是专制独裁的思想打手、不再是封建的意识形态或残余。在 20 世纪的上半叶看这个工作并不容易,或者说十分艰难。儒学的重新理解就要让它"脱魅",但同时又不能让它失去在文化保守主义那里所认同的价值意义的普遍性,这里面其实存在着一个两难的困境:第一,重新实现对中国传统天道的认肯,重新确立儒学内蕴的宗教特性——中国人意义上的神圣性。这就需要把传统的天道价值和历史曾经赋予它的伦理道德中的部分内容普遍化,但是又需要对部分历史价值予以剥离和否弃;第二,重新认定孔子创制的儒家思想的人文主义,但是,又要确证它的理性特征而不是变成西方文艺复兴所张扬的感性色彩的人文主义,以彰显儒家之于中国的准宗教性价值以代替西化论者对西方宗教形态的呼吁。以新儒家为代表的文化保守主义者们在这个领域的努力是他们思想过程的最主要的部分之一。

一、天道超越意识与理性的人文主义之统一

(一) 中国人的宗教性关切:天命敬畏与天道内在

确立中国人有宗教性关切而不是实际的宗教关切,而且这种宗教性内于个体自身是文化保守主义的基本诉求,这个工作以新儒家尤其是牟宗三的工作为主要典型。其实,梁漱溟在《东西文化及其哲学》

中已经展开了这个论述，这就是他关于"仁"的论说，但是他过于强调"直觉"的意味，而将其实际内蕴的心学思想的天道性掩盖了，因此，这个工作的学理化最初是由冯友兰和徐复观揭启的，而由牟宗三基本完成。

冯友兰从两个方面正反论证中国人的出世而又入世的品格。他在《中国哲学简史》中指出，中国古人推崇的价值理想是圣人（当然他在这里说的是儒家），而圣人的最高成就是与宇宙同一，那是不是中国古人推崇出世呢？另一方面，孔子言谈之中不离"未知生，焉知死"一类，那是不是就是常人所常说的中国古人尤其是儒家是纯粹入世的呢？冯友兰一开始给自己设计了这个矛盾的问题。他给予的回答是："中国哲学不是可以这样简单地了解的。"[1]冯友兰说："专就中国哲学中主要传统说，我们若了解它，我们不能说它是入世的，固然也不能说它是出世的。它既入世而又出世。有位哲学家讲到宋代的新儒家，这样地描写他：'不离日用常行内，直到先天未画前。'这正是中国哲学要努力做到的。有了这种精神，它就是最理想主义的，同时又是最现实主义的；它是很实用的，但是并不肤浅。"[2]入世与出世、理想主义与现实主义的正反命题在中国哲学被打并成为一个合命题。"如何统一起来？这是中国哲学所求解决的问题。求解决这个问题，是中国哲学的精神。"[3]冯友兰在这里就是想说明中国传统儒家是入世出世二元一体的。后面他又说道德价值和超道德价值，也是强调这二者在儒家那里也是同入世出世一样的关系，当然，肯定入世出世的一体，也就肯定了中国儒家对道德价值和超道德价值的一体追求。

冯友兰只是突出强调了中国儒家传统在入世情怀之上还有超越性的追求，但是，对此问题做了比较详细历史考究的是徐复观先生。他在

[1]冯友兰：《中国哲学简史》，北京：北京大学出版社，1996年，第6—7页。
[2]冯友兰：《中国哲学简史》，第7页。
[3]冯友兰：《中国哲学简史》，第7页。

《中国人性论史(先秦篇)》中以"忧患意识"和"敬"(德)表彰出中国古人尤其是周人开始的类宗教性的人文精神,这种宗教性发端的精神已经开始将人文性的个体道德与原始宗教性的天道绾和到一起。徐复观指出,周人革掉殷人天命之后,并没有趾高气扬、不可一世,而是产生了《易传》中所说的"忧患"意识。但是,这种忧患意识不同于一般宗教性中的绝望、恐怖,不是对高高在上的天帝的畏惧,而是一种内在的责任感的涌起:"'忧患'与恐怖、绝望的最大不同之点,在于忧患心理的形成,乃是从当事者对吉凶成败的深思熟考而来的远见;在这种远见中,主要发现了吉凶成败与当事者行为的密切关系,及当事者在行为上所应负的责任。忧患正是由这种责任感来的要以己力突破困难而尚未突破时的心理状态。所以,忧患意识,乃人类精神开始直接对事物发生责任感的表现,也即是精神上开始有了人的自觉的表现。"[1]徐复观指出,忧患意识是一种人的自觉意识的觉醒和自我承担精神的萌发,而不是因为宗教信仰而产生的信念或依赖感、对神的寄托等等。徐复观把这种精神归纳为一个"敬"字,但是,已经主要不是敬天而是敬德和明德。"'敬德'是行为的认真,'明德'是行为的明智。"[2]周人建立的敬德、明德的意识和观念世界,以此来照察、指导自己的行动世界,是中国人文精神的最早萌芽。其中的道德性正是与西方人文主义的最大不同。[3]《召诰》的"命哲"虽然还不是内在的德性还是直承天德,但是已经将天命和德性统一起来了,儒家人文主义的精神初步形成,为孔子、子思和孟子的德性心性论奠定了基础。牟宗三的论证几乎就是从徐复观的基础上展开的,但是,他对整个儒家思想中心性一系的内在超越做了最好的阐释。

牟宗三的天道观不注重天道的外在存在之论证,而以其内在于人

---

[1]徐复观:《中国人性论史(先秦篇)》,上海:上海三联书店,2001年,第18—19页。

[2]徐复观:《中国人性论史(先秦篇)》,第21页。

[3]徐复观:《中国人性论史(先秦篇)》,第21页。

而实现人的自我挺立而特立,也因为内在的存在而真正让人体悟到天道的真实性,他的所有哲学思想的基础几乎都源于此。因此,他对荀董的哲学相对于心性一系较少措意,但是,有意思的是,最初,他关于天道与人心之关联的起源论证同样也是从商周说起的。他认为,中国古人的忧患意识造就了"临事而惧,好谋而成"的责任意识,这种责任意识形成为一种敬的观念:敬德:明德与天命,这是一种内在的道德意识。同时,"中国上古已有'天道'、'天命'的'天'之观念,此'天'虽似西方的上帝,为宇宙之最高主宰,但天的降命则由人的道德决定。"[1]他最初把人的忧患意识[2]作为人的一种道德意识和道德情感提出来:"在中国思想中,天命、天道乃通过忧患意识所生的'敬'而步步下贯,贯注到人的身上,便作为人的主体。"[3]"天命与天道既下降而为人之本体,则人的'真实的主体性'(Real Subjectivity)立即形成。当然,这主体不是生物学或心理学上所谓的主体,即是说,它不是形而下的,不是'有身之患'的身,不是苦罪根源的臭皮囊,而是形而上的、体现价值的、真实无妄的主体。孔子所说的'仁'、孟子所说的'性善',都是由此真实主体而道出。中国人性论中之主流,便是这样形成的。"[4]忧患意识产生对天的敬畏,对天的敬畏体现人的忧患精神,这是在中国文化早期形态中所产生的价值观念,这些都历历呈现在商周的文献中。但是,在一般礼学家那里往往只关注的是社会上层、贵族、尤其是帝王的忧患,譬如后来的董仲舒的天人感应说。但是,在牟先生等人那里却发现古代人民这种敬畏表层背后内蕴的道德感,也就是说,人类不是仅仅因为恐惧而产生对天道的敬畏,恰恰是因为人的内在道德性才产生了

---

[1]牟宗三:《中国哲学的特质》,长春:吉林出版集团有限公司,2010 年,第 17—18 页。
[2]中国人的忧患意识为徐复观先生最早提出并做出较详尽的发挥,牟宗三先生则将之与道德心性的内在化联系起来,成为最初论证人的道德意识先验存在的起点。到后来,则着重于"良知"层面的内在和生发及其与天道的同一性。
[3]牟宗三:《中国哲学的特质》,第 18 页。
[4]牟宗三:《中国哲学的特质》,第 19 页。

这种敬畏意识及其姿态,而这种意识是先天的。[1] 他将这种责任感和西方的宗教做了对比:"在宗教则无真实主体之可言,这是道德与宗教大异其趣之所在。西方人性论的主流中,人性 human nature 直接地是人之自然,没有从超越的上天降下而成的人之主体。西方的上帝与人类的距离极远。极端地高高在上的上帝,又岂能下降于人间呢?"[2]之所以人的精神能够与上天应和,这是因为人性中贯注了天道的因子,一方面,天道相对于人类本身的事实存在是超越的,但是由于这种天道的内在性,人类的超越性也得以实现,因此,天道又是内在的:"天道高高在上,有超越的意义。天道贯注于人身之时,又内在于人而为人的性,这时天道又是内在的(Immanent)。因此,我们可以康德喜用的字眼,说天道一方面是超越的(Transcendent),另一方面又是内在的(Immanent 与 Transcendent 是相反字)。天道既超越又内在,此时可谓兼具宗教与道德的意味,宗教重超越义,而道德重内在义。在中国古代由于特殊的文化背景,天道的观念于内在意义方面有辉煌煊赫的进展,故此儒家的道德观得以确定。西方的文化背景不同,西方人性论中所谓人性 Human nature 之首字母 n 字小写,其实它就是自然的意思,而且恒有超自然(Super nature)与之相对。此超自然始有超越的意味,它属于神性而不属于自然世界(natural world)。西方哲学通过'实体'(Entity)的观念来了解'人格神'(Personal God),中国则是通过作用(Function)的观念来了解天道,这是东西方了解超越的存在的不同路径。"[3]中国古代

---

[1]唐文明教授强烈质疑、批判徐复观、牟宗三以忧患意识为道德意识,从而实现天人道德意识贯通一体的看法。他将"忧患意识"仅仅看作是一种忧虑、恐怖意识等等,将"德"视作宗教性概念等等不一而足。其目的在于将天人隔绝、道德意识宗教化、外在化,这是笔者不能同意的,仅从个体生命、尤其是士夫阶层体认视角,忧患意识自然是道德意识,关于历史论述将另为文论证。氏所作《隐秘的颠覆——牟宗三、康德与原始儒教》,北京:三联书店,2012 年,其中第一章《道德的化约》为集中叙述。

[2]牟宗三:《中国哲学的特质》,第19页。

[3]牟宗三:《中国哲学的特质》,第24页。

的"天"仍有人格神的意味，但是经过心性儒学尤其是思孟学派的开发，个体内在的道德性得到充分的展示，所以"天命之谓性"成为儒家的共同认知，因此天道由于人的道德意识它又成为内在于个体生命的主体，牟宗三先生称之为"光明的主体"，因为公正的天道降临于个体的生命，人的生命才有光辉发出，当天命转为个体的内在光辉之后，人民便不再需要事事去探问"天志"，而是反向自己的内心深处，而天道、天命也转为《周易》之生生不息的"创生不已之真几"。即天道、天命成为"创造性的本身"（Creativity itself），而这在西方只有上帝或神才能。[1] 这是牟宗三先生的一个重要发现。在牟宗三看来，儒家的个体证成天道，不仅是一种简单的内在的信念，而是一种具体实在的显示。

（二）人性的仁性本质与天道敞开

牟宗三先生从孔子的"下学而上达"和《中庸》"唯天下之至诚，为能经纶天下之大经，立天下之大本，知天地之化育"出发，得出超越的遥契与"内在的"（Immanent）的遥契。[2] 前者是通过践仁而得出自己的信念"知我者其天乎"，这是一种敬畏、信仰和信念，天道自然形成形上的、遥远的存在，有强烈的宗教意识，天则有人格神的意味。而后者则是"知天"、经纶天地、弥合万物。诚作为天道，通过诚之者的人道，实现了自我与天道的内在沟通乃至同一，这是内容的了解，是内在的呈现和同化。如果没有这种理解，天道对我们只是外在的、飘渺的、虚无的如"雾里的香花，人只知其为香，而永远看它不清楚"。[3] 外在的超越性、客观性和内在的主体性、主观性的统一恰是中国哲学与文化的实质，也是中西文化的差异之处。[4] "大人与天地合德，就是说要与天

---

[1]牟宗三：《中国哲学的特质》，第24页。
[2]牟宗三：《中国哲学的特质》，第39—41页。
[3]牟宗三：《中国哲学的特质》，第43页。
[4]牟宗三：《中国哲学的特质》，第44—45页。

地同有创生不息的本质。用今日的语言解释,就是要正视自己的生命,经常保持生命不'物化'(Materalizalition),不物化的生命才是真实的生命,因为他表示了'生'的特质。"[1]牟宗三先生对"仁"的阐释很多,大体不出他经常说的"觉"和"健"。觉是通感,但不是人的感官官能对外部世界的感知能力,而是孟子的四端所指出的人的"恻隐之感"、孔子的"不安"。觉就是"不麻木"对世界有感通能力。"感通是生命的层层扩大,而且扩大的过程没有止境,所以感通必以万物为一体为终极,也就是说,以'与天地合德,与日月合明,与四时合序,与鬼神合吉凶'为极点。润物是在感通过程中予人以温暖,并且甚至能够引发对他人的生命。这样的润泽作用,正好比甘霖对于草木的润泽。仁的作用既然如此深远广大,我们不妨说仁代表真实的生命(Real life);既是真实的生命,必是我们真实的本体(Real Substance);真实的本体当然又是真正的主体(Real Subject),而真正的主体就是真我(Real Self)。""孔子的'仁',实为天命、天道的一个'印证'(Verification)。"[2]这种物化的对立面就是"仁",就是德性的浸润、弥漫。仁体现天道、仁就是天道,仁润泽人身也就是天道的滋润滋养和内在。仁即是天,人性即是天性,仁人即是圣人,这就是尽心知性知天,也就是阳明所说的知天、同天境界,人人同天、人人平等:"中国的传统精神,儒教立教的中心与重心是落在'如何体现天道'上。在这如何体现天道上,最重要的是尽性。因此,人性问题成了儒教的中心问题。但是我们前面讲过,孔孟的仁与性实既是'创造性本身'。就孟子'性善'之性说,性实即是'内在的最高道德性',即冥合'创造性本身'的那道德性。从这里说,人人皆可以为圣人,而且人人都是平等的。人的尊严由此立。"[3]平等精神和个体的挺立就成为牟宗三哲学的出发点,现代保守主义的人文主义哲学

[1]牟宗三:《中国哲学的特质》,第34页。
[2]牟宗三:《中国哲学的特质》,第35页。
[3]牟宗三:《中国哲学的特质》,第110页。

由此奠基,这个基础是以阐明天道之内在性为基础的,在这个基础上表征人道的超越层面,同时,又说明它是人道而不是纯粹的外在的"天道"或"帝则",因此是一种理想主义的人文理性主义,因而有别于外在化的专制主义和感性化的狭义的人文主义或人道主义。

(三) 以敞开人性具体体现天道的"实证"人文教

将儒家思想设定为人文主义或人文教是20世纪保守主义的基本命题,而牟宗三则将之定位为人文教,即宗教与人文的统一。牟宗三的宗教观与他的哲学思想也是一以贯之的,即天道的内在而超越,这是秉承思孟心性的衣钵,而荀董的世界观基本上是超越而不内在,尤其是荀子的更是如此,后世公羊学基本上走的就是这个路子,这是与心性儒学之间的根本性的差别。牟宗三在把儒学或儒教视作宗教的时候,重心放在人性的自我敞开的证成上面,也就是天道在人身的实际展现或展开,这是一种通过修养功夫实现自我的"实证的"宗教。牟宗三认为宗教有两个方面的功能:首先就是个人人格的创造,在儒教就是成圣成贤,在佛教就是成佛,在基督教就是成为真正的基督徒;宗教的第二个功能其实是它的自然延伸的功能,即文化的创生功能,这种文化的创生就是因为各个宗教因之形成各种宗教文化:基督教文化、佛教文化、中国文化等等。[1]

这种"证成"的宗教其核心即在个人人格的形成上面,但是,这个人格的体现则是天道,因此,它的超越性是显而易见的,因此,不能简单地说中国儒教是一种纯粹的人文教或一种简单理解的"人本",这是一种以人心证人性,以人性敞开体证天道的特殊宗教,它也具有其他宗教的一般性特征,但是,它不注重那些形式化的表现而是重在实质性的内容。人性的展开体现天道之"创造性",牟宗三说:"一般人常说基督教以神为本,儒家以人为本。这是不中肯的。儒家并不以现实有限的人

[1]牟宗三:《中国哲学的特质》,第103页。

为本,而隔绝了天。他是重如何通过人的觉悟体现天道。人通过觉悟体现天道,是尽人之性。因人以创造性本身作为本体,故尽性就可知天。"[1]这是一个体现超越性的过程,同时又是一个成德的过程,这二者是统一的。他说:"中国的传统精神,儒教立教的中心与重心是落在'如何体现天道'上。在这如何体现天道上,最重要的是尽性。因此,人性问题成了儒教的中心问题。"[2]这样,儒教的特质就是人性善而不是人性恶,也不是基督教的原罪观念。但是儒教中又有才性的问题,在宋儒那里就是"气质之性"的展开,其实这将现实的人性与天道的人性同时存于人身,个人修养的基础和根据就都在这儿了,即转变气质问题。这个转变同时基于人性现实层面上的"恶",要转变这个"恶",但是转变"恶"的前提则又是人性之天道的"善",没有善则发现不了恶,也无力转化恶,而最终要证成和展现那天道的本善的人性,这正是儒教的根本性特点。因此,牟宗三先生那里就特别强调儒教的"功夫论":"因儒家重体现天道,故重点不落在上帝加恩与个人呼求之情上,故重功夫,在功夫中一步步克服罪恶,一步步消除罪恶。"[3]说这个宗教是天道与人道统一、一致的宗教就在于它没有诉诸更多的神秘性和天道创造性的无限内容上,而是集中于天道与人性的同一处:"所谓体现天道也只是把天道的全幅意义或无限的神秘全部体现出来。故《中庸》云:'及其至也,虽圣人也有所不知,有所不能。'尽管如此,还是要在尽性践仁之无限过程中以遥契之并体现之。故孟子曰:'圣人之于天道也、命也、有性焉。君子不谓命也。'"[4]牟宗三先生基于此而作出的结论是,儒教是典型的宗教因为它具有高度的宗教性,"而且是极圆成的宗教精神"[5]。但是,它又是非典型的宗教,因为它在宗教事

---

[1]牟宗三:《中国哲学的特质》,第107页。

[2]牟宗三:《中国哲学的特质》,第110页。

[3]牟宗三:《中国哲学的特质》,第108页。

[4]牟宗三:《中国哲学的特质》,第108页。

[5]牟宗三:《中国哲学的特质》,第109页。

务性非典型,不重于形式化的内容,它把那种完全宗教化的形式融化在了日常生活的体认之中,包括礼乐教化之中。

从表面的礼乐认同方面,牟宗三的"证成人文教"与某些思想家强调的礼教似乎有一致之处,应该说这是有近似之处的,但是同时又有原则性的差别,这正是基于前述论说的各种差异即礼的本源在于人心,而不是相反即让人心束缚于礼。牟宗三将这种形式化于内容的宗教认知称作是:儒教作为"日常生活轨道"的意义。但是,这种体现于人伦的礼仪教化的"伦"不是一种基于生物学意义上的,而是基于人性的天道天德意义上的:"伦之所以有伦,皆因后面有一定的道理使它如此,而这一定的道理也不是生物学或社会学的道理。皆是道德的天理一定如此,所以其所成之伦常也都是不变的真理。"[1]从这个意义上说,证成的人文教是人性的自我证明,而蒋庆的礼教则是相反,它是个别的圣人制成礼乐赏罚制度规范绝大多数的"小人"。秋风则因袭哈耶克等的说法,将这种君子不视作是个体生命本体的敞露而是看作是人类习惯的养成过程,当然,说它是人类习惯的养成是可以的,也是自然的,但是,礼教学者从不深究这种习惯的起点是什么? 习惯的根据是什么? 这是政治儒学和心性儒学的重要差异。

二、伦理代宗教

上面的诸种论证等于从理论上来说明中国传统儒学的天道与人道的贯通,也在一定意义上昭明中国思想具有宗教性关怀,那么它在事实领域究竟如何呢? 梁漱溟、钱穆等文化保守主义对儒家在中国传统社会中的实际功用做了比较周密的叙述。当然,他们这样说的目的仅在于说明儒学在理论上同时也在中国人的社会生活实践中具有强大的生命力。梁漱溟说:"两千余年来中国之风教文化,孔子实为其中心。不

---

[1]牟宗三:《中国哲学的特质》,第102页。

可否认地,此时有种种宗教并存。首先有沿袭自古的祭天祀祖之类。然而却已变质,而成为孔子教化内涵之一部分。再则有不少外来宗教,如佛教、伊斯兰教、基督教等等。然试问,这些宗教进来,谁曾影响到孔子的位置? 非独夺取中心谈不到,而且差不多都要表示对孔子之尊重,表示彼此并无冲突,或且精神一致。结果,大家彼此相安,而他们都成了'帮腔'。这样,在确认周孔教化非宗教之时,我们当然就可以说中国缺乏宗教这句话了。"[1]梁漱溟这里虽然最后说中国缺乏宗教,但是,他的意思既不是否定宗教在世界范围的意义,也不是否定中国儒家精神内蕴的宗教性,他的意思很明确:中国是以孔子学说代替了宗教在人类其他民族中的功能。

梁漱溟在前面其实率先论证的是宗教在世界不同民族形成中的关键作用,这个作用是:人类文化都是以宗教开辟的,同时也是以宗教为聚集中心的。人类群居的政治和社会秩序都有赖于宗教的基础。有以宗教承包全部生活的,譬如西藏;有高等的文化生活脱胎于宗教母胎的,譬如欧美。梁漱溟指出,民族的形成寄托于较高的文化,民族的统一则需要宗教的凝聚。[2] 宗教的重要性可见一斑了。在梁漱溟看来,人类生存于世界所需要的工具手段、技术手段、组织制度等等在文化中虽然体量巨大,但是它们是从属的,不居于文化的主导地位。居于中心地位的是人生态度,世界上诸如文化的差异、文化的变迁改造都是从这里入手的。这种人生价值和文化价值在文化的各个方面都随处体现,但是集中展现在宗教、道德、礼俗和法律之中。而所谓的道德、法律等等又都是从宗教中脱胎出来的。[3] 人类的原始聚居成为一个秩序体有赖于两个武器,一个是强力或暴力,但是,严刑峻法失之于暴而或崩解,第二则有赖于宗教了。因此,在梁漱溟看来,宗教是人类集合的

---

[1]梁漱溟:《中国文化要义》,《梁漱溟全集》,第三卷,第103页。
[2]梁漱溟:《中国文化要义》,《梁漱溟全集》,第三卷,第97页。
[3]梁漱溟:《中国文化要义》,《梁漱溟全集》,第三卷,第97页。

唯一的最重要的方式。宗教的特征是两个：第一，它的根据必定是超越的；第二，它对人类情感必定是有慰藉作用的，即它施为于人类情感层面，有极其重要的勖勉功能。[1] 但是，另一方面，在梁漱溟有一个固定的看法：真正的宗教都是出世的，因此随着现代科学和人类知识的增长，宗教逐渐为现代科学等等知识所取代，其重要性和生民之初不能相提并论。

和宗教在世界其他民族中的重要性相比，至少在中国人发展初期是不遑多让的。但是，自从周孔建立中国的文教或礼教之后，这一切发生了巨变。中国儒家的文教占据了中国人社会生活的中心位置。这就是梁漱溟所畅言的中国"以道德代宗教"。在这一点上，梁漱溟和徐复观的看法有其类似之处。这种宗教安排组织社会的功能被周孔的"礼"替代并实现了："一、安排伦理名分以组织社会。二、设为礼乐揖让以涵养理性。二者合起来，遂无事乎宗教。此二者，在古时原可摄之于一'礼'字之内。在中国代替宗教者，实是周孔之'礼'。不过，其归趣，则在使人走上道德之路，恰有别于宗教，因此，我们说：中国以道德代宗教。"[2] 如果，梁漱溟仅在此说礼教在中国古代的重要性和意义，那不等于否定自由主义或社会主义者们对历史传统的批判。因为，礼教在历史上起到了中国社会的组织功能，但是这种功能也有其消极作用甚至败坏社会的可能性。至少在理论上是不能否认的。因此，梁漱溟进一步阐释了礼教在中国形成的伦理本位和理性涵养的价值，而这个价值具有现代性。那么，将伦理本位和涵养理性的意义归结为一句话的话，在梁漱溟看来那就是：孔子是以人格完成为其礼教的根本点的。[3] 孔子的礼教组织构成和人文教化与古希腊的城邦建构相类似：孔子学派力促敦勉孝悌和仁爱之情，一方面

---

[1] 梁漱溟：《中国文化要义》，《梁漱溟全集》，第三卷，第98页。
[2] 梁漱溟：《中国文化要义》，《梁漱溟全集》，第三卷，第110页。
[3] 梁漱溟：《中国文化要义》，《梁漱溟全集》，第三卷，第120页。

是个人生命的完成过程,同时也是中国古代社会秩序和组织的完成过程。希腊人在其城邦的架构中也是将市民的权利义务的构架和个人的立身统一起来的。它们的差异只是一个形成了礼俗社会,一个形成了法律社会。梁漱溟与主张现代性的社会家们的最大不同是,在他投入山东乡村建设之后,他主张重建中国的礼俗文化,并与现代性的组织即集团国家的建构统一起来,而不是放弃这种传统的人情社会。因此,他是继承孔子的,而不是否定孔子的。至于说到理性,前面我们已经谈到甚多,这里仅简略说明的是:作为不同于西方人的理智的理性概念,在梁漱溟那里是核心的思想:它是中国儒家思想的精华,是梁漱溟一生孜孜以求的精神。它的安和清明是未来人类所要走的方向,因此,这种由儒家的文教或礼教才能培植的精神,当然是不能放弃的。当然,梁漱溟不是一个顽固不化的保守主义者,毋宁是一个严格保守又严格激进的文化保守主义者,因此,他要引进西方人的现代生活方式:集团的生活方式,但是要保留中国人的生命培育的生活方式:亲情的生活方式,使二者达成统一是他的最高理想,当然,这自然也是一种融合的理念。

三、家庭是教堂

家庭观念是中国人的基本观念,但是,新文化运动指向了以家庭为圆心的中国家族制度,并指其为封建专制主义的祸根。吴虞提出《家族制度为专制主义根据论》,直指儒家提倡的孝道和忠道。最后说:"或曰:子既主张孔氏孝悌之义,当以何说代之? 应之曰:老子有言:'六亲不和有孝慈。'然则六亲苟和,孝慈无用,余将以'和'字代之。既无分别之见,尤合平等之规,虽蒙'离经叛道'之讥,所不恤矣。"[1]吴

---

[1]《五四运动文选》,中国社会科学院近代史研究所编,北京:生活·读书·新知三联书店,1979 年,第 89 页。

虞还是要家庭求"和"，但他的意思是"和"不一定来自于家庭伦理。以无分别、不分尊卑贵贱的形式实现和。但是，这种形式具体可能是什么？吴虞也没有给出具体的指示，其核心在于彻底反对由家族中的名分不平等所导致社会关系中的所有不平等和不自由。陈独秀、鲁迅、胡适等在当时也同样对此予以了激烈的抨击。胡适在《易卜生主义》中对压抑个性的家庭关系发出了控诉和反击："社会最大的罪恶莫过于摧折个人的个性，不使他自由发展。"[1]就历史乃至于今天的社会现实来说，家庭以及由此扩展而成的中国家族伦理制度的确有很大的弊端，这一点的确需要予以彻底的澄清，找出它的源头病灶。但是，这不等于说，作为中国人文生活基本特征的家庭伦理观念就一无是处了，就应该彻底送到历史的火葬场了。其实，事情也远非这样简单。我们从文化保守主义者们的论述中也能看到中国家庭伦理本身作为道德价值所具有的普遍性和很多具体的历史意义。梁漱溟和钱穆都对此有过多方面的论说，我们在这里解析一下钱穆的中国家庭本身就是教堂的看法。

钱穆怀着对中国文化特有的情愫，甚至声称西方科学可学，但是西方人做人不可学。因为西方重物质，中国人重人道。西方人的做人是通过他们的宗教实现的，宗教具有这种力量和能力，但是中国人自有一套自己的做人和教人的方法，钱穆对此给予了一个特别的回答，中国没有宗教但是有教堂："中国人怎样教人做人呢？诸位看，其他各国都有一个宗教，如耶稣教、回教、印度教等。惟有中国没有自己创造的宗教。但中国虽然无宗教，却有教堂。中国每个人的家庭，便是中国人的教堂。由生到死，便在这教堂里。中国人理想，若不能在家里做人，便不能到家外去做人。要到家庭外边做个人，就得在家里先教。不能做父母，对儿女不行，怎能对其他人。子女对父母也一样。家庭就是个小社

---

[1] 胡适：《易卜生主义》，《胡适哲学思想资料选》，第 168 页。

会,也可说是个小天下。家庭成为人群中一细胞。人与人不能成一家,还能成其他什么呢?人群、社会,一切就要从家做起。"[1]按照前面梁漱溟的看法,宗教是凝聚人而合群的。它的方法则是一个超越性的设定和人的感情的勤勉,其实就是形成一个偶像,同时形成以此信念为中心的人格,以此人格构筑良性的社会秩序。简单地说,就是以神圣的信仰和崇拜为地基建筑现实社会的人际关系,而在教堂中接受神父或牧师的教诲以及群修是他们形成相应人格的重要方式。中国没有宗教,当然也没有教堂,但是,在钱穆看来,家庭就相当于西方的教堂,中国人的人格理想、范式以及整个过程都是在这里锻造形成的。

钱穆关于宗教的看法与梁漱溟有相似之处。钱穆也认为,宗教有感情慰藉功能,近似于文学艺术,这样则不近似于科学了,科学前进,宗教则倒退。钱穆认为,上帝乃是人类内心营造的"亲人"当然不如身边的"亲人"真实可亲。而且,随着科学的昌明、发达,上帝的形象渐行渐远、日益模糊、渺茫。[2] 所以,应该回到我们自身的道德上来。就这一点而言,钱穆的思想有类于现代新儒家中的心性一系,但是,显然,他没有梁漱溟、熊十力、牟宗三、唐君毅、徐复观等人那样的体悟,甚至在这一点上,他没有冯友兰有更深刻的见解。但是,这不等于说,钱穆这种理解有什么大的偏颇。应该说,这个看法是深刻而有见地的。他依据道德来解释人生乃至宗教是中国文化的精义所在。他还有一个很有意思的看法:道德无所求,而文学、宗教都是有所求的。"父求慈,不求子之必孝;子求孝,不求父之必慈。文学是求在别人身上发现我,在别人身上完成我。道德则我在别人身上发现、完成。在儿女身上发现完成了理想的父母;在父母身上发现完成了理想的儿女。没有儿女,发现不成理想的父母之慈。没有父母,发现不成理想儿女之孝。没有道德,

---

[1]钱穆:《中国文化精神》,《钱宾四先生全集》,第38册,第25页。
[2]钱穆:《文化学大义》,第56页。

发现不成理想的我。道德只是人的真性情,只有性情始是人之真,始是真我,始是真人生。父母求慈,必得慈;儿女求孝,必得孝。"[1]钱穆认为,宗教不能忘我,道德能忘我,譬如父慈子孝是能够忘我的,宗教因为向外乞灵,所以不能忘我。文学不能自足,而道德能够自足,因为文学有所求,道德无所求。[2] 父慈子孝只是人的真性情,没有外在的目的。"求仁得仁,又何怨?"这才是最完美的人生艺术! 最狂热的理想宗教。科学可以反宗教,但是不能反道德。道德在己不在人,道德的境界是干干净净的自己的内心,求不在外,求不在神,这均是天德。[3]这里钱穆几乎走向现代心性儒家,但是他也仅仅到此为止。他的论证只是要说明,道德的追求是人类自身的,是生命自身的,是情感的真实流露。只要我们在家庭中能够实现这些目标,我们就已经奠定了完美人格的基础,不需要四处求索。从这一点上说,钱穆的这一点看法至少对于传统中国文化和中国人是恰当的。如果从道德的普遍性来说,从现在向人类未来观察,这一点也是合宜的。从不同宗教在现代世界的众神的喧哗来看,只有依据道德的指引,我们才能走出种种信仰的迷宫,但是又能够不失为人的本色。

四、本根的艺术中道、理智中道与人道设教对勘

从前面论述中所谈到的中国儒家的天道性命观念主要是从对生命体认的层次上确定的,也是从儒家对人性和人本身的价值层面上确定的,基本是在观念层面上。那么,对于 20 世纪文化保守主义者来说,在行动的层面上儒家之道是什么呢? 即在现实生活世界中,儒家如何调适自己的情感、如何协调个体与他人、众人的关系? 这是从理念落实到实际生活的关键问题。无论是宗教还是哲学或道德,最终都要落地,这

---

[1] 钱穆:《文化学大义》,第 57 页。
[2] 钱穆:《文化学大义》,第 57—58 页。
[3] 钱穆:《文化学大义》,第 58—59 页。

个落地的成果是怎样的？中庸或中道正是他们的基本诉求。虽然，20
世纪的文化保守主义之间存在着理念上的种种差异，譬如心性儒家与
钱穆的差别；梁漱溟、熊十力和冯友兰之间的差别，甚至梁漱溟与熊十
力的不同等等，更不用说因为学术领域差异造成的更大的认知差别如
《学衡》派与现代新儒家的不同等。但是，抛开这些分歧，他们在对儒
家行动的认知上大体上有一个共同的归结，那就是，儒家所认肯的人的
行动是中庸或中道的。虽然，他们对中庸或中道的理解上可能又有某
些差异。

（一）以仁为本的情感的调和及其艺术化

在否定了中国人的宗教生活而归之于道德实践和伦理生活之后，
梁漱溟并没有将之设定为僵死的、固化的、教条的生活样式，而是将之
认定为一种中和的、快乐的、情感调和的生活形态。这是明确指向胡
适、陈独秀乃至鲁迅等反对封建禁锢、倡导人性解放的思想。因为，在
新文化运动的激进派看来，中国文化实在是戴震所说的"以理杀人"的
代表，尤其是宋明以后的程朱理学。[1] 因此，现代思想就是解放人的
个性和生命，在感性生存的意义上理解人生的基本性价值。这是近代
进化论、功利主义引进以后的基本观念。胡适曾经说："崇拜所谓东方
精神文明的人说，西洋近代文明偏重物质上和肉体上的享受，而略视心
灵上的与精神上的要求，所以是唯物的文明。""我们先要指出这种议
论含有灵肉冲突的成见，我们认为是错误的成见。我们深信，精神的文
明必须建筑在物质的基础之上。提高人类物质上的享受，增进人类物
质上的便利与安逸，这都是朝着解放人类的能力的方向走，使人们不至
于把精力与心思全抛在仅仅生存之上，使他们可以有余力去满足他们

---

[1] 胡适之所以以自由主义的立场而研究表彰戴震，余英时也同然，我把它理解为中国
近世思想解放的两条路径之一，即戴震的朴学研究只是清除宋明理学的毒素的清
醒剂，至少在他们看来如此，何况，在胡适看来，清代朴学还蕴涵着现代实证主义学
术的影子。

的精神上的要求。"[1]身体是精神或心灵的条件,这正是现代受了西方思想影响后的基本概念。因此,身体的需要与满足作为人类存活的先在条件是基础,没有它其他都无从谈起。而且这是一个梯级前进的步骤,而在梁漱溟这样的儒家并不如此看待认肯,至少在梁漱溟看来,身心是一体的,身心的调和依然是一体的,从这一点上说,他当然不是灵肉冲突论者,但是他和胡适观点的差异在于他认为个人的快乐可能和物质条件的是否满足关系其实不大。那个人快乐和情感的安顿系于何处呢? 梁漱溟将它置于现实生活的孝悌和礼乐之中,但是这个礼乐不是残酷的,而是近乎艺术的。

　　梁漱溟认为,孔子教人在社会中得一个"仁"的生活,他的理念和方式几乎和宗教类似,但不是宗教。他表示,宗教是人类的一种情感性生活或情志生活。人类的情志生活有两类最重要,一个是宗教,一个是艺术,宗教的力量又远大于艺术。但是,儒家尤其是孔子的教人生活方式也是情志类型的,但不是宗教类型的,因为它不具有西方严格宗教那样的一些重要因素。但是,另一方面,它又有类似西方宗教般的对于人生的绝大作用。因此,梁漱溟在这个意义上说"孔子差不多有他的一副宗教"。[2] 那么,孔子教的法门是什么呢? 在梁漱溟看来就是两个:第一,孝悌的提倡;第二,一定礼乐的实施。[3] 因为梁漱溟把宗教也看作是情感类生活,这一点和一般人既相同又不同。譬如,冯友兰就同时或者更强调宗教赋予人生一种超越性的关照:超道德的生活。这一点在牟宗三那里也得到了类似的注意,但是,牟宗三强调中国人有自己的超越性,德性之内在同时又是超越的。梁漱溟基本悬设了宗教的超道德价值,不置可否,也可说他对此不曾特别注意或有特殊的领会。因为,正如当时的梁任公所说,梁漱溟是泰州学

---

[1]胡适:《我们对于西洋近代文明的态度》,《胡适哲学思想资料选》,第307—308 页。
[2]梁漱溟:《东西文化及其哲学》,《梁漱溟全集》,第一卷,第467 页。
[3]梁漱溟:《东西文化及其哲学》,《梁漱溟全集》,第一卷,第467 页。

派的门徒,情感的直下是他思想的特点,因此,宗教的另一个层面在他是不大注重的。这也是他所谓的"道德代宗教"立论的根据,但是,牟宗三等人不敢这样轻许,必须说上人的德性是配天的,冯友兰则说人的最高境界是同天的。梁漱溟未必比他们理解得更弱,但是,他把宗教生活和人类生活区分得很严格:宗教的根本方向是出世的,孔家则不然,但是,孔子根源人的仁心本原,运用他的方法技巧获得了和宗教类似的功能效果。

梁漱溟论孝悌的作用和钱穆相类似,但他是从人的感情的出发的,钱穆则是从对人的感性的训导出发的,二者细较起来有很大的不同。梁漱溟和钱穆同样的认为,只要教人在家孝悌,其他一切就自然而然了。人在儿童时期的情感萌发是长大以后情感发用的源泉:"《论语》上'孝悌也者其为人之本与'一句话,已把孔家的意思说出。只须培养得这一点孝悌的本能,则其对于社会、世界、人类,都不必教他什么规矩,自然没有不好的了。"[1]梁漱溟认为,孝悌其实是顺着人类情感发生的,而不是逆反着来的,因此,这种教化其实是情感的激发和培固,也是水之就下,这正是儒家心学一系的思想,只是他特别倾向于心学的自然一系而已。因此,梁漱溟其实对宋学还颇有微词,认为他们有点照顾外边太多,个体自身内里的生活关照不够,这当然主要指的是程朱一系,但是即便是陆王一系,他特别表彰的也只是泰州及其门下:"阳明之门尽多高明之士,而泰州一脉尤觉气象非凡;孔家的态度颇可见矣。"[2]泰州学派顺乎人性自然的倾向推动梁漱溟更加走向孝悌和礼乐与自己内心的统一而不是对人的宰制,所以,将儒家生活的宗教性和人文性的整合推向艺术化就是梁漱溟的必然归宿。

这个艺术化就是梁漱溟特表《礼记》中的《乐记》,认为它对人之血

---

[1]梁漱溟:《东西文化及其哲学》,《梁漱溟全集》,第一卷,第467页。
[2]梁漱溟:《东西文化及其哲学》,《梁漱溟全集》,第一卷,第476页。

气调和有特殊的方法。譬如"本之情性,稽之度数,制之礼义,合生气之和,道五常之行","故乐行而伦清,耳目聪明,血气平和,移附易俗,天下皆宁"等等。这样的礼乐当然是人之性情调顺中和的路数,而不是程朱直接压抑遏制的方式,甚至他也认同戴震对宋学的反拨。[1] 这样孔子的礼乐教化就不仅仅是一种对人性感情层面的遏制,而是顺向着人类情感的开展,以艺术的方式使之涵养、中和,把礼教强制性地色彩淡化、内化,以服从人的情感的适当抒发的形式展开来。礼乐就不是一种单纯的外部性的存在,而是依托于人的内心生命的自然流露而展开的。梁漱溟晚年更加突出了这种看法。他将道德代宗教改称之为"以美育代宗教"。

在梁漱溟看来,宗教的教化源于它的日常的教堂环境的构设及其礼拜等生活的具体操作过程,其实质是发展成了一种艺术化的身心洗礼过程。一个人在教堂之中"一时超脱尘劳杂念,精神上得一种清洗。或解放,或提高。这得之于什么力量? 这得之于艺术的魔力。非止于种种艺术的感受,而且因为自己在参加着艺术化的一段现实生活。这种生活便是让人生活在礼乐中。礼乐是各大宗教群集生活所少不得的。宗教全藉此艺术化的人生活动而起着伟大影响作用,超过语言文字"。[2] 梁漱溟将宗教、艺术、礼乐看作了一个连续的环节,又看作是一个合三为一的事物。虽然三个名称,但是本质上有相通之处。梁漱溟把宗教的功能艺术化了,而把教堂的各种施为更加艺术化了,其实不是艺术化了,在梁漱溟看来,这实质上它本身就是一种艺术,而且只有是艺术形态了,它才能涵化人的身心,使之陶醉进入意境,受到熏染和沉醉。这就是梁漱溟为什么强调儒家的礼乐的问题。他的礼乐和程朱的礼乐基本上是两种概念了,梁漱溟的礼乐是艺术,是对人的陶冶,不

[1]梁漱溟:《东西文化及其哲学》,《梁漱溟全集》,第一卷,第477页。
[2]梁漱溟:《人心与人生》,《梁漱溟全集》,第三卷,第741页。

是赤裸裸、硬邦邦的教条或家族族长的训诫,因此,他把孔子之学看作是艺术,就在这个地方。这是梁漱溟的儒家人文主义而不是宗教但具有宗教功能的一种重要的看法。在梁漱溟看来,孔门或周孔的礼乐教化是道德教化,但它不借助于一个超然的偶像崇拜,它是人类内心之伟大。待人类未来的发展终有一个境界那就是悠然自得的境界,不分工具目的的形态,这便是没有道德的道德生活,而真正的没有道德的道德生活则是艺术的生活,"纳一切行事于礼乐之中,即举一切生活而艺术化之。所谓'礼乐不可斯须去身'(语出《礼记》)者,不从言教启迪理性,而直接作用于身体血气之间,便自然地举动安和,清明在躬——不离理性自觉"。[1] 梁漱溟认为这是人类未来发展的终极方向。而这个方向就是艺术化的宗教,人文性的宗教,准宗教性的道德教养,有宗教功能的人文主义行动哲学。这是现代新儒家中比较将礼乐内在化和理想化的一种见解,但是,在一定意义上代表了现代新儒家的总体看法。如果说他们的理性主义是德性、仁心本根的,那么同时也具有艺术化的倾向,即仁心的展开的目的存焉。而《学衡》派和康有为对儒学的持守则另有其根源,彼此有相近之处,但是也有明显的分殊。

(二)《学衡》派的理智中道

在新文化运动前夕,对文学革命论及其影响下的整个文化革命运动持不同意见的不仅有梁漱溟这样的哲学家,还有吴宓、梅光迪、胡先骕等文学家。他们抱持他们美国老师白璧德的人文主义立场看待当时这场文化的论争,以《学衡》为阵地发表大量文章批评胡适等人。这种人文主义基本的立场是和钱穆等史学家相类似而与哲学家们不大相同的一种方法论。前面提到的哲学家如冯友兰、牟宗三都讲人文主义有一个寻根的过程,虽然,他们承认极高明而道中庸,但是,首先确认有高明一路,也就是在人性中有超越的天道或神性。在文史学家们则大多

---

[1] 梁漱溟:《人心与人生》,《梁漱溟全集》,第三卷,第750页。

不具有这种类似信仰性的关切,但是,他们与主张新文化的秉持追求人
的个性解放、思想自由和功利诉求的自由主义和社会主义者又有绝大
不同。他们相信人有道德的一面,乃至于偶尔也用神性一类的辞藻,但
是,他们并不是像哲学家那样的一种信念,即最终理性是生命的主宰,
人的道德涵养最终堆到天道层面;他们大体上秉持一种二元论的立场:
人生是一种训练过程,人的感性存在方式有其冲动奔放的要求,但是,
这种要求必须要有节制;依据理性内在的规律性把握调节感性生命的
冲动而最终成为一种习惯。因此,他们反对现代化论者们张扬个性、伸
张生命的感性欲望自由、同时反对武断的文化革命论。如果将他们和
现代新儒家相比,中道是心性的本真状态;但是中道之于白璧德的弟子
们则是自觉的理智的恪守,是情操问题。

　　近代以来,在西方思想界,人文主义和人道主义几乎成了同义词,
但是白璧德则要分辨二者的区别,扭转这种混同的趋势,他说:"凡人
表同情于全人类,致信于将来之进步者,而其所信仰者,即可谓之人道
主义。""盖人道主义几重智识与同情之广被而不问其他。"[1]但是,
人文主义则与此有大不同,它重在选择之要,同时又含有同情,是"一
种曾受训练而能选择之同情"。"是故奉行人文主义者,与人道派适相
反,视其一身德业之完善,较之改进全人类为尤急。虽亦赋予同情,然
必加之以训练,节之以判断。"[2]在白璧德看来,如果说古代希腊罗马
人有失于严苛的话,那么近代文艺复兴以来的人道主义则严重伤于博
放即感性的解放,"今之学者,亟应研究昔时人士如何选择主要之科
目,以与宗教之成分融合,而成为一种训练"。[3]即研究现代学者的
生存方式与古代君子人格的统一。白璧德将之归结为古希腊哲人之

---

[1]白璧德:《白璧德释人文主义》,徐震堮译,载《国故新知论》,孙尚扬等编,北京:中国
　　广播电视出版社,1995年,第22页。
[2]白璧德:《白璧德释人文主义》,第23页。
[3]白璧德:《白璧德释人文主义》,第24页。

"一与多"的平衡,"人心欲保持中和,则于一贯 Unity 及多端 Plurity 之间必持精当之平衡"。[1] 在"一"的普遍、神性、规律、规则和"多"的特殊、众性、自然等等之间寻求一种平衡,这也是吴宓后来所严格秉承的哲学思想。

因为白璧德与杜威的实验主义势同水火,因此,《学衡》派也引白璧德的话语以为孔子学说正名与自由主义抗衡:"近人每自命为实验主义者,今当正告之曰:彼古来伟大之旧说,非他,盖千百年实在之经验之总汇也。故孔子之学说,不宜仅以其生后二千余年之影响而判断之,须知其学说实为孔子生前数千年道德经验之反影也。"[2] 白璧德虽然隔岸观火,并不深悉中学底蕴,但是其一针见血处令人叹为观止。他认为,孔子教育中的繁文缛节与修身无关,尽可删除,但是中国传统学问中的修身大义,则必须要保持。中国的文艺复兴运动,不能盲目信奉西方的流行学说譬如功利主义过深而忽略道德。吴宓作为白璧德的及门弟子将乃师的这种人文主义做了充分的解释和发挥:以一与多、天理与人性的争战与调适为最终的调和目标。吴宓说:"主张人性二元论者,以为人之心性 Soul 常分为两部,其上者曰理(又曰天理),其下者曰欲(又曰人欲),二者常相争持,无时或息。欲为积极的,'理'为消极的。'欲'常思行事,而'理'则制止之,阻抑之。"[3] 对于道德实践的方式,吴宓归纳了三种:克己复礼、行忠恕和守中庸。这三者都很重要,但是,守中庸为吴宓的哲学方法论。

吴宓的思想如果概括而言就是中庸,他说,精神等于理智加情感。"故凡人行事,既为心情之所安,复为理智之所许,则始有精神之乐与实行之勇。""由是,幸福等于精神的和谐,等于理智与情感(头脑和心

---

[1] 白璧德:《白璧德释人文主义》,第 31 页。

[2] 白璧德:《白璧德中西人文教育说》,胡先骕译,《国故新知论》,第 45 页。

[3] 吴宓:《我之人生观》,《国故新知论》,第 165 页。

灵)的协调。"[1]这样人的精神追求其实是一个合体,而不是一个纯粹精神的向往或纯粹物质的贪婪。所以我们说中庸为中道,中道就是中和:"中庸者,中道也,常道也,有节制之谓也,求适当之谓也、不趋极、不务奇诡之谓也。过与不及,皆不足为中庸。"[2]"如前述之,(1)宗教家、(2)浪漫自然派,皆各趋一端而非中庸。盖一重天命而专务精神灭罪,一重物性而徒事纵欲任情,漫无止所。故结果不良,而惟期间之人文主义,犹笃信中庸之道也。"[3]吴宓的中道或中庸思想是针对西化论者们的论调而来,是对当时代的功利主义的反击。他们的中庸或中道思想不仅代表了理智与情感的调和,这些人也同时代表了当时主张中西合璧的中庸思想或中道思想,因此,可以看出:中西会通是 20 世纪文化保守主义者的主要命题。如果说现代新儒家的人文理性是生命的内在的纯粹的"理性"即"平和清明"心灵的真正展现,那么《学衡》派的人文理性则是自觉的理智和省察,是生命之反省和审慎的结果。那么,相对来说,康有为的儒学虽有个体身心修养体会的基础在内,但是,它却被视作是工具性的理性展示。

(三) 康有为将儒学人道设教的功能主义运用

近代以来,康有为首先是作为改革派而且是一个激进的改革派出现的,钱穆一直是从这个角度看待康有为的。换句话说,在钱穆看来,中国近代以来的激进性变革,康有为是始作俑者。与此形成对照的是,康有为以宣传革命或改革始,以反对革命终。所以,对他的派别划分产生了困难。如果纯粹从他后期思想来看,同时从 20 世纪中国革命世纪的长时段看,也可以约略将之看作是保守主义的先驱之一,但是,如果从他所处的时代来看,康有为总体又是一个革命家。康有为晚年创建孔教运动,这是他被认为是保守主义者的主要依据。康有为对儒学的

[1] 吴宓:《人心与人生》,王岷源译,北京:清华大学出版社,1993 年,第 92 页。
[2] 吴宓:《我之人生观》,《国故新知论》,第 170 页。
[3] 吴宓:《我之人生观》,《国故新知论》,第 171 页。

看法迥异于大多数现代儒家,它的主要特征就是他有信念成分,更有政治运作的功能主义成分的混杂,这正是公羊学之为儒学一大分支的利弊交织之处,功能主义是创建孔教之目的以及未成功之结果的共因。

从信仰层面看,康有为从来没有动摇儒学或孔子之学是人道而非神道的观点,但是同时,他也认为,儒学具有道德教化和社会秩序的功能,在中国没有其他思想或宗教能够代替。他说:"孔子之道,凡为人者,不能不行之道以人为道者。"[1]"且夫礼俗教化者,人所以行持云为者也,人道以为主宰,奉以周旋者也。何以立身,何以行事,何以云为,何以交接,必有所尊信畏敬者,以为依归,以为法式,此非一日所能至也。积之者数千年,行之者数万万人,上自高曾祖父,至于其身,外自家族乡邑,至于全国,习焉而相忘,化焉而不知,是所谓风俗也。风俗善则易归于善,风俗恶则易归于恶,苟不尊奉一教以为之主,则善者安知其为善,而恶者安知其为恶也。故凡国必有所谓国教也。国教者,久于其习,宜于其俗,行于其地,深入于其人心者是也。"[2]

在康有为那里,儒学是个体立身的,群体处世的,已经成为这个社会千古不易的风俗。但是,他认为在革命前后,即辛亥前后已经发生重大变化,这就是人心不古了,社会风气丕变,革命即社会失去秩序、失去敬畏的结果,这正是康有为最恐惧的。因此,他从这两个方面同时有理由要鼓吹孔教、宣传孔教、倡立孔教。这一点又和他早期所以一向认为的儒学、孔教其实是一门文人治国术密切有关。这也是历代公羊学家的共识,虽然也许他们没有这么直白地认肯这一点,虽然他们可能运用了很多话里的辞藻以美化,实质则一。历史上的儒家无论美恶,或者士大夫舍身报国,或者科举立身、出人头地莫出于此,这就是康有为早年所认为的儒家出则济天下,退则成德名的认识:"大儒者,善调一天下

[1] 康有为:《以孔教为国教配天议》,《康有为全集》,第十集,北京:中国人民大学出版社,2007 年,第 93 页。
[2] 康有为:《以孔教为国教配天议》,《康有为全集》,第十集,第 91 页。

者也,无百里之地,则无所见其功。舆固马选矣,而不能以至远一日而千里,则非造父也。弓调矢直矣,而不能以射远中微,则非羿也。用百里之地,而不能以调一天下,制强暴,则非大儒也。彼大儒者,虽隐于穷间漏屋,无置锥之地,而王公不能与之争名;在一大夫之位,则一君不能独畜,一国不能独容;成名况乎诸侯,莫不愿得以为臣;用百里之地,而千里之国莫能与之争胜,笞箠暴国,齐一天下,而莫能倾也。是大儒之征也。其言有类,其行有礼,其举事无悔,其持险应变曲当,与时迁徙,与世偃仰,千举万变,其道一也。是大儒之稽也。其穷也俗儒笑之,其通也英杰化之,嵬琐逃之,邪说畏之,众人鬼之;通则一天下,穷则独立贵名。天不能死,地不能埋,桀、跖之世不能污,非大儒莫之能立,仲尼、子弓是也。故有俗人者,有俗儒者,有雅儒者,有大儒者。不学问,无正义,以富利为隆,是俗人者也。"[1]康有为在作《孔子改制考》的时候,突出孔教的治世功能和儒家士大夫的修齐治平的修为。虽然他这时候论证孔子创立儒教,但是还没有像后来那样,完全试图以西方基督教为模板改造。但是,在康有为考察欧美诸国之后,他确实发现宗教在民主国家中的德化功能,而在民主社会中的政治也不再可能实现儒家传统的治世作用,就他自己君主立宪的主张也是如此。因此,他逐渐改变策略,试图将儒学宗教化和民间化,为可能的社会变革之秩序的平稳过渡和后革命时代的社会秩序框架打一个基础,这可以说是他的功能主义的认识论主导的结果。在这个过程中,康有为遇到一个东西方宗教的重要差异:西方的宗教的最高偶像都是超越性的神,而孔子则只是一个活生生的人。他做了两方面的工作,一方面,他试图将孔子神化,一方面他又提升人道教的地位,将之提升到神教同样的地位,甚至于将儒学这种人道教提高到超过神主教的更高地位:"或谓各国宗教皆主神道,孔子既不语神则非教主也——夫凡为圆首方足之人,身外之交际,身内

[1]康有为:《孔子改制考》,《康有为全集》,第三集,第88页。

之云为,持循何方,节文何若,必有教焉以为之导。太古草昧尚鬼,则神教为尊;近世文明重人,则人道为重。故人道人教,实从神教而更进焉。要无论神道人道,而其教为一也。——然则谓言神道为教,谓言人道者非教;谓佛耶回为教,谓孔子非教,岂不妄哉。况孔子尊天事帝,无二尔心,明命鬼神,为黔首则,原始反终,而知生死之说。精气为物,游魂为变,而知鬼神只情状。乃执不语神之单文,以概孔教之大道,是犹南洋人北地之有冰雪,而疑其无也。岂知孔子弟子传道四方,改制立法,实为中国之教主。"[1]康有为在这里强调神道是蒙昧初民的创为,近代思想的发展其实是在变革这种思想而逐渐趋向人道,因此,可以说,孔子这种人道教是更高的宗教。同时,康有为还退让一步说,孔子尊帝事神,有知神入化之功德但做不语默然之修为。虽然,不讲鬼神之事,但孔子莫不知,此其一;其二,孔子弟子出游四方,行化大众,这又是宗教的重要特征,因此,孔教即是人道教,同时也不能说没有神道教的一些特征。

在一定程度上,康有为的孔教倡议之所以失败正在于他的新的民主观念和宗教观念的统一所发生的矛盾。第一,宗教应该是民间的,这是民主社会的必然要求。但是,历史上孔教在中国一直是官方主导的教化方式,要改变这种方式必须使公民社会发育和完善。而公民社会的发育又是宗教自由发展的后果之一,这就变成了鸡生蛋,蛋生鸡的问题。在当时中国社会急剧转型的初期,没有一个长周期的过渡提供这种转变的机遇,这是比较遗憾的。第二,孔教是人道教,但是,康有为没有给出这个人道教如王阳明那样的传播魅力,虽然,康有为在他早年也曾出入佛老,归本儒家,曾经有过一些修养的特殊经历。但是,他的文教立天下做素王的雄心没有给他时间严格沉淀下来积蓄力量以传播他的人道的孔教。尤其是,康有为试图将孔子神化,这实在是一个极不符

---

[1]康有为:《孔教会序》,《康有为全集》,第九集,第346页。

合中国传统的做法,也是导致其失败的诱因之一。自此以后的整个 20
世纪都变成了向孔教开炮的历史。如果把康有为纳入 20 世纪保守主
义思想阵营,那他是一个很有趣味的特例。这就是他对于儒学理解的
功能性思想损害了他的儒学人道性宗教的信念,所以梁启超在《南海
康先生传》中说康有为:"以为生于中国,当先救中国;欲救中国,不可
不因中国人之历史习惯而利导之。又以为中国人公德缺乏,团体散涣,
将不可以立于大地,欲从而统一之,非择一举国人所同戴而诚服者,则
不足以结合其感情,而光大其本性,于是乎以孔教复原为第一著
手。"[1]康有为现实主义的目的诉求及其成败的因果,正是为梁漱溟
所深恶痛疾之处了。梁漱溟认为他一点没有得到孔子的思想,其见解
与西方人的功利主义、墨子的功利主义成为一丘之貉。这里说的是梁
漱溟坚决反对康有为将孔子儒学外在的宗教化的努力。[2]

---

[1]梁启超:《南海康先生传》,《梁启超全集》,第一卷,北京:北京出版社,1999 年,第
486 页。
[2]参见梁漱溟《东西文化及其哲学》,《梁漱溟全集》,第一卷,第 463—464 页。

第三章 人文理性与政治秩序的建构

　　儒学在进入 21 世纪以后更趋活跃,它既是一支重要的思想势力,[1]同时又逐渐成为不同思想流派共享的平台或母体细胞,日益渗透于各种不同的意识形态中,在整体趋向性上影响着今天中国思想的发展,呈现着从边缘走向核心的姿态。这其中,通过反思现代新儒家的心性论而回归公羊学的礼制秩序,而对政治秩序的追寻成为一部分大陆新儒家的新潮。这种对社会秩序和生活秩序乃至生命秩序之统一性的需求或冲动在今天显得尤为强烈。[2] 其实,在近代之初,这个问题同样存在,只是在不同思想流派那里,其视角的着重点存在明显的差异。人们对某种价值观念的认同与选择正如前述如"启蒙与救亡的变奏"所试图指出的那样,受着一定历史条件的影响。不同的意识形态体系无不包含着某种秩序的规定性,只是不同秩序概念中个人与社会、个人与超越性存在的关系具有明显不同的界定(包含着个人生存价值或意义的厘定)。这些界定或认识直接影响到革命成功者对政治制度的现实安排,人们则在不断地对历史和现实的制度反思中调整着自己的认识。在今天的思想争论中,这个问题最为凸显。即便抛开中国经济发展所导致的民族意识扩张的因素,儒学的复兴也有其自身的必然性,因为它在历史

---

[1]同时也正在这种发展中分成若干观点各异的更小的思想流派,当然,分化与发展的同步在思想乃至宗教的发展过程中正是一种常态。

[2]而这种秩序其实又是要以动力或变革为条件的,没有基本的社会变革及其相应的目标为前提,秩序则成为不思进取、固守现状乃至"摆烂"的同名词,这与 20 世纪之初又有某些近似之处。

中形成的诸种价值观念并没有随着革命的扫荡而消失,而是逐渐在革命洪流的后期实现融汇。其实世界上所有后起的近代革命最后都趋向于这种状态:思想观念上是内外观念或传统与现代性观念的有效性融合,社会结构中则是市民社会中各种宗教性或准宗教性观念和力量的多元配置,譬如当代的日本、韩国或台湾地区,今天的中国只是正走在这个路途上而已,最终也在社会秩序中使个人生存的意义得到各自的确认。

从上述看,人类价值或意义之独立性以及它与政治建构的相互联系是成熟的民族国家建设的必然要求,它或者在这时或者在那时无论如何要表现出来,而且它直接影响到社会秩序建构的形态。[1] 回首20世纪,从中国政治哲学的建构形态来看,自由主义和左翼因为都有可以依傍的理论资源反而限制了他们的创造性,或者实践家们来不及将其形成理论的统一性,[2]因此,却是儒家成就了自己比较完整和系

[1]高瑞泉认为:"与伦理—政治向度的秩序重建相伴随的,是自19世纪中叶以来始终纠缠着中国人的意义世界的失序和重构。意义世界的失序,至少是人们痛恨的道德失序的原因之一,它更大的危险是导致社会丧失内在的权威。它包括价值观念的新旧冲突和要素排序之不同。前者是人们熟知的,社会结构、生活方式、文化冲突带来旧价值的失效和新价值的渗入,它涉及到规范的有和无。后者是指同样作为现代性价值的自由、平等、繁荣、发展等在价值选择中何者占据优先性的问题,涉及到规范的先和后、强和弱。意义世界的重构,还关系到世俗生活和超越境界(道、上帝、神)的秩序,因而与宗教的复兴密切相关,它指示了秩序重建的形上向度如何为世俗生活的秩序提供辩护。"《中国哲学以何种"样态"再度登场?》,《文汇报》2012年12月17日。

[2]邓小平的实践努力结合马克思主义和中国的智慧有许多可进行哲学提升的空间。《北京共识》作者乔舒亚·库柏·雷默(Joshua Cooper Ramo)称之为中国实践:"其灵活性使其几乎不能被界定为一种理论。它不相信对任一形势都只有唯一一种的解决方案,只可被定义为一种刻骨的追求创新和实验的愿望。它既讲求实用,又是意识形态,是中国古代几乎不区别理论与实践的哲学观念的反映。"(参见英文原文,此是笔者简译。)这里面的思维方式其实是可以追寻和提取的。除了李泽厚的"实用理性"概念,邓正来《"生存性智慧"与中国发展研究论纲》(《中国农业大学学报》2010年第4期)是这方面最值得关注的尝试。他试图借助"默会知识"和哈耶克的自生自发秩序理论等观念对中国最近三十年的实践过程或"中国模式"做出理论提升,笔者认为这可能是他最重要的一篇论文。事有凑巧的是俞吾金教授在北京大学哲学系百年系庆的发言中针对李泽厚的"实用理性"的批评又可以视作对这一观念可能导致的消极后果的观照。笔者不同意以"实用理性"界定中国文化和智慧,但是这其中又的确包含一些洞见,不过李泽厚缺乏必要的发展和引申,是一个可能歧义百出的概念。

统的理论构造。这其中,牟宗三曾经得到重视,[1]而康有为和蒋庆正是当下的思想热点。[2] 综合来看,他们的思想突出儒学自身在意义探究方面的特殊传统,也试图迎合20世纪中国处于一个历史变革时代的具体现实,这个事实从政治观念上是一个关于天道与政道的转换,即"政治"观念的形塑问题。这个问题在整个20世纪不仅没有得到一个彻底性的解决,而且还在不同状态下反复出现:如何面对传统的天道和现代政治观念以构成一个现代中国的"政治"观念及其与之相适应的政治架构,从康有为、牟宗三到蒋庆都形成了一些自己的论述。他们的政治论述尤其是政治哲学的论述都与传统思想中的天道、天人关系、"天下"论述联系着,这是近代以来中国儒家政治哲学的主题。从思想史尤其是政治思想史来看,这就是中国人历史上所考察的天道问题或天人关系。当然,社会秩序的建立未必都直接建立在某种个体和超越性价值的关联上,甚至是可能首先要分开的,但是在公民社会的层面上却必须允许容纳这种关联性的建立,即多元宗教的存在与发展,这可以说是社会自治的条件。没有社会自治的发展,国家的统合性就无法破除,市场经济、法治社会以及民主发展都无法真正建立起来,即便可能破除了国家的统合性则又可能陷入社会的散乱和无序乃至破败,其实这是托克维尔《论美国的民主》真正重要的宣示。[3] 因此,关于秩序重建其实是伴随着人们在寻求生活意义的过程中变得日益强烈起来

---

[1] 由杜维明等人介绍引入大陆的"现代新儒家"为中国改革开放以后的启蒙(他们均有自由主义的某些理论背景或情愫)和国学复兴(现代新儒家的心性论坚持是海峡两岸曾经几十年的唯一不懈的对中国传统的持守)起了不可限量的积极作用。但是在今天"大陆新儒家"更积极的、乃至几分狂热的姿态的冲击下,他们明显被边缘化或自觉退守:杜维明自承自己就是"搞分析的",这话明显言不由衷,只是有意识地与眼前的思想人物和思潮做出分别而已。

[2] 当下之康有为热有其选择性的热点和盲点:热其君主立宪、虚君共和、三世三统今文学与儒教说,对其最核心的"大同"学和仁学以及在此基础上衍生的平等观则视而不见,下面详论。

[3] 这可能也是我们下面分析的康有为实践中所努力实施,理论上却没有或不愿给予充分论证的内涵。

的,尤其是生活意义的探索逐渐触及到人们的日常关怀以后,对社会秩序和政治秩序的建构的思考就变得渐趋活跃,人们更有种内在的冲动试图将个体的社会性存在的真正价值确立以后考察它在政治秩序中的应当性的地位和价值,这种基于先验性的思考是政治哲学思考的方向之一种,另外一种则是立足于把个体当成既成的存在,思考这存在在社会进化进程中的各种关联性关系,即哈耶克的演化理性,这两种方式都是政治哲学建构的形态,都有各自的"寻根"的冲动,正好顺应了中国当代价值变迁的大趋势的现实。关于建构中国当代秩序与文化传统的同构性的努力之趋势在人们似乎对"礼崩乐坏"的声讨中使儒家重新活跃起来,这是考察儒学活跃或复兴的内在机理性研判。而反观20世纪儒家政治哲学的建设,也正是基于价值或意义探寻基础上的在政治秩序上的理论建构问题,即天道与政道的关系问题,这是儒家政治哲学自身不同于自由主义或左翼思想中的特殊问题。[1] 这个问题在20世纪的思想家那里,尤其是在本书探讨的现代新儒家的几个主要代表人物那里依然呈现为居间的特征:理性主义但不企图将天道完全凌驾于人性之上,人文主义也不将之完全置于感性解放的平台上作基本的判断,因此,这种人文理性的特质就是试图寻求一种政治合法性的普遍性和现实性的结合;中国的人文价值的挺立和现代民主理念的协调;天道的道德理性特质和个人自由平等论证的统一,所以,我们如果以牟宗三为蓝本也可以清楚地看到中国现代的人文理性是如何试图打通走进现代政治秩序的环节的。而钱穆对传统政治结构中"士人"群体的认肯如果放在牟宗三所试图建构的政道的第二个层次上看也不是不能接受的,即把他置于政道之下的治道层面上,其合理性也能有一定的展示,但是,其顺序则不能颠倒。并且,从此反而可能有进一步彰显所谓

————————————————

[1]这并不意味自由主义或左翼流派不探索这样的问题,只是他们的答案或态度在这个方面往往是消极性的。当然今天各种思想流派的光谱复杂,表面上的交织现象也日益严重,但是儒家在这里有自己突出的特征。

"士人"之价值理念和中国人文理性之价值承担者的特殊功能。

牟宗三的政治哲学试图以人文理性的构成奠基政治哲学的基础，即理性乃天道，天道下贯乃为人性、人道，以天道、人道的同一性论证个体生命价值，并以此建构中国具有现代性的政道，这是最有影响但是也最引发争议的政治观念。而钱穆则以其惯常的广义的人文主义情怀将政治秩序的建构与道义的载体——士大夫紧密勾连起来，构成了他的独特的政治思想，他的这一思想在一定程度上与抗战时期的"战国策派"有所呼应，徐复观的思想总体上是偏向于牟宗三和张君劢的，但是他关于责任政治的思考则大体上处于牟宗三和钱穆的中间状态上，这里的士人政治理念与责任意识体现了 20 世纪文化保守主义之人文理性的另一个侧面：经验性理性的表达，它与牟宗三理想的理性主义正成一对照，我们放在一起一并做一考察。

第一节　天道、人性与政道：从道德理性向形式理性的转进

萧公权先生将中国政治思想史分为：封建天下之思想、专治天下之思想和近代国家之思想三个阶段，[1]颇近于冯友兰先生之中国哲学之子学和经学时代的划分，意在阐明中国古代政治是天下之政治，天下之政治又是与天、天道和专制秩序观念综合联系在一起的。关于中国古代儒家的政治思想的思考方向可以有多维的路径，譬如孔子的为政以德、礼乐教化等等，但是纯粹从政治哲学的方向上看，天或天道是无法回避或者说是最直接的致思路径，或者说考察中国政治哲学的问题域必以天道为基础、天人关系为中轴才行，而近代以来对传统哲学的思想突击也是以此为矢的，这也从反面对此做出了证明。

---

[1] 萧公权：《中国政治思想史》（一），沈阳：辽宁教育出版社，1998 年，第 10 页。

　　近代以来,从王国维开始,大家都普遍认为,周代经历了中国第一次的制度革命,是一次近乎翻天覆地的观念变革。侯外庐先生发挥郭沫若关于商周之际"帝"与"天"的演变,进一步指出:"这是一个中国古史的关键,它的一切典章文明与思想意识都从这里启发。"[1]并认为,周人在继承殷人"帝"之祖先神崇拜的基础上,将"天"提炼出来,既二元化又一体化:"这样是维新了的,即天、上帝被改良而为一般的主宰之神,而祖宗神是禘后稷而宗文王。这个二元性的分立,便是因了国家的成立。"[2]"周人'宗庙合祭'三者合言,其实只有二种神类,宗庙为氏族制度的文明,社稷为国家的宗教名词。""天人合一的周代思想,表现了支配的传统精神。天、帝的一般神和氏族宗主的特殊神相'配'而为指导的观念。"[3]这里已经初步形成建基于宗法基础上"天道秩序"的萌芽。陈来教授指出:"西周时代的天命论,总体上说,仍然是一种神意论,而不是后来发展的自然命定论或宇宙命运论,仍然披着皇天上帝的神性外衣,但也不可否认,其中已缓慢地向一种秩序和命运的思想发展。秩序的观念逐步凝结为'天道'的观念,而命运的观念则仍旧存于'天命'观念之下来发展。"[4]这种宗法伦理和天道合一的政治理念和架构逐步确立并完善起来。陈来教授曾经对比古代希腊的正义观指出中国古代或早期的三个政治哲学的主题:天民合一、天德合一、天礼合一[5]。由此观之,这里面都离不开"天"的设定,对"天"的理解与诠释,天与君主、与国民的关系等,并由此产生相应的政治观念,不论是早期的"天"或宋明以后的天理、天道等等。孔子曰:唯天为大,唯尧则之。董仲舒则一言定论:天不变,道亦不变。天道、天理被确认为

---

[1] 侯外庐:《中国古代思想学说史》,沈阳:辽宁教育出版社,1998年,第33页。
[2] 侯外庐:《中国古代思想学说史》,第34页。
[3] 侯外庐:《中国古代思想学说史》,第34页。
[4] 陈来:《古代宗教与伦理——儒家思想的根源》,北京:生活·读书·新知三联书店,1996年,第194页。
[5] 陈来:《中国早期政治哲学的三个主题》,《天津社会科学》2007年第2期。

一种超越性法则而和世俗政权的合法性结合起来。这里陈来教授举出
的天民合一与天德合一可以理解为一个进化的过程,他认为:"在前孔
子的时代,这种把道德置于政治中心的立场是借助'天'的权威加以实
现的,而天的权威又是被'德'所规定了的。"[1]天礼合一则是儒家确
立以后的主要的政治思想核心。天的超越性和威权性已经足见,而天
礼合一之天不是《尚书》中的宗教之天而是自然之天,礼节的遵循是自
然之天的合乎规则性的展示。[2] 虽然,荀子试图展示天的自然属性,
但是,到了董仲舒则主要是企图展现天道的超越性、权威性和秩序性,
因此,天的另一重意义也由此可见,即所谓自然之天不是大自然而是含
有内在衍生秩序本性的天道。礼制是这种天人秩序观的现实实现,天
礼合一的礼法秩序是荀、董一系的天道政治观念。这种最终通过社会
礼法所维护的天道世俗一体的政治秩序只有一点在最初就是可变的:
它的合法性不是永恒的而是受到其道义性的制约。最初周人对此就有
认识,"皇天不亲,惟德是辅"等等即是此证,而孟子的革命论将之发挥

---

[1] 陈来:《中国早期政治哲学的三个主题》,《天津社会科学》2007 年第 2 期。

[2] 陈来教授在这里做的一个研究具有重要意义,他提出的类似于西方自然法思想的
中国古代的天德观在以前的论述中并不常见,在一定程度上将子思尤其是孟子一
系的自然法观念向前推进了一段,虽然他们在理路上并不是完全一致的。他指出:
"子大叔此篇礼论中的'天',与《尚书》中具有宗教意义的主宰之天不同,是与'地'
相对的自然之天,这是春秋时代天的宗教意义逐渐减弱、人文思想不断兴起的一种
表现。从政治哲学的角度来看,子大叔的这一套礼论,包含了自然法思想的意义,
按照这种看法,人世社会的秩序与原则'礼'来自更广大的自然(天地),合乎自然界
的本性和秩序,其所以如此,是因为人所制定的'礼'是模仿、依照天地及五行六气
的结构属性而形成的。这一事实显然意味着,人的社会世界是广大自然世界的一
部分,是受天地阴阳、五行六气的普遍法则所支配或制约的,人应当自觉仿照自然
世界的本性和节律制定制度和原则来生活。天地四时五行所代表的自然的法则是
更高的、更普遍的、支配一切的,这种古希腊后期称为自然法的普遍法则,在中国古
代称为'天地之经',亦称'天道',人间的政治规范、伦理原则和行为必须与之相
一致,符合天之经、地之义。而人世之礼能自觉符合天经地义,人的行为就会对整
个天地自然构成一种'协和'的作用。当然,中国古代的这种政治思想,并非基于
'法'的观念,后世更多发展为天道、天理的论述,但其中包含了与古希腊自然法类
似的思想则不可否认。"《中国早期政治哲学的三个主题》,《天津社会科学》2007 年
第2 期。

到儒家思想的极致。

儒家心学一系的子思、孟子的天人观念从秩序层面与礼法秩序是一致的,[1]虽然他们内蕴的更主要是道德价值,但是,他们的独到之处在于其个人生命体验的亲证,即"尽心知性知天"的理路。这个"天"既有外在规则性又有内在的道义性,经验世界的礼仪文节也由此生发,宋明新儒家的天理、天道皆从此出,因此,中国儒家的政治哲学从心学层面也是一个天道观的政治哲学。但是,心学的天道观不同于荀、董的天道观,因为,它强调天道的内在性,因而,也为对天道的质疑乃至于革命埋下了伏笔。这期间有两个突破环节,一个是孟子的"天民"思想,[2]天道下贯个体,个人道德提升至同天境界而为"天民",即天或天道内在化,为个体平等的证明铺设了一个可能的平台。第二个是王阳明继承并发展了孟子的思想其实已经明确提出了个人平等的观念,基于他的良知观,甚至将孔子的思想或言论也置于个体内在良知道德评价的同一个平台上,也就是说个体的良知之拓展充分实现可以达到天道的价值评判意义,无论圣贤一律平等,也可以说,天道在个人充分证成的基础上已经完全内在化了。[3] 但是,这种潜在意义的因素没有得到其他因素的配合而转成为中国历史的事实状态,它也没有妨碍人们通过经学的诵读等方式在理念上接受宗法社会秩序合法性的潜移默化的认识。只有到王阳明"五经皆史"、戴震"以理杀人"等,才在理

---

[1] 儒家心学一系本身具有革命性和超越性,到王阳明已经初露端倪。王阳明认为,对社会价值的判断凭依良知,不合良知即孔子言说也不敢轻从;他又有"五经皆史"的主张。后学黄宗羲、李贽都有强烈的革命性思想,虽然阳明本身思想是复合的,即他的思想内蕴革命性的因子同时又被认为是传统思想的殿军,而且主要是作为后者在以前受到批判、在今天受到推崇,也许他应该在不同时代都受到左右夹击,也即是受到左右表彰才是更合理的。

[2] 与前面陈来教授文中的"天民合一"的天民不是一个概念,这个"天民合一"中的天民是天与民,而《孟子》中的"天民"是一个独立的概念,即冯友兰先生翻译的 citizen of the Heaven or citizen of the Universe(参见《中国哲学简史》英文版)。

[3] 王阳明心学左派尤其是所谓"狂禅"一派其实充分或相对极端体现了心学内蕴的对经验、教条或制度体系的可能的破坏性,李贽则是其中的极致。

论上产生对经学的颠覆性的萌芽,但是天道秩序的根本性理念没有被这些质疑性的偶发的思想冲动所动摇,只有到近代天朝受到摧毁性打击之后,人们才产生了彻底的反省思想。[1] 在知识分子思想中建筑在天道理念上的政治道统开始试图将西方理念输入并接榫,这个接榫就是自然主义的天道观向政道即政治合法性和政治观念及其相关问题转化。[2] 而这种理性化的观念首先是从天道的内在化开始的,而这种内在化就是牟宗三所致力于的天道的人性化,人性的仁性化,而构成人性的天道化,在此基础上进一步论人的自由平等和走向政治人格的可能性,这是人文理性主义的特质,是 20 世纪人文理性在政治领域所作的最大的努力。

一、内在超越证成天道

(一) 天命敬畏与天道内在性构成仁道

牟宗三的天道观不注重天道的外在存在之论证,而以其内在于人而实现人的自我挺立而特立,也因为内在的存在而真正让人体悟到天道的真实性,这是他和康有为相似的地方,他的所有哲学思想的基础几乎都源于此。因此,他对荀、董的哲学相对于心性一系较少措意,但是,有意思的是,最初,他关于天道与人心之关联的起源论证同样也是从商周说起的。他认为,中国古人的忧患意识造就了"临事而惧,好谋而成"的责任意识,这种责任意识形成为一种敬的观念:敬德:明德与天命,这是一种内在的道德意识。同时,"中国上古已有'天道'、'天命'的'天'之观念,此'天'虽似西方的上帝,为宇宙之最高主宰,但天的降

---

[1] 高瑞泉在《天命的没落》(修订本,上海:上海人民出版社,2007 年)及近期诸著作中,指出意志论的突起、"异端翻为正统"等观点。
[2] 儒家学派这种自觉的对天道观念的回应和试图变通沿袭的策略也从反面说明了中国近代启蒙思想中自由主义、社会主义思想流派何以对天道、天命等概念会给予各种严厉的批判。

命则由人的道德决定"。[1] 他最初把人的忧患意识[2]作为人的一种道德意识和道德情感提出来:"在中国思想中,天命、天道乃通过忧患意识所生的'敬'而步步下贯,贯注到人的身上,便作为人的主体。"[3]"天命与天道既下降而为人之本体,则人的'真实的主体性'(Real Subjectivity)立即形成。当然,这主体不是生物学或心理学上所谓的主体,即是说,它不是形而下的,不是'有身之患'的身,不是苦罪根源的臭皮囊,而是形而上的、体现价值的、真实无妄的主体。孔子所说的'仁'、孟子所说的'性善',都是由此真实主体而道出。中国人性论中之主流,便是这样形成的。"[4]忧患意识产生对天的敬畏,对天的敬畏体现人的忧患精神,这是在中国文化早期形态中所产生的价值观念,这些都历历呈现在商周的文献中。但是,在一般礼学家那里往往只是关注社会上层、贵族,尤其是帝王的忧患,譬如后来的董仲舒的天人感应说。但是,在牟宗三等人那里却发现古代人民这种敬畏表层背后内蕴的道德感,也就是说,人类不是仅仅因为恐惧而产生对天道的敬畏,恰恰是因为人的内在道德性才产生了这种敬畏意识及其姿态,而这种意识是先天的。他将这种责任感和西方的宗教做了对比:"在宗教则无真实主体之可言,这是道德与宗教大异其趣之所在。西方人性论的主流中,人性(human nature)直接地是人之自然,没有从超越的上天降下而成的人之主体。西方的上帝与人类的距离极远。极端地高高在上的上帝,又岂能下降于人间呢?"[5]之所以人的精神能够与上天应和,这是因为人性中贯注了天道的因子,一方面,天道相对于人类本身

---

[1]牟宗三:《中国哲学的特质》,第17—18页。

[2]中国人的忧患意识为徐复观最早提出并做出较详尽的发挥,牟宗三则将之与道德心性的内在化联系起来,成为最初论证人的道德意识先验存在的起点。到后来,则着重于"良知"层面的内在和生发及其与天道的同一性。

[3]牟宗三:《中国哲学的特质》,第18页。

[4]牟宗三:《中国哲学的特质》,第19页。

[5]牟宗三:《中国哲学的特质》,第19页。

的事实存在是超越的,但是由于这种天道的内在性,人类的超越性也得以实现,因此,天道又是内在的:"天道高高在上,有超越的意义。天道贯注于人身之时,又内在于人而为人的性,这时天道又是内在的(Immanent)。因此,我们可以康德喜用的字眼,说天道一方面是超越的(Transcendent),另一方面又是内在的(Immanent 与 Transcendent 是相反字)。天道既超越又内在,此时可谓兼具宗教与道德的意味,宗教重超越义,而道德重内在义。在中国古代由于特殊的文化背景,天道的观念于内在意义方面有辉煌煊赫的进展,故此儒家的道德观得以确定。西方的文化背景不同,西方人性论中所谓人性 Human nature 之首字母 n 字小写,其实它就是自然的意思,而且恒有超自然(Super nature)与之相对。此超自然始有超越的意味,它属于神性而不属于自然世界(natural world)。西方哲学通过'实体'(Entity)的观念来了解'人格神'(Personal God),中国则是通过作用(Function)的观念来了解天道,这是东西方了解超越的存在的不同路径。"[1]中国古代的"天"仍有人格神的意味,但是经过心性儒学尤其是思孟学派的开发,个体内在的道德性得到充分的展示,所以"天命之谓性"成为儒家的共同认知,因此天道由于人的道德意识它又成为内在于个体生命的主体,牟宗三先生称之为"光明的主体",因为公正的天道降临于个体的生命,人的生命才有光辉发出,当天命转为个体的内在光辉之后,人民便不再需要事事去探问"天志",而是反向自己的内心深处,而天道、天命也转为《周易》之生生不息的"创生不已之真几"。即天道、天命成为"创造性的本身"(Creativity itself)而这在西方只有上帝或神才能。[2] 这是牟宗三的一个重要发现。这个所谓的"光明的主体"即是仁心、人性和人道,其实也即是天道,以人心而成为宇宙本体。

---

[1]牟宗三:《中国哲学的特质》,第24页。
[2]牟宗三:《中国哲学的特质》,第24页。

在 20 世纪的思想家中,康有为曾将仁心设定成为宇宙本体之后,它扩而充之乃至成为宇宙大同的内在基因,这是他的哲学的生发之处,也是康有为哲学最值得人们在今天思考与继续深入研究的地方。同时,也将人的天性之同设准为个体平等的条件,这是康有为人文性展现的重要方面,但是,他到了后期转向了宗教根据,认为政治建构需要在道德层面上的支撑,但是这个支撑需要宗教性的共同约束根基,即民间的宗教认同和官方的教会架构,以此作为政治共同体的相关性基础。稍后于他的现代新儒家因为多少受到新文化运动影响同时基于儒学价值理念的不同,在政治建构的理念上与康有为大异其趣。牟宗三也是基于原始儒家的道德心的原点却走向了国家政治概念的理性主义的建构道路,即以个体道德理性和由此产生的个人理性和公共理性为基础建基公民社会和政治操作体系。他这种立足于个体先天的主观性而向外的政治建构体现了现代新儒家人文主义或基于人文理性的彻底性,有振聋发聩之效,是现代关于生命意义和政治秩序建设的同一性的最有力度的哲学思考,但是他的论述也引发众多的质疑和诘难,是需要我们继续思考的课题之一。

(二) 理性的理想主义之正义蕴涵

由人性和仁道向政治的转向须有一个"正当"概念居间,这正是人心、仁心的"义"或"义理"。牟宗三认为,仁是个体价值,义是社会价值,仁是根,义是社会之表现,建构社会公共体系源于仁而发于义:"《论语》中多言仁,仁之境界极高。然专就《论语》之仁观孔子,观者或不能尽孔子之全貌,亦不必能尽孔子之仁之极致。《春秋》为孔子所作,乃不容疑者。《史记》称《春秋》为'礼义之大宗'。有此一语,吾人可知:孔子实是仁义并建。""惟孔子《论语》中言仁,就日常生活而言之,《春秋》中言义,就当时之政治社会生活而言之,不似孟子之直就人性言仁义而道性善也。惟仁义俱是生命充沛之所发,人性中神性之流露,故仁不离义,义必根仁。"[1]牟宗三认为社会政治之现实表达诉求

---

[1]牟宗三:《道德的理想主义》,第 7 页。

以及其转化客观之形态其实归根于人性、天道之仁。《春秋》本于仁。当时的社会架构也只能就当时之普遍性(人性)和特殊性共同言之;今日则须就今日之特殊性以及亘古亘今的普遍性共同言之。也就是说,这是双向的,仁心、天理和社会发展之共同造就,人的道德理性成为一个先验的理想估定和后验的对社会架构体系的价值裁判:"'理想'的原意根于'道德的心'。一切言论行动,个人的或社会的,如要成为有价值的或具有理想意义的,皆必须依据此原意的理想而成为有价值的,具有理想意义的。""人人心中皆有个合理不合理的判断,而这种判断却正是根于'道德的心'的。依此,'道德的心'是普遍地存在着的,而且是随时可以点出的。这就是我们一切言论行动的起点与标准。"[1]道德心是一种对未来的企望,更主要的是一种对社会价值的评判,人类的行动须要以此作为一个衡准,人们通常所作的理性的判断都是从这里出发的,也就是人的直下的好善恶恶的心的判断:"道德的心,浅显言之,就是一种'道德感'。经典地言之,就是一种生动活泼怵惕恻隐的仁心。"它是生动活泼的,是随时感而能发的,但却是直下的不是由物欲牵引的机巧聪明。[2]

应该说,这是心性儒学的特有见识,也只有他们才能说出的道理。荀、董尤其是荀子学派正视人的现实感性的诉求,即人的恶的欲望的泛滥,所以对人性的张扬采取的是压制、压抑,乃至于通过宗法制度强制克服的方法。但是,在心性儒学看来,一方面强调人的本性是善的,因此,要依从人的道德理性将人的道德意志完全开发出来;同时,人的社会组织的建构原则也需要依据人的道德理性自然扩展来审视:从道德理性自身的理想出发来对社会建构做出判断,这就是"义"。但是,他特别强调理性的理想主义的重要性,这才是社会建构的基础,逻辑理

---

[1]牟宗三:《道德的理想主义》,第17页。
[2]牟宗三:《道德的理想主义》,第17页。

性、浪漫主义皆不是,非理性主义当然更不是。这样他实际上已经在某种意义上将社会建构推向了形式主义和普遍主义的原则,但是这个原则同时不是像康德那样的纯形式而是基于人的道德情感、道德存在的,是人文性的:"依是,吾人此处所谓理性是指道德实践的理性言:一方简别理智主义而非理想主义的逻辑理性,一方简别只讲生命冲动不讲实践理性的直觉主义,浪漫的理想主义,而非理性的理想主义。"[1]牟宗三着重阐发了道德仁心又如何是理性主义的。"这个仁心之所以为理性的,当从其抒发理想指导吾人之现实生活处看。仁心所抒发之每一理想皆表示一种'应当'之命令。此应当之命令只是对已现实化了的习气(或行为)之需要克服或扭转言。"[2]这个先天的仁心一方面根于怵惕恻隐的良知,一方面力转不良习气之恶习,是扭转躯壳之念的,因此是"公的"、"正义的",是"应当"之命令,因此也是天理、普遍性之理,是律则。虽然,在具体环境之下可能会有所不同或取舍裁决,"然无论如何,当他公心而发时,皆是客观的、普遍的。随历史发展中的特殊环境而表现理想,理想因所受之限制而成之特殊性不伤害其普遍性与客观性,此与随躯壳起念的私利的主观性不同"。[3]"又,凡公心而发的理想皆是客观的普遍的。即由此吾人亦说皆是无条件的。其为善,其为理,皆是无条件的。此无条件的必须与有条件的区别开。康德认为某一善行若只是达到某一件事的工具,便是有条件的。此时,其应当之命令所表示之理想不是公心而发,所以它不是本质上就是善的。"[4]"绝对的善,是称'怵惕恻隐之心'而发的。由此可见的理性是理想的,由此所见的理想是理性的。由此吾人极成理性主义的理想主义,或理想主义的理性主义。怵惕恻隐之心,同时是心,同时也就是

---

[1]牟宗三:《道德的理想主义》,第21页。
[2]牟宗三:《道德的理想主义》,第21页。
[3]牟宗三:《道德的理想主义》,第22页。
[4]牟宗三:《道德的理想主义》,第22页。

理。此心理合一的心,就是儒家所说的'仁'。孟子即于此言性善。王阳明于此言良知。康德于此言'善意'。吾人如不说人性则已,如要说人性,必须从此心理合一的仁处言人的性,了解人的性。孟子就是克就这个'性'而言善,康德亦就是克就这个性而言绝对的善意。这是随时可以指点的,也是随时可以呈现的,决不是一个抽象的概念。"[1]

牟宗三在这里试图将儒家所讲的人的德性、仁心、良知扩展普遍化、客观化。这个客观化的条件就是仁心的自然纯粹、不假借、非条件。所谓理性主义的理想主义或理想主义的理性主义都是这个意思。客观化的结果其实就是使社会的建构法则从个体的主观性转成客观性,这是一个革命性的转变,当然,这种个体的主观的德性、仁心的冲动又如何使之真正客观化,形成社会的制度架构,更是问题的又一关键所在。因为纯粹的德性、良知、仁心本身带有主观性,可能时或发生,但是也可能时或消失,甚至有时候不免牵扯私欲,因此,怎样排除其中的条件性就是使之客观化、公正化的途径,这就是后来他提出的良知坎陷转出民主科学、从理性的作用表现到理性的架构表现、从综合的理性到分解的理论。后起学者大多对此有不同意见。林安梧提出后新儒学,意在破除中国传统的血缘宗法关系,把制度建构当作儒学发挥作用的前提,这一点是不错的,但是,其实我们也要看到,制度建构本身其实也需要一些主观条件在内,这些主观条件本身既包括个体的主观良知,也包括个体良知凝成的客观性乃至成为形式化的因素。所以,牟宗三提出道德理想主义指导人类社会实践有两个前提:第一,怵惕恻隐之心或悱恻之感的良知之觉是包括个体和社会实践的可能的普遍而必然的条件;第二,惟仁人能好人能恶人是构成肯定(好善)与否定(恶恶)的普遍而必然的真理。[2] 当然,人们或可疑问主观之"公"如何才能转成客观之

[1]牟宗三:《道德的理想主义》,第22—23页。

[2]牟宗三:《道德的理想主义》,第37页。

"公"或制度建构,这的确是新儒家的关节枢纽,但是也可能成为问题之所在,需要我们进一步思考研讨,对于这一点,下文还有进一步阐释。

二、牟宗三论个人的先验平等和主体解放

牟宗三没有那么直接地论证人的平等问题,但是,这个问题其实是存在于他的思想论证过程之中的,而且从其理论体系来看绝非不重要,这就是人的个体性的论证。当然,对他的论证是存在着一定争议的。在牟宗三先生看来,中国人在历史上存在的等级秩序并不主要是社会等级的而是道德价值等级的,而且借助这种分化足可以见出圣人君子与天道的联结、小人与天道的隔膜,这是一个价值判断。[1] 他强调中国传统的等级是从精神价值上确立的,他引用《礼记·郊特牲》谓:"天下无生而贵者。"在先天层面上人人平等:"人无生而贵者。自其生物之性言,皆平等平等。此为生之原质。必套于文化系统中,而后见其贵贱,是以中国贵贱观念,自始即为一价值观念,非先天固定阶级之物质观念也。由文质而定贵贱。即由生之原质而至人道也。"[2] 人的价值由两个方面决定,一则是文化系统,一则是内在的道德自觉。前者是社会的、历史的、文化的,谓之"人爵";而后者始于孟子,是道德的、形上的,谓之"天爵"。牟宗三由此认为,中国人之一律平等的观念成立。[3] 这当然是理想化的,事实上并非如此,这样的平等,怎么造就了中国的古代专制主义呢? 仅仅一个"大皇帝"能够造成整个社会的森严的等级吗? 这同时也会带来人们对牟宗三所说的中国传统中"治权的民主"的质疑,这两个问题是他的政治哲学会受到诘问之所在,即道德理念上的愿望或潜在意识没有办法证成社会结构的分解性,而只

---

[1] 这个问题由孔子开始提出,由子思初步解决,至孟子以天爵与人爵之分彻底解决了这个问题。但是,中国社会的等级尊卑并没有得到根本性的解决,这当然是因为无论是孔子还是孟子在现实层面上并没有将官僚体系彻底否定。

[2] 牟宗三:《历史哲学》,桂林:广西师范大学出版社,2007年,第50页。

[3] 牟宗三:《历史哲学》,第50页。

有社会结构的分解才可能导致个体的独立性或真实的平等。

对社会的分解即个人的独立,牟宗三倒是有明确的认识并做出强调,但是是将它建基于精神的自我解放方面的,即个人精神与先验、超验价值的直接联系,这是他对黑格尔的分解理性在中国历史分析中的移用。这正是现代儒家学者与自由主义和其他思想流派的差别所在。在牟先生看来,中国早期的礼分,也与人们对天道的认知程度相关联:天子祭天地,诸侯祭祀社稷,表明一种不同的价值向往和认知能力,因此社会关系也不会混乱。但是,秦朝一切削平以后,这种内含着价值等级的社会等级关系破碎了,没有礼制则人即彻底物化。因为,最高等级的对天的祭奉代表这一种对天的价值的虔诚和肯定,二者能够统一起来,也就是肯定超越理想,[1]后来则是形式化了,对天的敬畏也随之消失,也就是个人价值和等级关系完全分离了,虽然最高等级的统治者依然享有祭天地的权力,但是内在价值的一体性没有了,这一点可以从牟宗三的思考中得到延伸,虽然他没有这么说。他说的是,人格教养和社会典礼的层面均需并置。"人必须超越其'形限'以上升,由较低之价值层升至较高之价值层,最后升至与神接与天通。高低以何判? 以物化之深浅判,以精神之隐显程度判。物化深者,其精神之隐陷程度亦甚,此则完全不离其躯壳,所谓小人也。由此逐步超转,直至精神全体透露,则与神接与天通,所谓大人圣人也。故天也,神也,乃纯粹天理也,绝对精神也。人之步步透露其精神,即步步实现其价值,同时亦即步步肯定实在之真理,而至于超越理想、绝对真理之肯定。若欲实现客观价值,则必投身于分位等级中而表现客观精神也。此国家政治之所以被肯定也。"[2]在这里,我们可以看到,牟宗三对人的价值作了双重的分判:一则是超越的神圣的,一则是现实的客观具体的。从超越物化

---

[1]牟宗三:《历史哲学》,第40—41 页。
[2]牟宗三:《历史哲学》,第41 页。

的层面上说,人的最高价值、绝对价值是同等的,但是在现实层面上看,人的具体才能各个不同。但是,对人的天道精神意识的清除则在现实层面上实现并强化了"大一统"或"大实体"中最高权力与民众的等差,因为,精神上的平等已然不再存在。因此,从精神层面上看,抵制物化回归自我超越的理想其实是抵制独裁王权的对人的藐视。牟宗三对专制主义的批判一针见血:"独裁者,一方面必铲平分位之等、价值层级而下齐于物;一方面必否认超越理想而将自己首出庶物,超越一切。一切皆为其所齐。而隶属于其自己以为工具。其自身已非精神,其心已死,其生命已枯,乃为一纯物化之大魔、浑同之漆黑深潭,故彼不见光明,遂视一切为刍狗也。"[1] 这就是中国传统社会数千年幽暗不彰的根源,一切皆被现实的政治权力箍死,精神皆不能敞开,社会也不能分化发展。因此,他特别批判了中国"大皇帝"的一个人自由的历史状景,这是他的政治哲学中最有力度的批评。但是,他的关于对天道的认知即个人"物化"的深浅程度的辨析在一定程度上传承了传统儒家的君子、小人的分际,至少是从道德上界分了人的不等,而"若欲实现客观价值,则必投身于分位等级中而表现客观精神也",也有可能被拿来与柏拉图相比较,这是人类有史以来论证社会秩序的基本出发点,但不是关于平等的论证,反而有可能成为对圣王政治的重新论证,但是牟宗三还是试图从精神价值的独立性方面实现中国人的个人的政治解放。

　　牟宗三在他的论述中借用黑格尔的理论,突出了中国文化的个体的主体精神受挫于一体化的社会结构和思维观念。他和黑格尔都强调分解的理性在中国没有开出来所造成的社会结构状态正是东方专制主义的局面。黑格尔分判的中国、印度和中世纪欧洲的情形是:中国有平等但是却没有个体的分化,在国家治理上即牟宗三所谓的治权上,道德原理发生了作用,因此构成了合理的自由即治权的民主,但是最高的道

────────────────

[1] 牟宗三:《历史哲学》,第42—43页。

德判决最终也完全归诸于皇帝,因此造就一个大皇帝的个人的自由;印度有这种独立分子从整体中分化出来的状态,但是个体却没有形成真正的精神上的独立性,也就是精神或灵魂没有更高的提升和自我化却变成"僵硬的死体"而导致精神上更加卑微。在中世纪的欧洲也是阶级性的存在,但是,对于每一个个体都有一个更高的存在,超乎人类之最高而构成一切存在物之最高,任何人因为分有它而"优入圣域",这是个体得以超越现实世界之阶级结构的一个重要的精神根源,这时候,个体的主体的自由才有可能在整体中分离自身,因为当他反观自己的精神世界的时候,才能开始意识到自己与外部世界的对立中形成真正的自我意识。如果没有这种自我意识,个体永远沉没在"实体自由"之中,也就是国家的整体意志之中。黑格尔以国家的实体的自由对立于个体的主体的自由,没有主体的自由,实体的自由也无从完全实现,所以,黑格尔才认为世界之光从东方升起,落到日耳曼民族。牟宗三基本接受了黑格尔关于主体自由与实体自由的分立,但是又不完全同意这种东西方对立而且一个东方婴儿期一个西方成熟期的观念。他认为,中国既然是起点也自然是终点。中国文化早熟,有合理的自由而没有主体的自由但是不等于这种自由不会发育出来而形成永久的停滞。他区分了普遍性原则与个体性原则。[1] 实体意志即古代中国尽伦尽制而成就合理的自由,也就是国家在伦理层面的发展达致极盛,因此,也不能说个体是没有自由的,因为个体在其中也是自觉的、伦理服从的,但是,这种自由却又不是自觉的、未经反省的,因此缺乏真正的主体的意义,因此,"他不有真实的存在,在'统一体'中不能有其真实的责任与义务。即依此义说为'偶然',精神在此落了空"。[2] 他受到了康德、黑格尔极其深刻的影响,但是这种影响是有益的;这就是人的精神

---

[1]牟宗三:《历史哲学》,第62页。
[2]牟宗三:《历史哲学》,第62—63页。

的自觉。牟宗三认为人的精神的自觉是人能够独立于这个世界的前提。在中国古代"天下国家"中，只有普遍性的原则，其实只有宗法一体性的原则，而没有个体性原则，因此，个体精神泯没在整体性中，使人自觉到这种个体性、自我精神是人的解放的根本要素，而这种个体性精神从实质上说才是真正的自由意志。他基于这个原因对中国古代天下这个"大实体"做出了精神性的批判："这个基本问题即是：中国只有普遍性原则，而无个体性原则。普遍精神，若没有通过个体之自觉而现为主体自由，则主体精神与绝对精神间之'对反'不能彰著。此而不能，则'大实体'所代表之'统一'亦不能有机地谐和起来，即不能通过各个体之独立性而重新组织起来。此而不能，则国家、法律所代表之客观精神亦不能真实地表现出来。在周文之'分位之等'上、尊尊之义道上，吾人已说有客观精神之表现。但须知此客观精神是在宗法形态下表现，此即黑氏所说：'主体的自由不是在其自身寻求它的尊严，而是在那个绝对实体中寻求它的尊严。'后来的忠君爱国，亦是此意。依此，大实体所代表的'统一'弄成硬固而僵化、虚浮而挂空，法律亦成为某种固定而抽象的东西：此即黑氏所说的'散文式的帝国'，一种'平庸的理解之形式'的帝国。"[1]牟宗三对专制帝国的抨击是面向个人自由和平等的批判，精神的解放并不就是找到一个上帝，而是回归个人的自主精神，这个精神在中国文化中也是存在的，这就是存在于个体身心之中的天道，这个天道觉醒其实就是个人的自觉。获得这种自觉，个人的解放得以实现，个人的现实的具有独立性的平等也由此开启。

　　毋庸讳言，牟宗三深受康德、黑格尔等的影响，[2]这其中最主要的就是先验原理的证明，这被牟宗三当作是哲学系统建构的根基。而这个先验原理则是依据人性之中的不同层面来提出的，从这个视角来看待他

---

[1] 牟宗三：《历史哲学》，第63页。
[2] 否则他不会将西方哲学分为三系而将康德、黑格尔搁置在一个系统中来看待。

对康德、黑格尔的共同归类就是理所当然的。他依据康德理论理性和实践理性的分野又结合黑格尔的哲学系统提出精神存在和运动的复合形态说：一是人心之中的理解的形态即理解或理智的(严格地说即知性的，因为康德的理智有不同的实践理性的规定性)的先验原理；二是人心中的实践形态即实践理性的形态以及人的情感形态，即美学形态的先验原理。这是基于康德现象与物自身的二元分野，同时又受到黑格尔精神现象学或精神运动原理的重要启示。但是严格地说，牟先生的理论有着基本的中国哲学和中国文化的基础。他的所谓的理想主义的哲学观念是本于中国儒家思想中心学一系的道德主体性建构而来，这是呈现形态的理想主义(或唯心主义)而不是康德的设准的或假设的基督教主义(本于客观形态的上帝存在的道德性)的观念系统，而中国儒家心性系统的这种观念又是本于儒家思想家道德实践和生命修养的体认基础的。因此，我们既要看到牟先生这种哲学的西学根据，又要看到他的现实的根基更是中国传统的，西方的理论是他做这种理论建构的形式，实质是中国文化自身。

牟宗三的理念中灌注着"五四"洗礼的现代性观念，因此，他突出对中国人个体精神觉醒的召唤。而在他看来，唤醒个体的精神自觉其实就是恢复每一个人在天道面前的平等身份，这种结合了康德、黑格尔理念在中国文化自身的论证，其实在中国近代思想的演变上也是一个重要的思想成果。但是，他认为中国传统社会的非道德化导致了"平等化"或"削平化"，进而引发"大皇帝"一人下的专制主义则有一定的片面性。

三、"政治"概念与政道：牟宗三的政治合法性思考

(一)"政治"的概念：总体持有与形式理性的政道

牟宗三对中国现代政治哲学的建构在理论上具有一定的开创性，而政道与治道的分判是这一建构的标志，是关于中国"国家"政治发展的理论的现代性阐释之一。蒋庆虽然把牟宗三哲学贬斥为纯粹向内的思辨的构造，但是他的常用观念尤其是政道、治道等完全是沿袭于牟宗

三的,在他似乎这已经成为常说、俗话,其实这是牟宗三在相对困难的情形下思考发展出来的。牟宗三说,他与张君劢能经常来往,"他常说中国只有吏治而无政治,中国是一'天下'观念、文化单位,而不是一国家单位。这些话都常常刺激弟之心灵而不得其解。后来复看到黑格尔说:只有能建造国家的民族始能进入我们的注意中(大意如此)。这些话复触目惊心。西方近代之所以为近代之内容(积极的一面,有成就的一面),除科学外,属于客观实践方面的,弟大都自黑氏与张君劢处渐得其了悟"。[1] 这其实代表了一种中国千百年政治观念的根本性转折,其内核不是天下与国家的概念性的抽象分别,而是在此之下之臣民与公民的实质性的身份差异。

从现代意义上,"天下"观念作为文化单位没有赋予个体在近代国家层面中公民之权利、义务等具体的设定,当然更没有设定对最高权力的限制,则这个"天下"即如黄宗羲所谓的"私天下"、"家天下"而已,不是最初人们所自臆认为或者后人所回溯要求的"公天下",当然就不是"藏天下于天下",而这种中国人的政治理想在牟宗三先生看来则存在于民主政治之中。"民主政治能够表现一些'藏天下于天下'的理想。儒家学术最内部的要求亦一向在于此,但是从未在现实上出现,而今天之现代化亦主要要求此一理想的实现。"[2]中国的政治理想似乎一直向往着天下之为众人或公众之天下,但是事实上一直不能实现,直到今天民主政治的诞生,这二者似乎才产生了对应性:"中国的老名词是'王道'、'藏天下于天下',新名词则是'开放的社会'、'民主政治',

_____

[1] 牟宗三:《关于历史哲学——酬答唐君毅先生》,《历史哲学》,第366页。牟宗三不止一次提到与张君劢谈话的启示这一点,一则说明这个颖悟的重要性,这的确是一个很重要的问题,就如他在旁侧体悟熊十力与冯友兰关于"良知是呈现还是假设"的谈话一样,那次旁听甚至可以说是他一生的一个转折点;二则说明有关"政治"这个思想的源头来自于张君劢,不掠人之美。可以说在这个问题上,张君劢和牟宗三都做出了重要贡献。这一个问题在理论上过去我们都相对忽视,其实实在是政治哲学的关节问题而非枝叶之计较。

[2] 牟宗三:《政道与治道》,新版序,第15页。

所以这是个共同的理想。故而民主政治虽先发自西方,但我们也应该根据我们生命的要求,把它实现出来,这就是新外王的中心工作。"[1] 而这首先是关于政权归属的概念。

在牟宗三看来,因为政权是总属一个民族整体的权益,因此,它也是关乎整体全集团公共事务的"纲维力"。从"天下者天下人之天下"的观念出发,政权就是这个集团共同体的属性,而共同体是一个"类名",也就是对这个总体的指称,因此,从这个概念意义上就可以断定政权是类名之属性而不是个人之一属性,那么"政权"的意义就是"综摄"的"形式的实有"和"静态的实有",不是在动态中变化的具体物,也不是归于哪一个具体个人的属性。因此,从这个意义上,它不应该有传统的革命的意义,也就是通过个人的暴力"打天下"获得政权的概念,因为它本质上不隶属于哪一个个人。[2] 因此,"形式的实有"也就成为"定常的实有",所谓"定常的实有"也就是在民族存在的前提下,"政权"是一个常数不是一个变数,即不存在取或拿的问题。基于此,牟宗三想进一步确定,在"形式的实有"之上的"政道"的含义。这种政道的含义就是确定"政权"之本义,确定政权之为政权:在牟宗三就是政权与治权的分离的民主政治,政权成为一个形式,治权成为一个具体的实存。以此衡准,以往的政治均无政道可言,只有民主政治才可说政道。牟宗三希望通过"天下是天下人的天下"的传统话语推导出一个"现代性"的观念,虽然这个观念不可能算是特别的新颖,但是,对于中国民族来说还是新的,尤其是从知解的理性上来说更是如此。[3]

---

[1] 牟宗三:《政道与治道》,新版序,第16页。

[2] 牟宗三:《政道与治道》,新版序,第17—18页。

[3] 这个观念本身在人类历史上了无新意,但是对于近代乃至于今天的国人来说还是一门新课,虽然今天甚至有人拿西方民主政治或发展中国家的种种弊端来对民主政治做出一般性的指摘。其实这种指陈仅仅限于民主的形式如选举等等,而一般忽略了民主政治的多侧面和复合含义:作为生活形态的民主生存、作为理性沟通的民主交往、作为责任承担的权力变换等等,不一而足,很多人从狭义上理解民主把民主仅仅解释为一种选举方案并予以简单的痛击是不足法的。

政权与治权的分离、政权的普遍性和形式化以及治权的客观化就是牟宗三所说的"政治"概念。为集团共有总持的形式即产生治权的政权是政治的第一义即宪法、政道;而吏治者即治权则是第二义。中国古代是第二义发达,欠缺第一义。[1] 所谓形式的实有而不是个体垄断的实体的实有,进一步关涉个体与国家或国家之代表的关系,用精神哲学的术语表示就是从理性之作用表现转为架构表现,也就是从治道的直通下贯即个人的臣属转为新的政治观念之下的个体的自立自主。在牟宗三就是从传统社会的隶属架构转为现代社会的对列架构(或格局),[2]现代化要求对列格局,变人与人之间隶属格局的 sub-ordination 为 co-ordination 的对列状态。但是,对列之局的开出是从现代性的国家观念中产生的,这就是政权的概念或儒家的新政道问题。

在传统中国之政治治理方式下,理念上都是德的或以德为目的的,但是在现实上则不是或根本得不到。"在中国,五伦就是自然律,这与权利义务的订定以及对于权力安排的订定根本不同。"[3]中国古代政治的哲学表述就是:"凡是运用表现都是'摄所归能','摄物归心'。这二者皆在免去对立:它或者把对象收进自己的主体里面来,或者把自己投到对象里面去,成为彻上彻下的绝对。"[4]彼此成为隶属关系,中国的家庭和国家皆是如此。这种隶属关系将"打天下"与"坐天下"形成一个惯性和理念,政道就是要从根本观念上予以纠正。"政

[1]牟宗三:《政道与治道》,第20页。
[2]社会秩序是建立在一个人权基础上的对列之局还是建立在等级差别之上的秩序结构,这是一个正在当下中国争论中的问题,也是新儒家和大陆新儒家之间的差异。当然,大陆新儒家也不是要恢复传统秩序,但是蒋庆的礼治秩序不仅仅是要人们在道德礼序上的差别对待,其实是有企图上升到人的价值层面上的等级存在,这里面是否潜存着隶属格局的阴影,至少是应当从现代理性的视角可以予以质疑的一个问题。
[3]牟宗三:《政道与治道》,第43页。
[4]牟宗三:《政道与治道》,第45页。

道:此即安排政权之道。"[1]把打天下的非理性转为理性,把"总体的持有"即"天下人的天下"抽象的、形式的确定,这种确定的客观化就是形成一种制度使之成为永固的形式化的存在,也就是民族国家成为一种固定,政权成为永远,治权才是流动的、变化的。"这一步构造的底子是靠着人民有其政治上的独立的个性,而此独立的个性之出现是靠着人民有其政治上的自觉,自觉其为政治上的存在",[2]将在政治上无所事事只是一个被动的存在的个人转为人民与皇帝成为"敌体",即独立的和对立的存在者。如果政权只是武力得之,人民没有政治上的独立个性,这个就不是一个真正的国家。所以,古代中国只是一个文化单位而不是一个国家单位就是因为这个道理。这个道理非常深刻,但是现代人似乎又开始倒退了,把一个抽象的"天下"观念坐实重新搁置到当代中国头上,而没有经过一个民族国家概念转折的天下观念是非常成问题的,而且,这种观念同时将传统的伦常法与近代契约法律又混淆起来。

以近代民族国家为基础的政治意义上的法律是政治法不是伦常法,因其义务的获得须有契约的订定形成而成普遍的法则。上述规律皆赖于主客体的对待而成,这种对待则是知识形态的知性架构方式,即"知识之成非预设主客体间的对偶性不可"。[3] 当然,下面的问题就是如何从运用表现转出架构表现,因此,牟宗三就提出了一个德性的"逆之"的方案,而演成后来的"良知坎陷说",这的确是从理念层面上的设定,实际生活中的情况并非如此。但是,我们从理论形态上可以继续探讨这种设计之成立的可能性,虽然,它不一定符合现实社会政治变革的实际途径。其实,牟先生提出了两个方案,一个是逆之,一个是让开,即是道德与政治的分离。它的意思就是,价值之源只在那里成为宗

[1]牟宗三:《政道与治道》,第46页。
[2]牟宗三:《政道与治道》,第46页。
[3]牟宗三:《政道与治道》,第47页。

教或道德源泉,其实这里已经暗示了宗教的独立性。这样变成两层,道德不直接干涉政治,也不教条化,只是从根基上成为社会价值源泉,不变成泛道德主义,[1]道德与政治的关系变成间接的关系,这一切才变成顺畅。

在牟宗三先生看来,成就政治的概念,在此基础上,形成政治性的存在是中国从古代形态转变为现代形态的关键,让人民从一个伦常上的"道德的存在"(Moral Being)成为一个"政治的存在"(Political Being)。国家的政治意义是伴随人民的政治存在而出现的,他说:"在思想上是如此,在现实上则在使人民兴起而成为一个政治的存在。政道成立,民主政治出现,则国家的政治意义才能出现(中国以前只有吏治,而无政治)。人民能成为一个'政治的存在'而起来以政治法律的形态限制皇帝,则他即是一个政治上觉醒的个体。因此,他对于国家的组成才尽了一分子的责任。国家必须通过各个体的自觉而重新组织起来成为一个有机的统一体,才可以说一个近代化的国家。中国以前的统一只是打天下打来的,个体并未起作用,所以不成一个国家单位,而那统一亦是虚浮不实的。国家是一个文化的观念,是由各个体通过自觉而成的一个理性之上的产物,不是一个自然物,更不是武力所能硬打得来的。人民在国家政治上有了作用,他对于国家内的法律的订定也必有责任、有作用,而不只是以往纯出于圣君贤相一心而自上而下偏面地定出来。"[2]因此,要转一个弯,建立政道,而不是直接从道德心性上上通下贯。

(二) 政治化存在的落实:权利客观化与知性精神的间架与培育

政治化存在的核心是由确立精神或哲学上的主体性逐步落实到法律观念和法律实践上,这其间就是"个性"或"法律性人格"的确立。牟

---

[1] 牟宗三:《政道与治道》,第53页。
[2] 牟宗三:《历史哲学》,第171页。

宗三非常重视"个性"的构成,这在法律上即是"人格"(personality),其实就是法权,是在希腊初步开启,在罗马法中得以成形的。在牟宗三看来,这种所谓的由外在限制所构成的"个性"其实其本源是基督教,因为个体在上帝面前皆平等。[1] 牟宗三进一步指出,与这种上帝存在而众生平等相得益彰的是,在西方正有现实层面的阶级对立和冲突存在,他们个性的显现与保护得自于以阶级对立为前提的、以集团斗争为表现的相互斗争,最终形成权利与义务的观念与法律政治体系。"这种个性以权利义务来规定,而权利义务之客观有效性胥系于制度法律之订定。所以这种个性可以说是外在的,是政治法律的,与道德艺术的人格个性之纯为内在的不同。但是这种内在人格个性,必靠那种外在的个性之有保障始能游刃有余地安心地去发展。这里我们可以看出,成立民主政治的两个基本观念,即外在的个性与集团的对外争取方式,其总归点是在一个政治法律形态的'客观制度'之建立。一个政治法律式的客观制度之建立是注目于人群的抽象的一般的客观关系之建立,此非单注目于所识所亲的具体的伦常关系所能尽。"[2] 这种对待性的社会关系首先必须有对待性的认知理念,也就是个人彼此的独立性和对待性(不是或不一定是对抗性),这是牟宗三最重视的,也是他认为中国文化中最匮乏的,因此,他时时将民主与科学联系在一起,这不是因为"五四"之"德先生"和"赛先生"的口号式的影响,而是在牟宗三看来,民主的生活方式、民主的政治架构与科学思维有着内在的、本质性的关联,甚至可以说是因为科学性的或者说分解的对待的思维形态塑造了民主政治的思维惯性和操作理念,他称之为"分解的理性",他指出:"分解的尽理必是:一、外向的,与物为对;二、使用概念,抽象地、概念地思考对象。这两个特征,在民主政治方面,第一特征就

---

[1] 牟宗三:《历史哲学》,第156页。当然,我们浏览古代西方历史尤其是政治哲学史可以看到斯多亚学派的理性内在已经奠定了这个基础。

[2] 牟宗三:《历史哲学》,第156页。

是阶级或集团对立,第二特征就是集团地对外争取,订定制度与法律。所谓尽理,在对立争取中,互相认为公平合于正义的权利义务即是理;订定一个政治法律形态的客观制度以建立人群的伦常以外的客观关系,亦是理。"[1]"民主政治正是要打破阶级的。阶级对立只是促成民主政治的一个现实因缘。可是阶级虽不是民主政治的本质,而集团争取的方式却是民主政治的本质之一。"[2]牟宗三敏锐地指出,民主政治与集团或阶级存在着联系,但是民主政治恰恰是要打破阶级的等级架构的,在对立的争取中,通过博弈的方式,同时也通过理性的讲理的方式达致彼此所认为的公平或正义,这恰是分解的理性思维的特质。

牟宗三抓住中国政治之尽伦尽制的综合性和民主政治中个人对待的认知取向上的分解性做了很多的阐述,其实,这在国人今天回看我们已经奋斗了一百多年的政治发展来说,依然具有意义,这个意义有二:第一,民主政治需要人的思维的转变,简单的纵向治理的思维观念是不可行的,必须从上到下都养成个人独立、对待自己权利尊严的意识。第二,分解对待其实是一种说理的观念而不是纵向治理或直接治人的观念,这里面的精神就是"分解的尽理的精神":"何以说民主政治其背后的基本精神也是'分解的尽理之精神'?盖民主政治之成立,有两个基本观念作条件:一是自外限制,或外在地对立而成之'个性',此与尽心尽性尽伦尽制之内在地尽其在我所成之道德的圣贤人格不同;二是以阶级的或集团的对立方式争取公平正义,订定客观的制度法律以保障双方对自的权利与对他的义务。此与一无阶级对立之社会而其文化生命又以道德人格之个人活动为主者不同。"[3]牟宗三认为,这其中关键的是一种思维方式的确立,这就是由"名数之学"建构的理性的思维方式和观念。"名数之学"及其连带的科学,即逻辑以及由此思维方式

---

[1] 牟宗三:《历史哲学》,第156—157页。
[2] 牟宗三:《历史哲学》,第157页。
[3] 牟宗三:《历史哲学》,第156页。

生发的科学形态。"必须融于吾人文化之高明中而充实此高明。且必能融之而无间也。是则须待哲学系统之建立与铸造。"[1]国家政制之建立,与此名数之学相类似,须有一个客观的精神的转化与实现及具体落实。"人人可与天地精神相往来,而不能有客观精神作集团组织之表现。人类精神仍不能有积极而充实之光辉。故国家政制之建立,即所以充实而支撑绝对精神者,亦即所以丰富而完备个人精神者。"[2]牟宗三反复强调,没有分解的理性精神的支撑,道德生命必然陷于虚空飘荡甚或在专制强权中窒息而死。[3] 牟先生认为在历史形态上看,孔子建立仁且智的主体圆融无碍,孟子实现一次破裂,道德主体挺立彰显,但是没有形成知性主体的自由;荀子又一次破裂,知性主体显露,但是却不是自下而上而是自上而下的,也就是道德主体又丧失了,知性主体依然没有在自我确立的基础上分解开来,因此,反而成了一统之下的社会建构的工具,具有一定的科学知识性征但不具有政治法律性征。[4] 因此,中国人的思维尤其是政治思维必须发生一次革命,这就是从仁德的圆融转向理智的对待,政治架构也因此而成,所以他提出了"良知自我坎陷"的说法。其实,不管是通过良知自我坎陷还是通过制度架构实现现实性的民主政治形态,都不会否认通过个体的觉醒然后实现的必要性。这个个体的觉醒从外在制度客观性上说就是社会分解的理性思维的形成与拓展,这是必须的。在这个时候,牟宗三试图吸纳西方科学理性的因子补足中国偏重道德理性在"政治"理念上的缺失,但是,他的根基没有脱离道德理性,即所谓"良知坎陷"转出民主科学,这个转出的含义显然是在强调德性的根源性,但是,他又要说明,德性与认知的知性又是一对敌体关系,因此,德行的让开一步在现代是必要

---

[1] 牟宗三:《道德的理想主义》,第5页。

[2] 牟宗三:《道德的理想主义》,第5页。

[3] 牟宗三:《道德的理想主义》,第5页。

[4] 牟宗三:《历史哲学》,第115—116页。

的,这就是政治架构上的知性理念的彰显。这个彰显代表一种新的人文理性:体现道德理性底蕴,但是又不为其所辖制的理性形式,这就是牟宗三所期望的现代中国的政治理念。

四、天道与政治综论

(一) 天道与政治

鉴于当代儒学在中国当下情境下的迅速发展,下面我们将就牟宗三与一些重要思想家或人物的观点做出一些简要的比较分析,也借以彰显彼此的差异,从而形成思想的对话。今天,比较活跃的思想人士非蒋庆莫属,他的思想开始受到相当的重视与讨论,有深入对比的必要。另外,就是,当代大陆儒学对康有为的推重,这也是时代的重要现象,而且这个趋势还有继续发展的可能,因此,我们在这里将他们和文化保守主义的政治思想做一简要的对比分析。

从 20 世纪儒家政治哲学的理论构造来说,时代本身的问题在复现(可能层级有所不同)[1]。这个复现即重新复活思考中国天道的观念,把它放在现代政治理念中加以衡准,形塑一个复合型的观念和政治理论,即在重识天道的基础上重识、建构政道。从本书开始引用的张灏、高瑞泉等的分析概念来看,现代新儒家自然是近代以来最契合这种秩序和意义观念整合型的理论体系建设。其实,近代以来的自由主义、激进主义和保守主义三个政治思潮,各自都有自己的意义诠释,包括个人与超越性存在的关系问题,而前两者至少在 20 世纪初基本上是从否定的方面来看待它的,也就是将个人生命之现实存在的意义、价值作为最终的人生价值判断而不诉诸于更高的理想设定,同时他们又将社会发展和自然进化大体等量齐观,人生意义和科学思维二者彼此分离,甚至以科学观

---

[1] 整个 20 世纪的中国都在思考政治和社会变革的问题,而今天恰与世纪之初有更多相似之处:人们又从理论起点上思考中国的政治建构,而不是认为已经确定了方向,剩下的只是行动。

念统御生活世界,经验主义是他们的主要哲学思维方式。今天虽然情况有所变化,但是多数仍然基于此,这从 20 年代前期发生的"科玄论战"可以窥见豹斑。张君劢是"玄学派"即推崇价值层次之形上学意义的论战发动者和主将,后来则成为港台"新儒家"的重要成员。继之,牟宗三、唐君毅接过了张君劢张扬的形上学旗帜,这是 20 世纪的一个总体的情形。

纵观整个 20 世纪,并非只有现代新儒家思考了"天道与政道"的关系或"天道与人生"的关系。对于回归所谓"天道"观念建设政治秩序的思想,最具代表性的除了牟宗三,要数康有为和当代的大陆新儒家蒋庆了。从严格意义上,康有为也能够纳入 20 世纪中国重要哲学家的行列,虽然他的涉猎范围特广泛,但是其实这丝毫不损他的政治思想的哲学蕴涵。他不仅继承了中国传统思想而且还有所发展,这正是今天在国学复兴和探讨政治秩序重构的时代,康有为受到特别关注的原因,他给了人们很多灵感的启迪。无论是康有为还是牟宗三尤其是康有为还有一重意义就是他试图旧瓶装新酒,与之形成对比的是当代蒋庆则试图用"合法性"等概念重新回收一些只有从传统论证中才能依存的古老思想,他们的共同特征是:维系"中国性"之特质、做出符合自己时代所必要的变革、[1]巨变和一定的连续性相一致,惟其如此,他们的架构才被称作是儒家的。牟宗三的天道内在论证,是在康有为基础上的深化(当然他不是继承康有为的思想体系,甚至没有什么关系,但是客观来看是有连续性和深化性的),他并不是主要建筑在思辨的基础上的,而是建筑在历代思想家和大众日常生命体验和直觉的基础上的论证,思辨或与康德的联系只是这种理念的表达方式。他尝试从中国传统证成人的主体价值性。[2]

---

[1]康有为的变革是向前的,牟宗三的变革方向也是向前的,蒋庆的致思方向则难以简单衡准,是较为复杂的。

[2]我个人认为,虽然在三十年前的思想解放运动中,李泽厚的主体性探讨发挥了无与伦比的作用,作出了积极的贡献,但是,李泽厚的重心似乎不在人的自由意志的内在主体性上,牟宗三则更接近于这种内在主体性的探讨。

　　对牟宗三的批评主要来自自由主义和儒学内部。[1] 从自由主义对牟宗三的批评来看,主要有两点较为切中要害:一是积极自由和消极自由的关系,即儒家的自由或新儒家论证的从道德出发的自由是政治上积极自由,儒家缺乏消极自由的观念;其二,作为从思辨层面出发的圆融的道德观念中如何产生出分解的知解理性? 后者也是一般意义上针对牟宗三哲学的常规批评或者说通评,也即是一直能够对其构成挑战的批评。首先说,其实积极自由和消极自由在理论上和实践上都紧密相关的。积极自由的论证在理论上是一个必须,而消极自由在实践上成为必要,因为积极自由的论证是一个支点,只有确立了公民的人格观念,消极自由才能真正在实践上形成,这个人格观念是法律的,但是也需要证明。罗马法则一开始就有民法,这和我们是不同的,消极自由应该建立在个人的法律人格基础上,因此,消极自由的论证是在积极自由基础上进一步的支点,这是由于中西文化和政治形态一开始就不同所导致的。他的论证之所以遭到批评,是因为一方面很多人对这种文化意识的理解问题,另一方面因为他的论证还没有结束。"良知坎陷"不是一个简单的辩证否定的问题,因为它本身就包含着自我否定,只是我们的文化传统将它抑制了,牟宗三只是借用坎陷对此作出说明,也不是说中国文化自己能开出民主科学,只是道德主体里面内蕴这些价值。在牟宗三这里是要从圆满的道德主体转出一个感性的主体:这也是康德的道德共同体和法律共同的翻版,它们对应人的理性和感性两个层面。林安梧对此的批评有两个方面:第一,血缘等宗法关系和儒家的德性证成之间能否分离? 第二,良知的挺立能否成为民主政治的一个条件? 笔者认为这两者应该是成立的,[2]但是"后新儒学"对儒家道德

---

[1]对牟宗三的批评来源很广泛,笔者这里不再一一例举,这里的概念已经涵括了早期的自由主义与新儒家的论战以及林毓生等人在后面继续的批评等等。而大陆学者的批评大体也在这个范围之内,而蒋庆的批评则在后面做出分析。

[2]关于良知与公共性的关系是笔者目前集中思考的核心问题,希望对此研究能够修正新儒学关于这一问题的一些不足,进而推动中国心性思想与公共性的内在性的思考。

修养可能跟宗法关系、政治体系等的内化或勾连的警惕还是有意义的。高瑞泉的看法是:"现代新儒家努力希望可以论证的'曲通'或者'良知的自我坎陷',不过表明包括'平等'在内的现代民主及其整个思想体系,向传统价值观提出了何等重要的挑战。"[1]"依笔者的见解,'曲通'、'坎陷'云云,乃是历史的辩证法,平等观念的现代嬗变,除了观念自身的历史外,要用社会条件的历史性才能说明。"他意在说明包括平等、良知坎陷说等新儒家理论本身是时代对儒家的挑战需要其回应,同时"良知坎陷"等新的开出说更需要历史社会条件的说明,同时现实转化也应以推动社会历史条件的转变为依归。[2] 李明辉在讨论林毓生的观点时解释说:"新儒家此说并非就逻辑的必然性或因果的必然性而立论,而是就精神生命辩证发展中之实践的必然性而立论。"[3]对此还会有不同的看法,需要我们进一步深入思考和研讨。

在突出儒学尤其是儒家天道的意义构成方面,牟宗三早年反复论证,这是"新儒家"的根基所在,当代蒋庆的自觉性也十分突出,他特别强调:"儒学除具备批判功能外,还必须具备为特定的历史条件下相对完善的新体制提供合理性与合法性证明的功能,即必须具备'证成'相对之善的制度的功能。这就要求政治儒学通过积极的政治实践去设计、建构出一个在特定历史条件下体现天道性理的相对是善的制度,并积极地去证明此一值得的合理性与合法性,维护此一制度的稳定和谐。为此一制度确立一形上的宗教道德基础。"[4]蒋庆的这个看法比较充分地说明了从康有为、牟宗三到他本人为什么会反复地论证天道问题,即为政治合法性寻找先验的根据。但是,就笔者看来,蒋庆的天道论证

[1]高瑞泉:《平等观念史论略》,上海:上海人民出版社,2011 年,第 307 页。
[2]笔者基本同意高瑞泉的看法,尤其是儒家的先验平等观念如何走向经济、社会、政治条件的转变更是现实的问题。不过关于良知坎陷的解释还有进一步诠释的空间,在这个方向看"新儒家"还有多少理论空间,这是笔者最近属意的问题。
[3]李明辉:《儒家视野下的政治思想》,北京:北京大学出版社,2005 年,序言,第 3 页。
[4]蒋庆:《政治儒学》,北京:生活·读书·新知三联书店,2003 年,第 114 页。

并不成功,他的思想其实符合原始儒家关于人的不平等的看法,尤其是他反复援引董仲舒"民者,瞑也"一语强调普通民众在生存样式和思想观念上的盲目性,这是一种比较典型的精英政治的传统观点,但是在经历近代启蒙变革之后,他没有新的令人信服的证明:天地人的结构是倾斜的,怎么证明? 尤其是从人的本质层面上说更是如此,因为人本身就有双重性:一是道德的、先验的、天道的;一是经验的、才性的。蒋庆没有做这个区分是不适当的,在他那里,天人之间其实没有同一性。所谓人副天数,乾坤阳阴就是前者为主后者为次,这是一种现实层面的经验认同,譬如男女的先天分工等等,但是也没有足够的理性上的说服能力。其实,这种说法还是从经验中观察得到的结论,但是这种结论不能完全用到政治上去,尤其是不能主导性地运用到政治上去,只能是辅助性、调节性、矫正型的使用。蒋庆虽然主推公羊学,但是他很刻意与康有为保持适当的距离,因为至少在人类平等的理念上他们距离很远,不可以道里计。我们之所以强调现代新儒家的人文特质,正在于他们不拟也从没有设想一外在的"天道"构成一个"悬设"来辖制社会秩序,而只是借助其意义构成以成就人的平等与自由的成立,因此,这里面的人文理性即核心的道德理性的挺立乃其关键之所在。

　　从近代以来政治哲学的建构形式来看,上述三人的政治论题尤其是天道的论述是自觉的儒家观念的体认与现代转换,因为如果离开了天道论述或者否定这种论述则即转向新的其他的思想流派,譬如自由主义等等。就后者来说,一般不必诉诸超验的价值设定,甚至于他们的理念之成立正是以对超验价值批判为前提的。这里需要做出分校的是:近代以来的社会变革首先包含着对天道、天理、天命等概念的批判,尤其是后两者是变革得以进行的观念条件,但是,"天道"的情况比较复杂,它与"天理"、"天命"等和中国古代的政治体系、意识形态内化有所不同;它涉及到个体生命价值的估定和来源的判准,与传统政治体系既有联系又有自己的独立价值,因此才为这些试图推动中国政治合理转型和观念平滑转型的儒学家所重视。而且,他们的政治关注就是中国政治的变革:包括诸如从天下向民族国家的转变、从专制国家向宪政民主国家的转型等等,也就是"政道"的建构问题,尤其是二者的内在性联系,这个问题的自觉是儒家政治哲学的内在性的基本要求。

(二) 政治合法性、礼制与吏治

政治合法性即今天儒家的政道论述涉及权力的归属问题,蒋庆批评了主权在民的观点。主权在民不是到卢梭才有的概念,它是近代自由主义资产阶级立国的基本概念,当然首先是在反对封建集权主义的基础上提出的,而卢梭的问题主要不是主权在民,而是其"公意"概念引发的混乱,以此方式加以混淆其实没有太大的意义。这样的论证方式不仅仅是取消主权在民的现代性基本价值,而且连带的首先取消的是"主权"概念,消除这个概念当然现代共同体的发展就丧失了,在人类共同体诞生之前,民族共同体是一个历史的过程,但是按照蒋庆的说法,历史的方向则完全迷失了,政治合法性则无从谈起。因此,他的合法性概念虽然存在而且是三重的,但是重心还是在儒家的超越性上,尤其是今文家的礼治秩序上,而且这种超越性有其现实的社会依托,即贵族或精神贵族阶层。

蒋庆基于礼制观念对心性儒学提出批评,认为它延宕了礼治秩序的贯彻从而拖延了中国政治问题的解决:心性儒学一厢情愿认为政治运行来自于生命的修养,将二者看成只是一个直接的联系、直接的关系,看不到生命与政治的区别,独断地用生命去化解政治,从而拖延了中国政治问题的解决。[1] 这应该是一个经不起验证的看法。在中国政治中,儒家理念被认为得到真正实施的是在汉代,尤其是董仲舒的政策建议得到采纳,儒学定于一尊,但是两汉也无法摆脱历史的周期律,魏晋南北朝的极端混乱以及思想的坚决动摇,恰恰是基于人们对两汉

---

[1] 蒋庆:《政治儒学》,第25页。

政治以及思想的反动。心性儒学的看法刚好与此相反,他们一般认为心学的观念才是没有得到真正贯彻,而礼学或礼制的思想则得到了贯彻,这种贯彻因为它能够顺应中国这个"大实体"和一个人的自由即"大皇帝"的自由,礼制能够解开这个历史密咒吗? 蒋庆基于自己的理念将礼制设定为政治,他的合法性的理解就是尽伦尽制,因此,他着重强调重建礼制秩序或恢复制度建构的历史文化性:"不去建立体现儒家理想的政治法律制度,结果使当代大多数中国人无由通过具体的文物典章制度与政治活动去把握儒家的义理价值,从而对儒学无法产生认同,反而认为儒学是当代中国政治中的无用之物。"[1]这些抽象的言说和辞藻很能打动甚或迷人,譬如"理想的"、"文物典章制度"、"义理价值"等等,但是问题是这些制度是什么? 它和人的保障、完善是什么关系? 这些问题会有很多。

　　蒋庆认为在孔子那里,礼优先于仁:"孔子把礼看作仁的先决条件,离开礼,仁就不能在社会关系中体现出来。尽管孔子有时曾感叹'人而不仁如礼何',但综观孔子的整个思想,孔子一直都把礼作为实现仁的可靠保证。"[2]这段话充满了矛盾,孔子正是看到了没有仁义内在,礼就是虚伪的、欺诈的、伪善的,所以才说出"人而不仁如礼何"的话来。因此,礼只是仁的体现者,而不是仁的保障者,仁的保障在现代社会只有靠法治才能实现。因为,礼也不能解决人的内心是否仁,所以它只是一个外在的约束条件,对人性恶的约束,而这种约束在今天只有法治才能保障,而且,孔子的礼和荀子的礼有一致之处、更有严重对立之处,从"人而不仁如礼何"就可以看出孔子的礼是为达成仁的呈现,而仁的内在正是礼的基础。荀子的礼恰恰相反,它是直接的对人性的约束、束缚,这是两种对立的学说。从牟宗三等的儒学看来,践行仁的哲学什么时候落实过

---

[1]蒋庆:《政治儒学》,第22页。
[2]蒋庆:《政治儒学》,第26页。

呢? 子思和《大学》的思想什么时候得到过贯彻呢? 在牟宗三看来,整个中国历史中,儒家思想从来没有得到过真正的贯彻,这是一个制度建构的问题,近代以来的知识分子也都认为中国历史贯彻的都是礼学而不是理学的思想,或者后来又包括了一点理学被利用的内容。可以说,它是在帝王政治和等级统治之下的历史符咒。不解开这个历史符咒,个体得不到解放,但是解开这个符咒不等于人们抛弃中国历史文化,恰恰相反,正是要使我们的人文关怀和道德养成真正置于生命体认的层面上、置于公民社会的自我完善的基础上,而不是重建一个等级的魔咒的时代。而且,如果说,整个中国政治文化中的良性基因恰恰是因为孔子、曾子、子思、孟子等人思想的渗入,而不是荀子思想的展开。

蒋庆认为,"政治儒学是用制度来批判人性与政治的儒学。"[1]我们无论是从历史还是从蒋庆的理路角度都看不出政治儒学是怎样来批判人性和制度的,中国古代的文物典章制度遏制了大皇帝、官吏或富绅的人性恶了吗? 甚至于遏制地痞流氓的人性恶了吗? 如果说儒学真正地实现了一些人性的张扬或遏制,那就是心性儒学的对责任意识的张扬,这就是现代新儒家所讲的道德主体性,这整个地体现在中国历史文化的全过程,尤其是士大夫和普通民众的历史责任、文化责任以及家庭责任之中,在现代公民社会和普遍法治基础上张扬原始儒家倡导的道德主体性可能是一个好的选择。

如果仅仅从这个问题上的观点看,它凸显了蒋庆在秩序架构上的着意,强调社会秩序的重要性,强调人们在社会秩序中去体验儒学的精神,而不是以现代精神来重新诠释儒学的政治意义,有全面的复古倾向。如果说,我们近代的生存焦虑比较严重的话,除了现实的生存焦虑,生存意义的失落同样或更加严重,但是完全的回复恐怕不能真正解决这个问题。问题在于在新的社会理性互动即法治条件下的个人理性

---

[1]蒋庆:《政治儒学》,第31页。

交往前提下与形上意义的认知的整合,甚至于这个生存意义可能在其他文明或宗教中得到确认也是同样可以期许的,即多元"完备性学说"的并置而不是重回礼治秩序去体验获得。当然,这里也未必就是否定社会基本礼仪范畴的意义,乃至其中蕴含的生命自我认知的意义。但是,如果在现代社会条件下再重新以社会秩序与天道价值秩序的统一性整合我们的变革趋向,这就有明显的倒退倾向了,不符合整个社会发展的方向,尤其是我们的理性认知和感性接受的可能。

（三）政权民主、治权民主与道德教化

在牟宗三看来,中国过去只有治权的民主而没有政权的民主;没有政权的民主,治权的民主其实是保不住的。康有为努力推进君主立宪,反复论述的也是同一个道理,尤其是,他在晚期推动儒教会,其实是一种宪政的配套措施,而不是如蒋庆现在试图实践的儒学的更高追求。同时,在大同问题上,其实蒋庆与前二人也产生了分歧,这是与人性论的假设联系在一起的。"选贤与能"在牟宗三那里是政权之下的治权问题。但是,在蒋庆这里,这个问题又重演成政道了,这也与康有为所提倡的自治方案背道而驰,选贤与能当然是好的理想,但是需要在立宪政治形成的基础上成立,而不是相反,将它视作政治理想。人们以往质疑康有为的《大同书》是乌托邦。但是,细绎康有为的论述,很容易发现,康有为的大同是佛教观念的俗世版,这版本必须是逐步递进演化才能形成的。康有为关于民族国家的观念是立宪到共和,大同则是很远的事情,而且必须是各种条件成熟,甚至于立宪也好共和也好都是需要条件的,尤其是基于当时的政治状况强调了共和的条件,我在前文已经提到他的设想与托克维尔的民主三条件若合符节。君主立宪解决的政权的问题,当然也包括他们当时关心的富国强兵的问题,但是,康有为绝不仅仅是从富强出发的,而是从国家理性出发的,即从政权的形成出发的。蒋庆也是从这一点出发,天道神权是他的一个发明,但是是像康有为那样建设一个民间有权威性的孔教,还是作为国家政权的保护神甚至奶妈,这在蒋庆的理论上也有待澄清,因为他的理论要求天道神圣权威的最高性,但是,这一点怎么在世俗社会中实现其实是一个艰巨的任务。这里就涉及礼乐教化的真正功能和作用问题。

在牟宗三那里,儒家道德须在民主体制下才能真正实现,"道德礼乐只能施于机动成套以后之事而见稳顺之效。此种效用是被动的、隶属的、委蛇的,而不是主动的、骨干的、根源的,而于主动根源之机发处,则毫无效用。此所谓'马上得天下,不能马上治之'。治之,用道德礼乐,则可见道德礼乐之效为被动的、隶属的、委蛇的;而马上得之则可见于机发处道德礼乐并无效也,而亦无其他办法以消融而转移之。此等机发处绝不是道德礼乐所能消弭而禁止的,然必有其道足以消融而转移之。"[1]这是他与康有为和蒋庆的共同之处,但也是一个不同处。康有为其实也已经看到了这一个问题。他是从经验层面上的比较看到的:即西方国家的强大来源是君主立宪或共和。牟先生则是从治乱循环的解除层面上看,必须走出这种困境,不是道德优先,以道德或准宗教的方式实现国家的治理,因为革命或暴力夺权跟道德没有什么关系,在政权更替问题上,礼乐教化也根本不能发生作用。因此,在这一点上必须有一个逆转,在机发处、枢纽上有一个转换,实现政权的合法性的更替和转换、实现政治的有序性转换,通过民主政权的建构。表面上看,这似乎是一个理论阐述和实践操作之间的分别,其实不完全是这样。康、蒋的理论准备有所欠缺:个人从精神、人格上的独立,这是康有为尤其是蒋庆所少讨论,甚至是蒋庆不愿意讨论的。康有为正视个人的平等自由问题,但是蒋庆则从当今的立场出发,不愿意甚或反对人的平等概念。尤其是反对一人一票的选举制度。其实,人的平等自由问题,首先不是一个选举问题,这只是政治权利的一个方面,人的平等自由和独立性的确定是人类共同体尤其是民族国家共同体建立的基本条件,这里面包含着极其

---

[1] 牟宗三:《政道与治道》,第16页。

丰富的内涵,不是一人一票的简单性所能涵括的,它涉及到财产权利、政治权利、文化教育权利、劳动保护权利,更根本的是一个生命的尊严权利,因为人的一切权利都是从这儿出发的。功利主义的国家秩序观念则不顾及人性的根本性质,只是考量当下的政治格局,从而无法从根本上建筑一个持续稳定的政治体系,我们已经被这种状况困扰了太长时间,但是还是有人不愿正视它。牟宗三先生的核心思想就是在政权民主的前提下才能搭建一个民主治权的平台,必须解决政权的更迭问题,合法性的可持续的有效的治理才能实现,当然他自然尊重的是民意的合法性。

（四）公羊学的保守主义与心性学文化保守主义的衡校

当下,大陆新儒家的重镇蒋庆重举公羊学的旗帜,提出了一些重要思想,但是,他的保守色彩显然比20世纪的现代新儒家要大很多。公羊学的回归是20世纪中国发展轮回的一个哲学表征。现代公羊学的建立是一个时代的结果,与个人思想有一定关系,但是根源在于社会变革的强烈需求。从晚清之历史背景看,就是政治权威和道德价值体系权威的双重流失带来的政治架构和意识形态体系变革和填补空白的诉求,这个社会需要新的价值观念与制度架构的产品供给替代原有的已经被时代淘汰或需要更新的观念或制度产品。晚清内忧外患的危机使变革成为必须,处于改革与革命的两可之间,但是它本身缺乏公民社会的基本支撑,同时,又遭到顽固势力的阻挠,革命成为最后的必然性后果。今天的中国,其实也有某些类似的问题,另外,在客观上的它也有新的动力：经济发展和市民社会在这三十年中的发展,需要与之相适应的政治体系和意识形态,我们称之为核心价值体系建设,所以,将政治架构和意识形态打包输送成为儒家一个最便利的方式,因为传统儒家就是这样一种历史形态。而且,不论康有为还是蒋庆尤其是康有为来说,[1]公羊学是一

---

[1] 康有为认为是一种渐进的连续性的历史变化,而且有利于社会稳定地前进,而蒋庆可能认为他的这种本身反而更像是一种革命,尤其是从意识形态层面看。

种维护历史连续性和稳定性的理论。因此,如果,蒋庆的当代公羊学或王道政治有什么意义的话,我认为就在这里:他诉诸于精英政治的公羊学说之于当代中国政治几乎不需要发生大的变革就可能演变成他所理想的结构。[1] 所以,他对此抱有极大的信心。[2] 我们从正面来看,近代公羊学和当代公羊学都有不小的积极意义:尤其是康有为的公羊学是以心学为基础形成的,构建了第一波个体平等的理念,康有为其实是一个自由主义者而不是一个保守主义者,高瑞泉认为"粗略地说,是激进主义与自由主义的联盟,给予平等观念的现代嬗变以主要的推动,保守主义则主要对观念嬗变中传统连续性给予了思辨的说明"。[3] 蒋庆在今天是一个保守主义者,因为他们的理念本身甚至是相反的:康有为认为人人平等,蒋庆认为人本身是不平等的,他的政治理想是天道政治、圣人政治、王道政治、精英政治,诉诸民意合法性是不得已的选择。但是从现实意义上看,现代民主政治确是本身也有其不完善之处:政治选举变成党派斗争、只是顺应大众的利益诉求等,更重要的是,在转型中的国家建设中,人们普遍看到过程的混乱以及权威主义提供的相对稳定性,所以历史的连续性成为一个重大的问题和难题,这是他的理念本身实践中可能最大的意义,即作为保守主义校正自由主义或民主主义的浪漫主义倾向,但是,他的问题可能在于他不愿将自己限制于这个思想和实践层面,而是希望将政治儒学提升到中国"王官学"的层次,成为整个社会的思想和文化总监,这是不必要,也是比较困难的。[4] 在现实层面上看,蒋庆的论证尤其是"通儒院"的论证存在严

---

[1] 今天的人民代表大会在理念上是民意合法性的设置,而政协则是上流社会的协议机构,相当于他的"国体院",再加上一个神学机构的"通儒院"即可。

[2] 参见蒋庆《政治的孔子与孔子的政治——响应中国学界对"政治儒学"的批评》,《再论政治儒学》,上海:华东师范大学出版社,2011 年,第 318—325 页。他对与其他派别的思想争论乃至斗争抱有强力的信心,认为二十年后可见分晓。

[3] 高瑞泉:《平等观念史论略》,序言,第 3 页。

[4] 这里其实涉及三人的儒教观。在上述三个思想家之政治哲学的阐述中,儒教都是一个重要的问题,而且各有不同,在这个地方也是需要澄清的重要内容。

重缺陷:如何证明现代的人类个体拥有天道,不管他是何等的先天聪颖智慧。因为在蒋庆的政治设想中,天道合法性必须坐实,需要具体的个人去在那个位子上参政议政,甚至拥有很大的话语权。五经、九经、十三经包括通晓他们的个人,恐怕也不具备这样的能力,因为这些所谓的经不一定就是天道,甚至很多不是天道,如果"拥有天道的人们"彼此之间或这些人与公众之间针对天道发生了分歧,诉诸于什么仲裁呢?这是一个问题。如果拥有天道的人们不是为了天道而是为了个人利益利用挟持"天道",我们又何以自处? 这还是问题。因此,在这些问题厘清之前,对它的实践推动还是要保持清醒和冷静。

蒋庆在论述政治儒学和西方保守主义的关系时指出,除了对传统习俗之重要性的共同关注,政治儒学和保守主义一样,强调社会对个人的优先性,反对将私人生活置于社会和国家之上,[1]但是这是否是保守主义的价值观本身就是一个问题。至少,他从自承的柏克的保守主义又有点滑向了黑格尔式的"保守主义"。当然,他也清醒地看到,他和保守主义的区别在于保守主义并不强调最终价值理想,换句话说,他们是经验主义者和渐进主义者。所以,这样看的话,蒋庆的政治儒学本身又包含着另类激进的成分。

诉诸今天的世界和中国,儒家的兴起是一个历史必然。在康有为的时代对儒家价值的肯定是一种理性的自我肯定,牟宗三是在孤愤中激越的自我肯定,而蒋庆时代则是自信的自我肯定,而且他是在对现代性价值的怀疑中形成的。这种怀疑其实也是合理的,但是它的危险在于将一种矫正型价值视作是一种普世性价值,即如将人的不平等看作是一种基本的人性,以此来衡定社会结构的建设就不是柏克的保守主义所能容纳的了。因为,一般保守主义会考虑到人性的各种可能,但是他们最注重的是社会的理性或者叫理智的前进,传统性价值在这种转

[1]蒋庆:《政治儒学》,第119页。

换中起到一个渐进平台的作用,同时以此形成一个容纳性的而不是对立性或排他性的社会。这样来看,康有为的思想比较接近这种认识,虽然他在初期被看作是激进的,后期又被视作是保守的,而且这个保守不是守成而是"反动"的意义,但是今天看,却有着不同寻常的意义,可能是他在今天被重新提起的重要原因。

总体来说,近代儒家政治哲学是一个顺应时代自觉变革的中西融合的哲学,不是这个趋势之外的哲学。从积极层面看,康有为渐进的理路是,宗教对人的德性的涵育、宗教教化对政治体系的培固、社会自治理念都特别地顺应托克维尔在《论美国的民主》中所提到民主发展的几个条件,在今天看来是非常令人惊异的;牟宗三的现代政治概念是儒家第一次从本位文化立场进行政治观念改造的尝试,政治观念本身的改变是毋庸置疑的,但是这个观念的现实化路径则引发了许多疑问,因此,这个理论本身还能否继续深化或发展是一个值得关注的问题。蒋庆的天道制衡思想在以往西方政治合法性基础上提出了一个新的制衡思路,它其实是将公民社会发育和自我完善的一个方面提升到了政治立法的高度,这从制衡的角度和人类自我反省的角度都是有益的,但是他的问题是,他不限于这个层面的认同,他希望成为政治架构的监控体系而不是作为政治架构的一个社会观念的平台来存在,显然有神权化的倾向,这种思路恐怕比较难以得到人们的认同,也不符合社会价值多元化发展的总体方向。

从历史的连续性和发展层面看,蒋庆没有从普遍价值的层面继续前人的成果,而是更多地从文化相对主义和民族主义的立场出发。[1]从 21 世纪的人类发展来看,这不是一个特别积极的发展。蒋庆的政治儒学其实是当代市民社会发展的结果,因此,他应该感谢和继续推动市

---

[1] 这些内容见于笔者《政治儒学与心性儒学》一文(载李洪卫:《良知与正义——正义的儒学道德基础初探》,上海三联书店,2014 年),所以,没有在此展开。

民社会的发展而不是企图一枝独秀,本来他还表示儒学是市民社会的
重要资源,现在则不愿意停留在这个层次上了。他对国家的认知接近
中国传统的家国天下,但是这种整全性的国家形态没有公民社会的依
托是很容易倾覆的,葛兰西对俄国革命的论证正是基于这一点,其实让
儒学回归公民社会的建构形态不论成为宗教还是人文教都是可行的。
政治哲学对法律人格的建构是最重要的,牟宗三的政治观念和康有为
的思路是儒家政治现代化的重要标志,而且没有脱离中国文化的土壤,
值得我们继续在批评思考的基础上向前推进,蒋庆作为当代政治保守
主义的重要人物也值得我们继续关注。从当代中国政治哲学建构的前
景看,有关天道与政道的关系之论辩在可预见的未来不仅不会消逝,而
且还会有新的发展的空间,不管它发生在个别思想流派之内或不同思
想流派之间都将是对今天思考的继续推进。其中,基于天道与人道之
融合性的人文理性的价值基础理应是其共有的平台,如果走到纯粹的
天道宰执的先验性或下降到人性感性泛滥的经验性都是对政治秩序建
构的新的挑战,因此,这种中道的立场是值得我们进一步思考的最重要
的取径之一。

第二节　政治秩序重建与"士"

一、"战国策"派"大夫士"贵族精神之民族主义

讨论20世纪保守主义或者文化保守主义必须考虑到其中的民族
主义特征。但是,我们也不能或者基本不能把保守主义等同于民族主
义,因为,正如我们在本书开头所说的,中国20世纪的保守主义总体特
征是一种融合中西的"普遍主义"论述,是建构一种人文理性主义的思
想努力,而民族主义相对于这个"世界"和"人类"在总体性上有特殊主
义甚至有些是极端特殊主义的诉求。因此,不能将20世纪中国保守主
义等同于民族主义,但是,这其中的某种联系又是存在的。因为民族主

义也有普遍主义和特殊主义两种形态,即前者的民主主义的民族主义,是基于英法的公民民族主义,而后者是从德国以后发展的所谓文化民族主义,但是文化民族主义也有温和的和激进的不同类型。中国的清末民初是这两种类型混合的民族主义基调。对于现代新儒家来说则相对有一点文化民族主义的色彩,而且因人而异,不能一概而论。

保守主义与民族主义有千丝万缕的联系,但是二者从来不是同一性的关系。另外,近代民族主义的概念也很复杂。英国和法国的民族主义是有其近代民主主义的精神气质的,政治性、民族性和民主性即公民性是其基本特征。但是,自德国民族主义诞生以来,民族主义的形态和内涵复杂了。文化民族主义和抵御外部侵略相联系的抗争性的政治民族主义也出现了。19世纪以后,由于西方殖民主义的扩张以及随之而形成反抗殖民主义的民族解放运动形成了革命性的民族自决的民族主义,还有在第一次世界大战前后形成的狭隘的民族主义也在酝酿和发展。凡此种种,加上19世纪以来中国被侵略的经历以及当时正在进行的抗日战争,一批以留学美国、德国归来的知识分子群体为主的思想流派形成,他们将上述林林总总的民族主义或殖民主义等等打包并称为世界进入"战国时代"。"战国策派",顾名思义即以战国时代之对策标榜的思想派别。它实际是20世纪40年代一批留学知识分子,以留学美国的林同济、雷海宗和留学德国归来的陈铨等为主,形成了一个强调中国民族主义发展的思想学派。他们的思想形成既有对现实世界政治的形势判断,又有各自理论学养熏陶的学术根据。

他们是西方文化形态史观诸如斯宾格勒、汤因比等人的中国传人,但是,他们处于中国民族的危难之际,因此,他们的思想除了世界性的文化史观以外,还有重建中国政治民族的强烈意识。但是,他们的这种国家民族观念没有试图建立在西方自由主义或马克思主义的立场上,而是建立在民族主义和文化民族主义的立场上,试图重新阐释中国商周时期的封建时代的"贵族精神",以此重构中国民族精神而推动中国成为一个能够屹立于世纪战国之林的新民族。因为,他们不同于自由主义和马克思主义的思想立场而一直被视作 20 世纪中国的保守主义流派。他们不同于哲学家的是,他们的立论是文化的,指向则是政治的、民族的,是一种历史文化观,更是一种世界政治观和国家政治观的统一,他们要重塑以"大夫士"为中心的中国文化精神和民族精神。如果我们也认为他们具有某种人文理性的话,那么这种理性不是个体的而是民族的,这在"战国策"派最强烈,钱穆次之,而且甚至这二者之间呈现为一种"敌体"关系,"大夫士"精神的独立、刚猛、威武和特立独行与钱穆的"士大夫"之群体性、文教等等形成鲜明的对照,甚至后者被前者看作是直接的敌人,认为正是士大夫政治造就了民族的柔弱和政治的败坏。但是,钱穆的立论恰恰相反。那么,他们二者之间的同一性只有一点,即强调个体的承担意识,个体对群体的承担意识,在这一点上和其他民族相比,是在某种意义上的中国的"人文理性主义"。如果从纯粹的民族主义立场上看,后面叙述的"战国策派"到钱穆和徐复观是逐渐递减的表现,因为秉承了共同的个体承担意识,因此,我把它看作是一个从中国民族形成以来的依据徐复观、牟宗三等人的"忧患意识"而奠基的个体的承担精神的共同表象,因此,希望从中厘定部分中国 20 世纪特质的关于以"士人"精神建构政治秩序建构的思考方向。

（一）世界战国时代的民族主义浪潮

20 世纪的初叶,民族主义张扬,但是也有基于不同理路的批评,譬如杨度对民族主义的批评。他是从狭义的民族概念本身出发批评清末民初反清排满的"民族主义",这是和他的君主立宪的政治主张联系在一起的。康有为的情况与杨度相类似:他们都关注的是一个在现有边疆土地和整个中国文化之合一的中国意义上的"大民族"概念,这是立宪派对抗共和派的有力旗帜。不过,孙中山的三民主义主张"五族共和"等于吸收化解了立宪派的主张。但是,整个 20 世纪上半叶,中国的民族危机不断,到抗日战争爆发,民族意识进入一个新的爆发期。如何实现整个民族的强力整合和在异族入侵状态下人民意志的强悍,这成为一部分知识分子思考的重心。这时候的民族主义概念也随着外敌入侵由孙中山带有自由主义色彩的民族主义到"战国策"派那里变成国家间的竞争性的"民族主义"。

林同济对民族主义做了一个分析:民族主义是一种文化现象,也是一种政治主张。作为文化现象的民族主义是因为地域、语言等因素之上的民族认同感;政治主张是这种认同感渴望得到现实的实现,即政治上的整合。[1] 但是,林同济认为民族主义也是一种历史形态,是历史循环形态到战国阶段必然出现的一种文化现象。所谓历史循环的文化形态是指他们借鉴斯宾格勒和汤因比等人构造出来的三阶段性历史文化循环观:人类历史之文化演变重复出现三个阶段——封建时代、列国时代和大一统帝国时代。这三个阶段本身即类似一种循环:封建时代有等级和共主,列国时代则处于彼此分崩离析和互相竞争、倾轧乃至战争灭绝过程,到大一统则又上升到一个更高的统一时期。他举了中国先秦和古希腊时期的例子为证说明这一点。[2] 这就是说,在一个局部性的文明系统中,各自都有这种历史文化形态的产生,这是一种历史规律。依据这种推理,全球化发展文化交融过程中,新的世界性文化也会如此。在林同济等人看来,当时的时代情况是:整个西洋文化进入它的列国时代,这样,互相竞争的民族主义就成为一种不可避免的世界现象。

封建时代作为一种文化的发轫期,等级和上下是其特征,即"主上下"。战国时代或列国时代则是平面化、个性化和竞争化,竞争化就是"主内外"。从列国化的一国内部情况看,有下面一些特征:个性化、国

---

[1] 林同济:《民族主义与二十世纪——列国阶段的形态观》,《时代之波——战国策派文化论著辑要》,北京:中国广播电视出版社,1995 年,第 32 页。

[2] 林同济:《民族主义与二十世纪——列国阶段的形态观》,《时代之波——战国策派文化论著辑要》,第 32 页。

家化以及二者之间互动的调适性。个性化是离心运动:平等、商业繁荣、文化创造活跃、宗教信仰自由等等。国家化或国命化则是向心运动:统一与集权、经济干预、国教化等等样式的出现。"列国阶段是任何文化体系最活跃,最灿烂,最形紧张而最富创作的阶段。有了列国竞争的局面,多少可以减轻个性潮流陷入放荡享乐的危险。有了个性的伸张,可以多少维持国家最后活力的来源。同时,距离封建阶段尚不太远,个性潮流的推进得着'贵士遗风'的熏陶,多少也可免登时'庸俗化'(Plebeianization)的危机。这一点似乎可以肯定的:一个文化所可能达到的最高峰就是列国蜕形,个性发展与贵士遗风三大元素恰得个调和状态的岁时。"[1]列国时代的最大问题不是国家内部问题,而是国家间问题。时代的冲突与变革都源于国际问题的演化,首先是外战,因此内争或消弭于外战的争斗过程中。这个时候的社会活力是激荡的,因为有外敌当前,国民必须有活力、有智巧、有蛮力才能生存。封建时代的严酷的等级是不公平的,欠缺活力的。大一统时代则更将专制和不公平乃至于僵死,是他们所最为痛恨的官僚体系时代。在林同济看来,列国时代反而是相对公平和活力充溢的时期。

在林同济看来,在一个文化体系自身之中列国时代的民族主义发展到它的巅峰。民族主义萌生于封建时代的种族观念,但是,这个时期由于受到上下等级观念的束缚,作为整体性价值的民族主义便难以形成与扩散。到了封建社会解体,列国时代成形,民族主义便开始进入膨胀期。这个膨胀的诱发一般来自于两个条件,这是林同济认为的任何历史时期之文化发展的共同规律:个人意识的伸张、政治组织的加强。[2] 在林同济看来,西方近代文化经历了六次革命性的运动,而每次运动本身都包含着这二者的相反相成的关系之促进。第一幕是文艺

---

[1] 林同济:《形态历史观》,《时代之波——战国策派文化论著辑要》,第10页。
[2] 林同济:《民族主义与二十世纪——列国阶段的形态观》,《时代之波——战国策派文化论著辑要》,北京:中国广播电视出版社,1995年,第34页。

复兴,是人神的对抗、人的主体意识上升、即人的个性伸张,但是,个人从神权组织下的解脱也为人的政治组织的建构提供了必要的条件。第二是宗教改革,等于是教权向政权的妥协与回归。第三,地理大发现运动当然造成了个人主义的盛行,但是,在林同济看来,这对于欧洲军国组织的发展实现各国竞争、殖民体系和帝国体系的形成创造了条件。[1] 工业革命之求知与致用两途造就个性发展与群体组织发展。求知的展开即个体生命之能量的张扬,而科学技术发展之后的运用则造成社会组织体系的科学化、机械化、规则化等,正是科学与政治组织发展内在性的明证。而第五项的民主主义运动是人民成为国家主人的运动,"民主主义发达以后,对于政治组织的强化却也大大有帮助。'人民是国家的主人翁'的观念提高了民众的爱国心和责任心。在西洋历史上,民主运动每次都提携着爱国运动而来。""原来民主运动,在事实上不只是个人主义的表现,也是集体主义的促成。"[2]最后的社会主义运动之一幕,它本身既是平等运动又是集体主义表现,因此,在林同济看来也是国家政治之组织加强的标志。

林同济敏锐地看到,这两种相反相成的运动态势既是一个西方社会重建的过程,也是人们寻求心灵归宿或心灵重建的过程。一个独立之"小我"的证成与个体作为一个"大我"之碎片的冲突在民族主义旗下融合。在这两种运动冲突融合之下,政治组织的强化变成个人的自觉选择,而政治组织或国家则变成一个实实在在的有强力的实体。[3]这样子的发展过程逐渐使政治组织的潮流开始占据上风,列国时代的风气即内外之别下的国家间争胜开始形成和蔓延,这就是民族主义的

[1] 林同济:《民族主义与二十世纪——列国阶段的形态观》,《时代之波——战国策派文化论著辑要》,第36页。

[2] 林同济:《民族主义与二十世纪——列国阶段的形态观》,《时代之波——战国策派文化论著辑要》,第37页。

[3] 林同济:《民族主义与二十世纪——列国阶段的形态观》,《时代之波——战国策派文化论著辑要》,第38页。

最高最后的时刻了,也就是林同济所谓的"大争之世"。[1] "大争之世,其所以为'大'者在哪里呢? 曰:争以全体。曰:争在天下。也就是说,战的方法,要动员全民族的人力、财力、智力、文化力。战的归宿,有意无意,都在一种世界性的权力的形成。"[2] 这种民族主义已经进到几乎到底的阶段,是世界性的战争局面的形成,是各个民族一决高下的战斗与搏杀。在林同济看来,在当时时代,正是所谓的在形成世界性绝对统一支配权力之前的"大力国主义"的形成时期。只是这种大力国是希特勒、东条英机式的暴政还是美国罗斯福之齐桓公样式而已。林同济的"大力国"也就是后来我们在国际政治中经常提到的"超级大国"或"霸权"。他说:"这是西洋民族主义的开头,而也是中国民族主义的关锁。"[3] 所谓中国民族主义的关锁,即中国民族主义的形成而后爆发期的到来。这个民族主义在林同济等"战国策派"看来就是力量,能够将国民组织起来与敌人搏杀的力量,因为在林同济看来我们已经进入一个强力搏杀的大战时代。

林同济认为,这个时代归结起来就一个字"战"! 我们已经进入战国时代:战为中心、战成全体、战在歼灭。人类进入"大战国"时代的初期,两种状态正在持续上演:强国对强国的决斗、强国对弱国的并吞。他的结论是,不能战斗的国家不能生存,左倾、右倾等意识形态的东西意义消失,中国二千年的"大一统"之梦已经面临完全的破灭,回到二千年前的战国时代之思维势在必行。[4] 林同济认为,这种强力集团

―――――――――――――

[1] 林同济:《民族主义与二十世纪——列国阶段的形态观》,《时代之波——战国策派文化论著辑要》,第 39 页。

[2] 林同济:《民族主义与二十世纪——列国阶段的形态观》,《时代之波——战国策派文化论著辑要》,第 40 页。

[3] 林同济:《民族主义与二十世纪——列国阶段的形态观》,《时代之波——战国策派文化论著辑要》,第 41 页。

[4] 林同济:《战国时代的重演》,《时代之波——战国策派文化论著辑要》,第 49—60 页。

化的人类存在形态逼迫中国民族重新回到自己的战国时代的思维和精神上去。因为,一种集体组织的存在,既有组织化的力量,也有这种力量背后的民族的气质与精神。在林同济、雷海宗等"战国策派"学者看来,中国民族在战争危亡存续的时代,精神气质上的调整刻不容缓,这个时候最需要注意的是古代的"贵士精神"。它是封建时代等级和分封下的遗留物品,但是,这种物品却有着特殊宝贵的精神气质,这是其他两个时代的人群中所不具备的,"贵士传统乃是任何文化体系的生命泉源"。[1] 这样,"战国策派"在两个方面与自由主义和马克思主义者区分开来:第一,自由主义所强调的个体作为社会存在的基础、马克思主义者所强调的阶级矛盾和冲突在社会中的实际存在意义;第二,他们崇尚的封建时代的贵族精神则更加为上述两种思想所难以认同。但是,这正是"战国策派"思想的重心之又一方面。

(二) 中国古代的"大夫士"精神及其重建

"战国策派"的思想来源相当复杂,他们和"五四"之人相一致的是,对中国二千年的官僚制度深恶痛绝,渴望中国的崛起和振兴。但是,他们的特异之处是他们将批判的矛头更多地指向了皇权下的官僚即士人阶层。这与自由主义和社会主义者均不大一致,而且这里面更重要的是,他们认为中国衰败近代挨打的一个征象是中国人的精神的颓败,而这个精神的颓败恰是皇权制度及其附庸中国古代士大夫之所为。对文化精神的诉求也是他们不同于自由主义进化史观和唯物史观之社会分析的路数的,但是,不可否认的是,他们的这种思想在他们历史的清理中也可见到一些弥足珍贵的闪光点,值得我们今天仔细品味。林同济认为,三千多年的中国政治史如果能够一言以蔽之,那就是"由大夫士到士大夫"。[2] 中国历史以秦汉为界,春秋末世到战国时代是

---

[1] 林同济:《形态历史观》,《时代之波——战国策派文化论著辑要》,第 8 页。
[2] 林同济:《大夫士与士大夫——国史上的两种人格型》,《时代之波——战国策派文化论著辑要》,第 61 页。

过渡转折。之前的西周到春秋是大夫士政治的历史时期,秦汉以后是士大夫政治的历史时期。这个分类和分期是我们民族史上的根本性的变革,标志着两种中国政治文化类型和两种中国人格类型的存在。战国以前没有士大夫,战国以后没有大夫士。[1]

　　林同济把中国历史分为两个阶段:封建时期和大一统时期,相对应于此,即是大夫士和士大夫政治历史两期:他说:"要了解'大夫士'与'士大夫'含义的不同,我想借用英文迻译,最可一目了然。大夫士便是 Noble-knight 之意。士大夫便是 Seribe-offical。也就是说,大夫士是贵族武士,士大夫是文人官僚。前者是封建的层级结构的产物,后者是大一统的皇权专制下的必需。说中国三千多年的历史是由大夫士到士大夫,也就是说它是由贵族武士型转变到文人官僚型。"[2]封建时代的贵族武士一般由世袭而来,这是存在很大毛病和弊端的。但是,林同济认为,这个中国民族早期的文化发育有一个宝贵的贡献,那就是"贵士传统"或"贵士风尚"(Aristocratic Tradition)的形式。[3] 林同济认为,大夫士的一贯的条理风尚是"世业"与"守职",其背后的精神支点是"荣誉"。他说,荣誉是大夫士的灵魂,在欧西即 Honor,在中国古代就是一个"义"字。但是,后儒们根本不了解大夫士的宗旨,后世的解释已经极端扭曲,在他看来,义就是大夫士的荣誉意识,"所谓荣誉意识者,即一种极端敏锐极端强烈的自我尊敬心,把自我看作为一个光荣圣洁之体,它的存在不容有一点污垢来侵。污垢的来源有二:来自外的,与来自内的。对外来的'污垢'要'决斗'以自卫。对自作的污垢要'自杀'以自明。荣誉意识的后头必定有一个凛凛风霜的'死的决心'。

[1]林同济:《大夫士与士大夫——国史上的两种人格型》,《时代之波——战国策派文化论著辑要》,第61—62页。
[2]林同济:《大夫士与士大夫——国史上的两种人格型》,《时代之波——战国策派文化论著辑要》,第62页。
[3]林同济:《大夫士与士大夫——国史上的两种人格型》,《时代之波——战国策派文化论著辑要》,第63页。

最能代表这整个感觉的,就是当日人人必带的'剑'。义在大夫士的社
会里乃充满了'剑的意味的'"。[1] 林同济认为这样来理解古代士人
之"义",才能够理解古代士人之"礼",他们的礼就不是迎来送往、揖让
客套,而是"荣誉之规"、"义之规",离开背后的荣誉意识,"礼"就是后
代世人的尤其是士大夫的"交际花样"和"入世手术",虚伪而且没有尊
严,"礼失义则虚则卑,礼到此乃全失了原有的意义了"。[2] 如果要概
括大夫士人格的基本要素,那就是忠、敬、勇、死。以忠、敬、勇、死来贯
彻他们的四位一体的人生价值和他们世业的抱负、守职的恒心,这就是
一种"刚道的人格型"。[3] 这种大夫士的刚道的人格到后来第二段政
治历史时期则蜕变为士大夫的"柔道的人格型":讲礼仪、讲面子,孝、
爱、智、生四德为先,这是后世的文人官僚求功名利禄的根据和砝码。
一言以蔽之,林同济就是在民族主义横决的历史时代,求得中国人人格
的刚道品性、力的勇猛,也就是他后来的用词:战士的人生观。大夫士
的或战士的人生观在后来的皇权体制下遭到了毁灭性的打击,受到四
毒的侵害:皇权毒、文人毒、宗法毒和钱神毒。这四毒之核心还在于皇
权与官僚制度的整合与相互依赖:"有专制为风的皇权,势必铸出妾妇
为道的官僚,而妾妇为道的官僚,势又更促进皇权之专制。到了后来,
满庭唯唯诺诺,非有个鞭笞群伦的巨灵 Leviathan,万事更无由推动,然
而鞭笞愈厉,唯唯诺诺愈行,家有粉饰太平,指鹿为马,一旦关头来到,
全局瓦解土崩。国史上朝代的结局,类多如此。"[4]林同济此言可谓
一针见血、入骨三分。他同时分析后世的士大夫官僚体系不仅受到皇

---

[1] 林同济:《大夫士与士大夫——国史上的两种人格型》,《时代之波——战国策派文
　　化论著辑要》,第 64—65 页。
[2] 林同济:《大夫士与士大夫——国史上的两种人格型》,《时代之波——战国策派文
　　化论著辑要》,第 65 页。
[3] 林同济:《大夫士与士大夫——国史上的两种人格型》,《时代之波——战国策派文
　　化论著辑要》,第 66 页。
[4] 林同济:《士的蜕变——由技术到宦术》,《时代之波——战国策派文化论著辑要》,
　　第 81 页。

权威视的胁迫而臣服,而且它也在商人钱神的诱惑下而蜕变,"在钱神权威磅礴熏陶之下,中国官僚再也不是世族时代的'君子',用'玉'以表其威仪,用剑以表其荣誉了"。后代士大夫只是官僚,中饱私囊是他们的拿手好戏,孔方兄才是他们的宗教。[1] 这是"战国策派"对传统中国政治制度的最严厉的批判。但是这不代表他们向西方的现代性不管是自由主义或社会主义学习,他们是文化类型学者,崇尚的是历史循环论的规律,历史发展不是像那二者认为的是线性的,他们推崇的是民族主义的一种精神气质,他们认为这才是历史发展中民族国家存在的根据。因此,林同济的批判不意味着他们从外来文化寻找自己文化的契机,外来文化是一种参照,民族对决才是永恒的标准。根据这种战国时代的民族对决,中国民族需要从本民族中寻找其曾经固有的战斗精神,这是他们所认为的历史使命。因此,雷海宗就是直接从中国古代的兵文化角度来审视文化更新的,适与林同济形成呼应,其主旨意在中国在乱世存活即需尚武和尚武精神。

雷海宗的中国历史分期与林同济类似,也是以秦朝为界限。他说:"秦以上为自主自动的历史,人民能当兵,肯当兵,对国家负责任。秦以下人民不能当兵,不肯当兵,对国家不负责任,因而一切都不能自主,完全受自然环境(如气候、饥荒等等)与人事环境(如人口多少、人才有无、外族强弱等等)的支配。"秦以上的历史总有政治的变化是动的历史,秦以下则是死水一潭的静的历史,这是有兵的文化和无兵的文化的历史之差异。[2] 雷海宗进一步的推论更重要:没有兵也就是没有真正的国民,也就是没有真正的政治生活。[3] 这样,他和林同济得出了一个相似的结论:中国自汉以下,没有真正的社会组织,只有两种强大

---

[1] 林同济:《士的蜕变——由技术到宦术》,《时代之波——战国策派文化论著辑要》,第 90 页。
[2] 雷海宗:《中国文化与中国的兵》,长沙:岳麓书社,1989 年,第 94—95 页。
[3] 雷海宗:《中国文化与中国的兵》,第 95 页。

的组织,一个是士大夫组织,一个是流氓组织。士大夫都是文弱书生,在乱世政权则统统变换到流氓手中。[1] 历推中国历史变化到当时时代,雷海宗认为恰是到了最危险的时期:过去时代,中国虽或为异族占领、征服,但是因为中国文化的高出,故中国不至于灭亡;但是,今天则不同,鸦片战争以后的中国遇到另一个在武力和文化上都高出自己的外来者,不仅不想被汉化,而且还想同化中国,这是中国历史之最紧急关头。[2] 雷海宗认为今天的民族自信力最为衰弱:对传统中国的一切都产生质疑,这本来是民族觉醒的好征兆,但是,由于多数人的自信心的完全丧失,变得麻木不仁乃至于死去。稍微敏感者则一例倾向于外国而鹦鹉学舌、捕风捉影各种异域的理论,因此,这也是雷海宗等人所忧心的。[3] 但是,无论如何,在林同济、雷海宗等人看来,中国文化传统于今日所表现出来的一切弊端都是"文德"之害,即文人或士大夫之精神品性之害,兴武德成为他们唯一的选择。

但是,从恢复民族精神层面说,他们还是主张一个文武兼备的文化精神气质的弘扬。雷海宗说,单纯的文德虚伪、卑鄙固然很坏,但是他们也绝不只是提倡一种仅仅重视纯粹武德的像日本那样的文化,那样的后果一样危险,甚至更加危险。"我们的理想是恢复战国以上文武并重的文化。每个国民,尤其是处在社会领导地位的人,必须文武兼备。非如此,不能有光明磊落的人格;非如此,社会不能有光明磊落的风气;非如此,不能创造光明磊落的文化。"[4]他甚至说,如果不能变革,仍然过今天两千年以来沿袭的文德的文化,还不如就此亡国灭种,反倒痛快![5] 雷海宗据此给出的三个意见是:第一,全民练兵即军事训练为要。第二,调和大小家族问题。废除妨碍国家利益整合的大家

[1]雷海宗:《中国文化与中国的兵》,第104—108 页。
[2]雷海宗:《中国文化与中国的兵》,第116—117 页。
[3]雷海宗:《中国文化与中国的兵》,第116—117 页。
[4]雷海宗:《中国文化与中国的兵》,第168 页。
[5]雷海宗:《中国文化与中国的兵》,第168 页。

族体系,因为家族关系已经成为中国历史之无兵文化的根源。但是,小家庭也需要警惕,因为这是滋生极端个人主义风气,在这里要用到中庸之道。第三,解决中国历史将皇帝神化但实际上往往群龙无首的问题,要解决新的元首制度问题。[1] 当然,全民皆兵以及公民尚武忠诚于国家是这个设想的重点。

所谓保守主义从来就是一个相对性观念,因此,对"战国策派"的论断也是如此。相较于20世纪上半叶的自由主义、社会主义思想,"战国策派"的思想表现出两个不同的特征:第一,循环论的文化历史观,与进化论形成对照。把民族主义看成是历史中一直循环存在的意识形态,今天则是它的世界范围内的升级版而已;第二,鲜明的民族主义尤其是主张强力武装、战斗的民族主义精神,也已经有别于孙中山的民族主义理念了,尤其是这里没有提到的一部分学者推崇尼采的"权力意志"引发了更多的疑问;第三,忽略社会分析的视角,譬如,既不强调自由主义的个人自由观念,也不强调社会主义的平等思想,他们是以国家为基本单元的一种国际政治分析和文化分析,在一定意义上有德国色彩的有机体主义哲学气味,实际上,他们也会偶尔运用这一理论工具进行分析,但是,他们对中国传统皇权政治尤其是其中的士大夫政治的批判也有其特别的意义,与钱穆推崇中国古代士人政治恰成同一个历史时代的鲜明对比。

二、钱穆论传统士人与政治秩序的建构依据

文化保守主义的政治观念其实是呈现多色光谱的。牟宗三主张从传统"天下"到现代性"政治"的转变,体现了"五四"一代学者的基本观点,换句话说,在这一点上,他和自由主义的分歧不大。他所备受诟病之处仅仅在于他的理论的思辨色彩,尤其是将良知的德性作为一个

---

[1] 雷海宗:《中国文化与中国的兵》,第168—171页。

总持的根据而备受争议。徐复观谈到责任政治的时候,其实是在肯定中国传统政治中的良性的基因,甚至于他把这个基因放大到西方民主政治也需要达此才能最终实现其目标的程度,在这一点上,他的保守主义色彩十分彰显。可能由于他关注时事之战斗性和强调中国传统知识分子的抗议精神,所以,海内外一般将他作为儒家自由主义的代表人物。和牟、徐相比,广义新儒家的一个重要人物钱穆的思想就要显得真正保守得多了。牟宗三主张从传统的治道到政道的转变,但是钱穆却始终在申诉中国传统社会中治道的价值和意义。但是,徐复观和钱穆在中国传统知识分子的认识上有一个共性的地方,就是他们都确认传统士人的承担精神和责任意识,从而将中国传统治道中的理性主义或理想主义凸显了,但是钱穆则应该是放大了。

(一) 政党政治与全民政治

作为"五四"后的一代学人,不可能回避民主政治的问题。但是,钱穆对西方类型的民主政治既不甚了解也很不感冒,这是他与张君劢、牟宗三等人的最大不同。他说,民主政治是世界潮流,中国自然不能免于其外。但是,这不是中国发展民主政治的唯一根据,他还有一个根据是:民主也是中国传统政治的最高趋向之目标,因此,民主政治是因应世界潮流的,也是符合中国国情的。[1] 但是,这样的话,钱穆所理解的民主政治自然有其与众不同之处了。第一,民主政治只是一个原则性概念,它的具体形式应该也可以是多种多样的。英美苏俄都是民主政治,有很大不同。即便英美之间也不一样。因此,民主政治实际上是一种立足于国情的政治形式。中国人只有立足于本国国情和民情,不盲目效仿他国形态才是立国的出路。[2] 第二,民主政治的基本精神是准确地表达民意,只要能准确地表达民意就是民主政治的真形式,政

---

[1] 钱穆:《政学私言》,《钱宾四先生全集》,第40册,第1页。
[2] 钱穆:《政学私言》,《钱宾四先生全集》,第40册,第2页。

党政治只是西方人的历史上既有的群众归属于党派的结果,中国人没有或很少人参加党派,因此,中国不适合实行政党政治以实践民主政治的形态。这和中国人的教育水平、政治知识水平都没有关系,这是国情是否相符的问题。如果要实践一种符合中国国情的政治,那就是无党的政治,或被他称作"公忠不党"的民主政治。[1] 民初有毁党造党的争论,毁党是因为那时的政党实在是要不得的;造党是因为当时的人们以为民主政治就是政党政治。其实,人们不知道,民主政治既可以是政党政治,也可以不必定为政党政治。英美苏德都有其特殊的国情。英美是公众对实际权利意识特别浓厚,德国是对伟人的崇拜十分强烈,苏联是政党组织化的特点非常突出,中国人对这些都不甚强。这样,中国人的政党政治前景是比较黯淡的。[2]

钱穆认为,从历史上看,中国也不是政党政治,中国政治是"政民合一"的政治,西方是"政民对立"的政治。西方的政治始终是政府和民众的对立,这个对立起源于西方民间社会阶层的对立。然后,他们不得不通过设立政党政府实现多数人的统治,但是,这样,又构成了多数党与少数党之间的对立冲突,因此始终是处于对立而且是政民对立的。钱穆认为,中国传统政治虽然有王室,有最高元首。但是自宰相以下都是平民出身,既不是君主制也不是贵族制。既然政府官员允许民众参与,那就是政府与民众融为一体了,是"政民一体"的政治,"故知中国传统政治,未尝无民权,而此种民权,则可谓之'直接民权',以其直接操行政之权"。[3] 钱穆显然将由科举制形成的中国传统的管理选拔制度等同于了公众权利的自我维护和民意上达了。他进一步引申为:"惟其如此,故人民之有志从政者,乃不需自结党派以事斗争,而每以

[1]钱穆:《政学私言》,《钱宾四先生全集》,第40册,第2—3页。
[2]钱穆:《政学私言》,《钱宾四先生全集》,第40册,第3—4页。
[3]钱穆:《政学私言》,《钱宾四先生全集》,第40册,第7页。

公忠不党为尚。此自中国传统政制结构重心与西方不同。"[1]中国政治没有国会是它的弊端,但是,正因为没有国会,才逼得中国古人有了考试与铨叙制度。正因为有王室的世袭体制,才有了监察与审驳制度。这里面的利弊得失与西方政治相比较只能说得失参半。"中国传统政制,虽不能谓其确已达到无派无党之民主,要不可谓非向此标的而趋赴。故其政府官吏,均来自民间。今日布衣,明日卿相。而王室则一线相承,因政体之安定,往往可以承袭王室至数百年之久。"[2]

钱穆也意识到,从选举角度说,西方是民选官,中国是官选官,官吏与西方民选代表之间的差异,但是,他依然认为,这是因为双方的理念不同而造成的方法上的差异,到底是谁的方式更优其无定论。他说,中国的观念是政府与民众是一体的,所以官吏自身就是民众的一分子、一代表,选举从官吏选也是情理之中的。政府本身就是社会的一个机构,官吏本身即是民众一员,怎么就说官员在民间选就是好的,在政府里就不好了? 当老百姓就是好的,做了官就一定是坏的? 这样的推理只能走向无政府状态的境地。西方的民主政治也未必就是最好的。[3]

所以,钱穆定论,从选举制度的角度看东西方的异同,只能论它们的异同之处,而不能说孰是孰非。原因就回到他的政治哲学:政治是民族文化的结晶,它是文化传统、国情民风、社会背景、历史沿革下的产物,因此,没有是非优劣之说。[4] 说到文化传统上,既说到了钱穆思想的最深层的根据,也是他的政治理念:中国政治是士人政治,是政治与教育的综合体,中国的古代政治就是这样的政治。

(二) 中国传统士人政治的历史特征

从前面论述我们其实可以看到,钱穆思想与其他文化保守主义者

[1]钱穆:《政学私言》,《钱宾四先生全集》,第40册,第9页。
[2]钱穆:《政学私言》,《钱宾四先生全集》,第40册,第12—13页。
[3]钱穆:《政学私言》,《钱宾四先生全集》,第40册,第24页。
[4]钱穆:《政学私言》,《钱宾四先生全集》,第40册,第26页。

有很大的不同。中国现代文化保守主义基本上是普遍主义者,但是钱穆不同,他有着如果不是说很强也是相当的文化相对主义的倾向。他不是普遍主义的,也不是循环论的,而是不同文化之土壤有其不同的政治体制的相对论者。他说:"一国家一民族之政治,乃其国家民族全部文化一方面之表现,抑且为极重要而又不可分割之一面。苟非其国家民族传统文化可以全部推翻彻底改造,否则其传统政治之理论与精神,势必仍有存在之价值。"[1]钱穆顺便对"五四"以后人们对西方政治的认同予以了猛烈的抨击,指斥为一辈浅薄浮躁之徒,胡乱批评传统政治一无是处,盛赞西方政治法律制度;说东西方的差异是文明与野蛮之间的分别,即提出全盘西化、打倒孔家店等等口号。在钱穆看来这都是无知者的妄谈。

那么,中国传统政治体制的佳妙之处究竟何在呢? 前面提到的"政民一体"当然是明证。而所谓的"政民一体"是因为其中的官员即士大夫阶层是从平民上来的,因此,这在钱穆看来,这就是政民一体的表征,也是因为政民一体才有此种士大夫的政治。作为表征来说,士大夫上通下达,不是世袭的贵族,靠拢平民百姓;同时,士大夫又是政府官员,又是执政者,因此,官民一体。而士大夫之所以能成为士大夫,不是天生的,这是政民一体的制度产生的,这种制度保证普通人可以平步青云,今日为田郎,明天上朝堂。这也是几乎所有20世纪的保守主义者共同的看法,即中国传统社会基本上是平等的,政治体系是开放的。这当然十分不同于自由主义和社会主义者们的认识了,钱穆则是其中最大的保守主义者了。

钱穆所强调的中国的士人政治,最大的特点一个是"政民一体",一个是"政教一体"。士人既是政治家又是民众的教师,这种教导贯穿于整个社会从上层社会到下层社会的各个角落。钱穆说:"中国自古

---

[1] 钱穆:《政学私言》,《钱宾四先生全集》,第40册,第123页。

代封建贵族社会移转而成四民社会,远溯自孔子儒家,迄于清末。两千四百年,士之一阶层,进于上,则干济政治。退于下,则主持教育,鼓舞风气。在上为士大夫,在下为士君子,于人伦修养中产出学术,再由学术领导政治。广土众民,永保其绵延广大统一之景运,而亦永不走上帝国主义资本主义之道路,始终有一种传统的文化精神为之主宰。此非深明于中国所特有的四民社会之组织与其运用,则甚难明白其所以然。"[1]所谓"四民社会"即我们常说的士农工商的传统中国社会体系了。当然,士是其中的领导者、组织者和教导者,传统社会的确是这样,而钱穆也认为这正是士人政治的根本特征。他把中国社会自封建解体以后的社会发展分为战国时代的游士社会、汉代的郎吏社会和唐朝以后的科举社会。这三种社会有一个逐渐发展完善的进程,其核心都是士的作用之完善。当然,这种作用我们在前文看到,这正是"战国策派"予以强力批判的对象。他们把士大夫看作是皇权的爪牙、被豢养者,几乎是一群懦夫的代名词。但是,钱穆的看法与他们完全相反,当然,钱穆对传统社会的判断也恰与"战国策派"相左。他认为,士人是中国古代社会的支柱、栋梁,政治体系的骨骼和血脉。钱穆说:"我们若把握住中国历史从春秋封建社会崩溃以后,常由一辈中层阶级的知识分子,即由上层官僚家庭及下层农村优秀子弟中交流更迭而来的平民学者,出来掌握政权,作成社会中心指导力量的一事实,我们不妨称战国为游士社会,西汉为郎吏社会。"[2]"现在我们若为唐以下的中国社会,安立一个它自己应有的名称,则不妨称之为科举的社会。这一种社会,实在是战国游士社会、西汉郎吏社会之再发展。这一种社会之内在意义,仍在由代表学术理想的知识分子,来主持政治,再由政治来领导社会,这一套中国传统意识之具体表现。这一种社会,从唐代已开

---

[1]钱穆:《国史新论》,《钱宾四先生全集》,第30册,第52页。
[2]钱穆:《国史新论》,《钱宾四先生全集》,第30册,第18页。

始,到宋代始定型。这一种社会的中心力量,完全寄托在科举制度上。科举制度之用意,是在选拔社会优秀知识分子参加政府。而这一政府,照理除却皇帝一人外,应该完全由科举中所选拔的人才来组织。"[1]这是一个政教合一的政治体系类型。但是,中国的士人不是西方的教士。教士只承担宗教的教化功能,而中国古代的士人不仅是道德的教化者,也是政治管理的执行者。这一点不仅和西方或东方的教士、僧人完全分开,而且也完全不同于西方的知识分子了。正是这一点,在钱穆看来成了中国全民社会的优点。他认为,在西方现代的议会制度下,也是由社会组织政府,但是是政党性质上的。因此,知识分子其实不能直接参政。参政者是各类纳税人,即现代中产阶级。因为中产阶级的主导,结果,西方资本社会迅速走向帝国主义政府,向全世界推销资本主义的毒素,最终会导致他们的崩溃。[2] 钱穆经常抨击资本主义,所以,他曾经说,中国古代社会不是君主制,不是贵族制,自然是民主制。他在对现代性的社会类型统统贬斥以后,当然认为最理想的也就是中国古代社会了。

中国古代社会的好处是它是一个修道的社会。中国古代社会不是皇权社会,这是钱穆早就否定了的;同时,它也不是一个纯粹的商业意识支配和主导的社会,也不是一个崇尚武力的野蛮的社会,而是一个以文明生活为核心的社会,因此,这个社会的力量都在士大夫身上,也只有士大夫预政才能完善这种社会:"故中国四千年来之社会,实一贯相承为一人道人心人本之社会。修明此道以为社会之领导中心者,自孔子以下,其职任全在士。孔子曰:'士志于道,而耻恶衣恶食者,未足与议。'"中国古代社会是不慕富强的社会,到了近代,开始追逐富强,然后中国社会开始变质。这种追求是从西方之古希腊、罗马一直沿袭到

---

[1] 钱穆:《国史新论》,《钱宾四先生全集》,第30册,第31页。
[2] 钱穆:《国史新论》,《钱宾四先生全集》,第30册,第58页。

现代西方的传统。中国今天的蜕变将带动中国失去自己的方向。""中国传统,向不重富强。今则一慕富强,而近百年来之中国社会,乃由此而变质。士之一阶层,已在社会中急剧消失。社会失所领导,领导者乃在国外,不在国内。姑无论西方社会亦已临必变之际,而邯郸学步,一变故常,外袭他人,事亦不易。即谓有成,亦不啻亡天下以求存国。皮之不存,毛将焉附。其或终有理想之新士出,以领导吾国人,从四千年旧传统中,获得一适应当前之新出路,则诚所馨香以祷矣。"[1] 显然,钱穆对近代以来中国社会发展的方向尤其是政治体系的方向极为忧虑,忧虑的是它的方向背离中国传统的士人政治越来越远,而向西方政党政治靠拢的步子迈得太快了。所谓亡天下也就是中国自己的大好的政治文化制度将被断送了,此之为他的哀叹。在牟宗三看来的有治道而无政道、有伦常而无政治的传统社会的"坏处"被钱穆统统看成了它的优点,此处可见二人路径上的大分歧,而这尤其曾引发了张君劢的不满。

在钱穆看来,中国古代士人政治除了士大夫的领导和教导外,在政治架构和行政体系上也形成了一些近乎甚至超乎西方政治的特色:中国古代的皇帝制度在他看来,除了明清废除宰相尤其是清代是真正的专制之外,其他朝代都不是,他们是一种类似的代理人制度。君位崇高不易,是中国广土众民的天下不致动荡,这一点有点类似杨度的理念。而(宰)相位虽时或变动,但是元首体制不变,不致打乱;同时,中国古代的相权甚大,在钱穆看来甚至超过有些时代的君权,因此则形成君统和相统两线。宰相体系负责国家的行政,它也是士人的杰出代表,这是一种十分均衡的体系。[2] 因此,钱穆提出一条很奇怪的看法:中国是重法不重人的政治,西方是重人不重法的政治。这个轻重的差异全在

[1]钱穆:《国史新论》,《钱宾四先生全集》,第30册,第64—65页。
[2]钱穆:《政学私言》,《钱宾四先生全集》,第40册,第40页。

于西方的政党政治看人数,中国的政治不重权力的更替,只看行政的实施。而行政的实施重在职责分明以及各种监察御史体系的完善等等。因此,中国重法,西方重人。虽然,看上去很荒诞不经,但这是钱穆反复提及的观点,他说:"近代中国人一面羡慕西方历史里的革命,一面则又羡慕西方近代政治里的政党。但中国历史,既很少有像西洋式之革命,而政党之在中国,也永远受人指摘,总没有好发展。当知政党政治,重多数轻少数,实在是重人不重法。中国传统政治,一向是重职权分划,重法不重人。""近代中国人尤所最醉心者,厥推近代西方政治上之主权论,即政府主权谁属,一切主权在民众的理论。在西方,首先是由民众选举代表来监督政府,继之则由民众代表中之多数党来实际地掌握政权,组织政府。这一演变在西方,也有他们一段很长的过程,并非一蹴即几。但在中国传统政治里,则很早便另走了一条路,一向注意政府责任何在,它的职权该如何分配,及选拔何等人来担当此责任。却不注意到它最后主权在谁的理论上。因此中国社会,一向也只注意如何培养出一辈参加到政府中去,而能尽职胜任的人才,却不教人如何争取政权。因政权在中国传统政治里早已开放了,任何人只要符合法制上的规定条件与标准,都可进入政府。整个政府,即由此等人组成。"[1]为了说明士人政治的高妙、政党政治的危险,钱穆还举出了东汉党锢、唐代朋党、北宋新旧党争,"此等在中国,皆以召致衰颓,不足法"。[2]凡此种种论述,几乎使人恍惚,中国传统政治之伟大若何了。

仅就 20 世纪文化保守主义者来看,牟宗三的政治理念接近张君劢或甚至受了张君劢的影响,提出变传统治道为现代政道的看法,尤其是在政治合法性和公民权利层面着墨甚多。徐复观在着力阐发中国知识分子的忧患意识、抗议精神等等之外,也清晰地分析了中国古代政治与

---

[1]钱穆:《国史新论》,《钱宾四先生全集》,第 30 册,第 129 页。
[2]钱穆:《国史新论》,《钱宾四先生全集》,第 30 册,第 128 页。

现代性政治的差距,并充分肯定了中国走向现代性政治的必要性。他对中国传统政治最肯定的是中国德治思想所造就的责任政治理念,他认为这是中国政治传统的宝藏和对民主政治的补充,甚至是民主政治的一个致力的方向。与这二人比较,钱穆就算十分保守的了,他则全力致力于阐发中国古代政治传统几乎所有的长处,尤其是从文化形态作为政治依据的角度,提出中国士人政治的种种好处,或者说中国文化孕育的这种政治的种种特色。在他看来,至少是不亚于西方政治之政党竞争体系的。今天,已经有一些学者开始注意钱穆的这些看法,甚至于力图对此做深入的阐发和弘扬。我们有必要对这种观点做出进一步的厘析、分解,使 20 世纪保守主义的思想得到它应有的位置但也不至于变成简单时髦的应景名词引发思想的混乱。

三、徐复观责任的自由主义

徐复观的政治理念在一定意义上说介于牟宗三和钱穆之间,因为他特别强调了士人的责任意识,但是,这个说法是有限制的,不是随便展开的,仅仅在讨论到个体政治责任的时候。徐复观的思想一方面突出"政治"观念本身的施为,即自由主义的"政治观",政治是一种架构和利益和权利的活动,同时,他又对中国传统的士人传统表示了一种特有的情愫。牟宗三希望将这种道德理性的内蕴让开一步,让分解的知性展开,但是徐复观则对二者的并行抱持了很大的兴趣,所以,我把徐复观的有关论述放到这一部分以看看他的政治自由主义中的特殊性的一面,或者是二者融合的特征。

(一)民主政治的质、量辩证法——认知的学术与利益分享的政治之比喻关系

徐复观在思考"政治"理念的时候,把它和学术研究做了对比,提出了他自己一套不系统但是别有见地的观点:学术研究是重质的,以绝对性为目标。因为不绝对、不唯一而中庸则学术不能深入;政治则与之

相反,从政治的视角,与学术都是相对的:"站在政治的立场来说,学术上的真理,只能作为是一个可以变动的相对真理;政治对学术真理,实际也只能负相对的责任。政治中的个人当然可以其个人身份而绝对相信某一宗教或某一思想,但他要自觉这是自己个人之事,与政治要隔一关。"[1]徐复观的核心意思是学术是可以也需要追求绝对的,但是,这只是个人的见解,把学术纳入政治环节之后,就成为了公众的事情。换句话说,学术之唯一追求是个人的意见,自以为是唯一的。如果学者自己不认为是唯一的,他就不会去探求,但是,放到社会中,每个人的唯一其实只是众人之一;政治绝对不同于学术,不能定于一尊,即学术与政治的一体化。他显然是针对几千年中国专制政治传统而言的。

　　徐复观认为,政治行为和学术行为一个根本性的区别是:学术行为的结果是从质上去比较的;而政治行为的结果是从量上去比较的。学术活动的最终结果是以质敌量,公众数量再多,他们的意见可能抵不过一个科学家的个人的意见,这是质决定量,这是学术的本质。但在政治上,情形与之不同,再伟大的科学家在政治投票方面也只是一票。如果,他想发挥更大的政治作用,只有他将自己的意见诉诸大众,获得大众的同情、认可,即如果你的意见很好、很正确,是高质的但是也要通过量的表示反映出来才行。[2]　在下面,徐复观对政治有一个很好的但是似乎还不是完全自觉、明确的理解,但是应该说是已经相当明确自觉的:政治是人生生活的附属品,政治的目的之存在是为了人生真的能够去从事真正属于自己的事业,"是在人生中把政治限定于一可有可无的地位,以解放人生在政治以外的生活,也是解放人生向质追求的生活"。[3]　这一句话反映徐复观对现代政治有着深刻的理解。现代政治的代议性已经决定了公众的政治生活不可能像亚里士多德所理解的

————————————

[1]徐复观:《学术与政治之间》,上海:华东师范大学出版社,2009 年,第 61 页。
[2]徐复观:《学术与政治之间》,第 62 页。
[3]徐复观:《学术与政治之间》,第 62 页。

政治生活是个体生活的重要组成部分,是生命中意义的归属之一。但是,现代政治的好处是个人的生命中的主要内容不是政治活动而是以经济活动为基础的生活活动。但是,很显然,政治活动也还不是可有可无的,但是,它绝不是决定意义的,它的目标其实是指向一种"可有可无"的政治性存在。这里的辩证法是,从根本的意义上,政治其实是追求"质"的,但是,这个"质"的追求是通过"量"的层面来展现的,而不是质的直接反映。譬如,一个独裁者总是认为自己的意见无比正确、永远正确,在质上是最好的,便惯于用强制的手段加诸于他人,这就不会有思想自由的活动、学术的活动,这种世界则被物化了。[1]

徐复观在这里的政治哲学,我们可以从两个方面来理解:一个是他下面所谈到的从每一个个体生命存在的同等的意义上来说的。当然,他没有这么表述,他说的是人文主义的基本原则是"生",这是中国文化的典型特征。因此,他的政治哲学又回到了中国文化上。他说,欧洲人文主义后期,发展到"超人"价值,这是人文主义的变种。正统的人文主义都是从量的,以生为最高价值,而中国儒家尤其是这样的。徐复观在这里没有将道德价值提升到至高无上的地位,而是将个体生命的存在放到了第一位,他举了很多例子说明:天之大德曰生、王船山之"尊生"为儒家精神第一特点、孔子的老者安之、少者怀之等等。孔子在卫国指出先要生活,然后再富之、教之等等。在一定意义上,徐复观的这种说法对复活儒家思想的生命意义尤其是大众生命的意义和价值是有意义的。不管怎么样,儒家政治思想是精英性的,这是无可怀疑的。而且道德价值一向盘踞着重要的核心地位。徐复观从现代西方政治的意义上重新诠解中国政治传统,以利其向现代政治的转化,这个众、量、生的出发点还是很有意义、很值得重视的。但是,徐复观毕竟还是现代新儒家的代表,在他的思想深处仍然或隐或显地体现着儒家的

---

[1] 徐复观:《学术与政治之间》,第62页。

色彩。上面所提到的,徐复观就认为,政治的目标仍然是以最高质的实现为最高理想。这仍然含有道德理想主义的色彩。而且他在别处也是曾经反复强调这一点。

(二) 责任政治的理念与中国传统政治向现代转进的根基

现代新儒家基本都是批判传统政治的,除钱穆稍有例外。但是,他们思想中对古代文化传统的一些理念之追恋又不能不使他们正视一个二元矛盾:徐复观认为,中国传统政治理念除去法家都是民本主义。但是,自古以来,这个民本与君本之间一直无法达成一个平衡。政治的理念,民是主体;政治的现实,君是主体。从儒家所倡导的本原上说,民众的好恶是君的好恶之所系,或者就是对他的要求。历代儒家的思想在徐复观看来都是责君的,"先秦儒家凡是在政治上所提出的要求都是对统治者而言,都是责备统治者,而不是责备人民,这可以说是一个'通义,此即"德治"的本质'",[1]"儒家对我们民族最大的贡献之一,是在两千年以前即明白指出政治乃至人君是人民的工具,是为人民而存在;而人民不是政治乃至人君的工具,不是为政治乃至人君而存在。所以人君要以人民的好恶为好恶,而不是人民要以人君的好恶为好恶"。[2] 但是,现实中君的好恶是自己的好恶,他以一己之好恶治天下。这种二元的主体性凸显中国传统政治的基本矛盾,这样治乱循环便不得不发,反复始终。徐复观有一个判断:中国的天下虽然是扭曲的,君主的主体性压抑了人民的主体性,但是他仍然认为天下之作为客观存在是有的。他认为,真正按照中国传统尤其是儒家与道家,应该的想法是君主的存在不应该是智识的而应该是德性的或德量的。如果是那样,那就是君主的无为之状态的呈现,而不是呈现个人之才智可能招致天下的扭曲和混乱。他认为,王船山和黄梨洲都已经很明确地看到

[1] 徐复观:《中国自由社会的创发》,《学术与政治之间》,第 127 页。
[2] 徐复观:《儒家对中国历史命运挣扎之一例——西汉政治与董仲舒》,《学术与政治之间》,第 152 页。

了这一点。他说,王船山已经在理论上将人君置于"可有可无"的地位。[1] 但是,比较来看,只是现代民主在政治从现实上解决了这一点,这是徐复观所认肯的。古代圣贤都是企图从正或格"君心"的角度致力,显然无法解决二元主体性的对立冲突。因为"权原"不在民众手里,所以,君主个人好恶一和"权原"结合,天下之乱就无可避免,因此,民主政治之发展是历史之必然。

但是,徐复观没有从西方政治理论出发阐释中国未来政治发展之途径,而是探求中国民主政治发展的历史契机。他将人民之好恶决定论看作是一种极其重要的民主精神。他说:"儒家不仅在要求统治者以人民之好恶为好恶的政治思想上,涵育着深深的民主政治的精神,并且修己与治人的标准的划分,实可为今日民主政治无基础的地方解决一种理论上的纠结,使极权与民主不致两相混淆,这也不能不说是一个奇迹。"[2] 在徐复观看来,中国传统政治的理念至少其中民众对统治者的责任论要求是具有普遍意义的。这个意义结合前面所说的政治治理的质量辩证法来看,徐复观认为,第一,民主政治是一个量的衡较,但是不是没有质的要求,质的要求是民主政治的更高层次的目标;第二,中国传统政治中的"德治"思想至少在理念上可以成为民主政治的更高的价值目标,这即所谓积极民主的一种展示。徐复观认为,民主政治必须与法治社会相统一。民主是肯定个人欲望要求的政治制度,因此,它是一个建筑在个人竞争基础上的政治运行体系,个人权利之间的边界首先需要确定,这是一个法律问题,从而民主政治的前提是法治。徐复观还认为,权利之争不是目的,目的在形成不争。从这个角度说,儒家的政治思想有其高明之处,这就是它的责任意识和政治主体的自觉

---

[1] 徐复观:《中国的治道》,《中国思想史论集续编》,上海:上海书店出版社,2004 年,第308—309 页。
[2] 徐复观:《儒家在修己与治人上的区别及其意义》,《中国思想史论集续编》,第277 页。

性要求,而西方政治的演进轨道限定在争和互相限制的基础上,并不是道德的自觉,所以时时还觉得不甚牢靠。[1] 从这个角度上说,儒家政治思想有其独到之处:"儒家德与礼的思想,正可把由势逼成的公与不争推上到道德的自觉。民主主义至此才有根基。"[2]中国传统的父慈子孝消弭了自我,这里面有弊有利:"所以中国是超出自己个体之上,超出个体权利观念之上,将个体没入于对方之中,为其对方尽义务的人生与政治。"[3]这种义务论的政治是强调道德责任的政治,而由于君主的无限权力则会形成他的无限责任,这是民本政治的自然推论。但是,这种责任如果无法落实即缺乏道德自觉就会变成最坏的政治,西方的竞争政治也是一样,如果它的政治前提没有个体权利的诉求和限制,也是成为最坏的政治,那么这两个最坏的政治其实是一个:独裁的政治。但是,纯粹从理想层面看,在徐复观看来,人类理想的政治是道德的、自觉的、责任的政治。但是,民主政治是人类发展的一个现实的和基本的阶梯,不可超越。因此,徐复观又说:"即使儒家尽管有这样精纯的政治思想,尽管其可以为真正的民主主义奠定思想根基,然中国本身毕竟不会产生民主政治,而民主政治才是人类政治发展的正规和坦途。"[4]"我们今天只有放胆地走上民主政治的坦途,而把儒家思想重新倒转过来,站在被统治者恶立场再作一番体认。"[5]这种新的体认即是重新建构民主政治的政治主体性,即公众的政治主体性。如果试图从中国政治传统的转进角度看的话,那就是回复强调中国儒家传统中的重养的传统,"养"是针对每一个生命来说的,这是民权政治的中国发育根基。徐复观一方面要求放胆走向现代民主政治,一方面又试图确认传统民本政治中的善良意图,即政治责任意识。关于责任问题,

[1]徐复观:《儒家政治思想的构造及其转进》,《学术与政治之间》,第11页。
[2]徐复观:《儒家政治思想的构造及其转进》,《学术与政治之间》,第11页。
[3]徐复观:《儒家政治思想的构造及其转进》,《学术与政治之间》,第14页。
[4]徐复观:《儒家政治思想的构造及其转进》,《学术与政治之间》,第11页。
[5]徐复观:《儒家政治思想的构造及其转进》,《学术与政治之间》,第15页。

在韦伯的经典论述中可以成为形式化理性的重要表征,但是,这是在法理型统治下的可能性。徐复观也已经看到这一点,即政治责任的承担的有限性和权力的无限性之间的冲突。他的理想显然是力图挽救中国文化传统中的这种责任理念和精神。这也正是"战国策派"和钱穆思想中的精髓,但是,徐复观将之抽象化一些,"战国策派"和钱穆则更将目标锁定在具体的承担者上。

前面已经提到,徐复观强调中国古代政治责备的都是政治统治阶层,而责备的出发点则是民众的诉求和愿望。换句话说,中国儒家的教,重点是教君、臣士大夫等等,教民则在其次。虽然此说不无理想主义的成分,但是他在这里面拈出"养"民一词赋予了新意,并将养和教的关系视作儒家传统政治向现代民主政治转变的基础:"养与教的关系不仅是一种程序问题,而实系政治上的基本方向问题。儒家之养重于教是说明人民自然生命本身即是政治的目的,其他设施只是为达此目的的一种手段。这种以人民自然生命之生存为目的的政治思想,其中实含有'天赋人权'的用意。"[1]徐复观这段话是针对政治思想史家萧公权先生之儒家"教重于养"的论断。徐复观认为儒家其实是养重于教,这是它和民主政治沟通的基础,即个体生命的生存权问题。但是,我们一般看来,儒家是重教的。那么,徐复观的解释是:儒家重教一方面如前所述,是教化君主;另一方面的重教于民只是强调"申之以孝悌之意"、"皆所以明人伦"等等,这是关于人的基本行为规范的指示教化。先秦儒家是站在社会立场立教,不是官方立教,不是强制性的。身教归于官员、言教归于师门,"政教合一"是古代酋长政治的遗风,不是儒家的思想本怀及其所容忍。[2] 徐复观试图借重儒家"生生之谓易,天地之大德曰生"以及儒家"养重于教"之说法建构现代民主政治的观

---

[1]徐复观:《中国自由社会的创发》,《学术与政治之间》,第128页。
[2]徐复观:《中国自由社会的创发》,《学术与政治之间》,第128—129页。

念基础,这是有一定意义的,虽也不免现代新儒家都具有的理想主义倾向。徐复观的政治理念与牟宗三先生比较,可见前者重视儒家思想中的具体观念,以之创生现代政治的思想根芽;而牟宗三则试图借助理念的重构实现传统德性论基础上政治理念的转换:以一种自我否定实现一种自我肯定——良知本体性的意义重构,同时,他试图借助黑格尔关于西方基督教在个人权利上的直通,奠基一个中国天道下的个体自由理念。因此,他的政治哲学具有较浓的思辨色彩,而徐复观则具有强烈的现实关怀和寻找民主政治转化根基的冲动,这是20世纪文化保守主义之现代新儒家内部的侧重或分工。但是,无论如何,他们对中国政治观念的改造都奉献了很多精辟的构思。

从对中国传统政治的认同来看,广义新儒家中的钱穆远远超过牟宗三、徐复观和张君劢等人,张君劢还为此和钱穆展开过单独的批判性论战。钱穆对中国传统的士大夫政治情有独钟。历史巧合的是,20世纪40年代,被一些马克思主义者斥责为法西斯主义的战国策派提出了民族主义的主张,力图回复中国封建时期的士族子弟文武兼修的教养以培育新一代国民精神。与普遍追求中国传统思想与现代性政治融通的思想范式相比较,钱穆的士大夫治国与战国策派的大夫士为国之栋梁呈现为20世纪政治保守主义的两种特殊色调,虽然彼此对立,但是同样尊崇某种古代文化价值,并试图以此重建新的时代文化。钱穆的意义还不仅于此,他是对中国古代政治体系最认可的"五四"后学者,所谓保守性于此可见一斑。我想,对于上述思想家来说,可以沟通的是,其中内蕴的共同的道德理性主义和道德理想主义的精神。他们的差异在于,是将这种道德理性实现让步和转化,还是将它们诉诸于具体的承载者,以在现代社会架构中重新接续。值得注意的是,当下中国对于传统社会的认识在发生着多元歧义的解释:譬如秋风就将中国传统社会的君子或士大夫看作是公民社会或公共生活的构建者和支撑者。但是,他的学术资源却是苏格兰启蒙学派的演化理性,这显然是一种有意思的现象。如何厘清中国传统社会的政治生活的结构性特征,目前看仍然是一个未完成的命题,尤其是当学者们更多地结合了与当代中国转型的关注以后,情况更是如此。所以,中国人文理性与政治秩序的相互关系仍然是一项待开拓的新领域。

结　语

我们对 20 世纪中国保守主义其实是文化保守主义的一些基本理念做了一定的梳理,它们自身内部的结构性关系以及和横向其他文化思潮的关系也需要有一个初步的总结,我们尝试对此做一个简单的结论。[1]

一、理性主义从根出发的意义和局限

从哲学层面上看,20 世纪中国保守主义是理性主义的,虽然,这种理性主义包含着多层次性:梁漱溟、冯友兰和牟宗三其实都有相当大的差异。他们的共同点就是不接受经验主义偏重于感性认识和感官享受的观念。前者是从认识论的层面,后者是从伦理学的层面,即经验主义的认识论和功利主义的伦理观。广义上说,《学衡》派吴宓等人的人文主义和钱穆的文化观念乃至于 20 世纪其他著名学者如陈寅恪等人也都可以大体归入理性主义的阵营。只是,这里面的含义就有所扩大。他们不像那些哲学家们有一种本体论的思维方式,试图以一种根源性的学说解释世界图景。他们其实是一种二元论的立场,无论是从个体身心上,还是从社会层面上。譬如钱穆基本上不接受心性观念

---

[1] 对 20 世纪中国文化保守主义思想的探讨理应涵盖《学衡》派等甚至陈寅恪等学者的思想,但是,本书鉴于篇幅和论述重心等各种原因在实际论述的范围中并没有真正将他们纳入其中,这是一个"自觉的"和"不自觉的"疏漏,在这里只做一个最粗浅的涉及吧,希望以后有机会对此作出更全面细致的叙述。

的哲学理论,他把中国文化建立在儒家的整体学说中,但是这个整体学说是从社会历史经验中逐渐形成的,不是个体良知或理性的造化,也不是先验理念在现实中的映照。《学衡》派学者也大都是文史学者,他们也基本上强调个体生命需要精神的陶冶、训练,精神作为生命中的灵魂因素、价值因素对于自己的感性因素应该予以理性的诱导、规范、节制等等,大体上接近西方柏拉图关于个体之需要艺术、教育熏染的理念。这两种从内部来说不尽一致,从外部来说又基本统一的理性主义思想在 20 世纪的中国有其特殊的存在意义。我们在导言中已经阐明,世纪之交的中国处于严重的意义危机之中,重建中国人的价值系统在哲学上十分必要。不是说,其他思想流派忽视了这项工作,其实没有,大家都在做这个工作,只是出发点相似,但是结论却大相径庭。譬如拿现代新儒家的哲学和自由主义的实用主义或马克思主义哲学比较,即显而易见。

纵观 20 世纪中国哲学从大众形态上来说,理性主义哲学并没有真正确立起来,它更多地停留在了学院思想和高层次知识分子的思想意识之中。因为,20 世纪于中国是一个思想革命的世纪,这个思想革命的对象正是两千年传统的儒家的"天理"学说,20 世纪的思想革命把它和专制政权的意识形态一并予以了最彻底的批判。这样的情况下,梁漱溟、熊十力、冯友兰、牟宗三等人的工作就更显得弥足珍贵。他们其实正是致力于将情理、天理、天道等等他们自己所认同的价值观念从传统意识形态中解脱出来,形成符合时代即现代性观念要求的具有普遍性价值的学说。也可以说,他们是在做重建中国核心价值体系的哲学基础工作,他们有一个共同的立足点是中国传统文化。因此,抉发中国传统文化之普遍性成为他们的又一个重要课题。因此,这迫使他们寻找中国文化因素的人类普遍性,会通中国哲学和西方哲学的工作成为他们的基础性工作。从这个意义上说,他们做了一项普遍主义的事业,这个工作的意义在今天看起来越来越明显和突出,对未来全球化视野下的人类文明对话奠定了一个重要的基础。

与梁漱溟、冯友兰、牟宗三理性主义哲学的重建相比,文史学者们立足于文化的经验主义道德论述也具有特殊的意义。因为,他们没有高妙的论述,但是有切实的主张和关切,对于普通不那么热衷于哲学思辨的知识分子有更大的认识诱导性。毕竟理性主义思想有其内在的一些认识机制和个体性的机理因素,不是任何人都能达此同样的认识,譬如无论是梁漱溟还是冯友兰抑或牟宗三的学说,放在普罗大众那里或一般知识分子那里不具有直接的吸引力,这也是20世纪现代新儒家被批评为哲学化的弊害之处。但是,严格地说这不当归咎于他们。他们的哲学既已经成为哲学,就有其特殊的认识方法,但是,其实他们的思想也大都是来源于他们自己的生命意识。只是,这种文字化、哲学术语化的生命意识反倒成为一种文字障,这是我们不得不面对的一种悖谬。也因此,今天才有当代中国承续董仲舒到康有为的公羊学的发展空间。而上面说到的文史学家的理性主义正好居于他们之间,起一种调和作用。但是,从人类历史现代化的世界进程来看,尤其是西方现代化历史看,哲学的进步最终会反映在人类理性认识的扩张上,这是哲学的内在特征,只要这种哲学没有垄断社会整体观念的企图,哲学的发展仅仅在人类认识层面上就有巨大的促进作用。从这个意义上说,20世纪文化保守主义的哲学对于中国思想生态的平衡发展起到了重要作用,虽然他们的步履异常艰难曲折。但是,随着当代中国文化趋势向传统回归的增强,对这种哲学的理解也会更加深入人心,不过,对于这种哲学特别需要警惕的就是其自身的内在的危险:理性扩展为一种抽象的观念而僵化、固化并企图垄断思想话语地盘。这是理性主义哲学之一元论的一种内在冲动,也是它最可能的弊端,对此的自觉和清醒意识,是这种哲学不断发展的条件。

二、人文教与精神贵族的重建问题

纵观世界范围的保守主义都会发现一个共同点:保守主义在思想上有学究气,生活方式上有贵族气,在人格修养上强调君子化的人格修养。这其实与整个人类现代化的进程的总基调不相吻合。这个总体基调的开端是对贵族的革命而强调平等、自由和平民化的自由人格;后面则是生活方式的普遍化、齐一化甚至类型化,这是与现代化生产方式被消费主义诱导以后的结果相联系的。部分保守主义者强调的修身与现代观念之间也形成一定的张力。

但是,我们今天在中国的现代化中却看到了保守主义的意义和价值:中国的消费主义盛行开来以后,形成一种粗鄙的"奢侈主义"。按照韦伯的说法,西方资本主义之兴起是寻求财富的贪婪攫取与宗教意识上的禁欲苦行的约束机制的伴随。20世纪后期美国社会学家丹尼尔·贝尔正是对现代世界尤其是以美国为代表的现代化之不可遏制的消费冲动性忧心忡忡。[1] 因此,保守主义作为一种价值观所倡导的自律观念其实是一种新的平衡过程。这样也引发了下一个问题:中国未来宗教的发展问题。

首先需要强调的是:所有的保守主义都重视儒家的"教化",当然其中也存在着各种差异:从外部的,从内心的;从理上的,从事上的;通过建立宗教形态来进行的,只是通过民间推广来实践或只是个人注重修身的等等。这样的问题其实是:我们在20世纪革命的遗产诸如平民人格的塑造以实现民众平等观念的真正落实基础上保障个人生命尊严的出场——譬如在生活方式上的个性化但不庸俗化的要求、对理性之深入探索的个人性的向往、优雅的生活姿态与平民的生活方式的统一

---

[1] 参见[美]丹尼尔·贝尔《资本主义文化矛盾》,赵一凡等译,北京:生活·读书·新知三联书店,1989年。

等等,这应该是传统儒家与现代新儒家的可会通之处。在现代国学教育甚至私塾会馆开始盛行以后,如何保证不将保守主义的"教化"蜕变成传统的说教或者是纯粹的外在的礼仪的修行,这是当代中国需要从20世纪文化保守主义那里可以鉴戒的地方。20世纪的文化保守主义者大都是心性论者或文化人士,他们注重的是人文的关怀、熏染或心性的开发(譬如熊十力、梁漱溟),而不是宗教性的束缚,这一点恰恰是人们行将忽略的一个方面。这也是今天的公羊学家们对现代新儒家鄙视的地方,认为他们只是学问空谈。但是,这里需要提到的是,梁漱溟对康有为的儒教说及其立教方式的嗤之以鼻。他认为,孔子之教的核心就是不计算,但是,康有为大搞孔教会,四处募捐,然后记上功德,这是对圣人的亵渎。他认为,康有为、陈焕章的作为是逗引世人捐钱获名:"我看了只有呕吐,说不上话来。哀哉!人之不仁也!"[1]显然,这就是两种教化概念的冲突。梁漱溟的话也有失偏激,但是,对于今天大谈孔教的人来说,正视早期新儒家对孔教说的批评,才能见到不同意见的真理性一面,在保守主义内部也同样如此。

三、保守主义与民族主义的近与远

谈到保守主义必定涉及"秩序"问题。我们这里将它设为三个方面:心灵秩序、社会秩序和"变动社会的政治秩序",末者是被视作保守主义的亨廷顿所一直关注的后发现代化国家政治变革进程中的难题,其实,埃德蒙·柏克关注的也是这个问题,即变动秩序问题,只是他在原发国家,同时没有运用后来的政治学术语作此表述而已。在整个近代世界向现代化或如马克思所说向"世界历史"的进程中,社会变动与政治变动是一个常量,稳定在一定意义上倒是一个变量,如果我们将世界发展作为一个函数关系来说的话。那么,在这其中的

[1]梁漱溟:《东西文化及其哲学》,《梁漱溟全集》,第一卷,第464页。

一个常项就是"民族主义",民族主义是构建现代性政治国家的起点和基础。哈贝马斯曾经根据他对法国和德国的区分将民族主义分为公民的和文化的。后来,19 世纪兴起的反抗殖民主义的民族主义则将这二者混合起来(这里不包括人们有时会谈论的狭隘的会走向极端的民族主义,其实所谓文化的民族主义就包含了其中的一个小类:种族主义)。民族认同是民族主义形成的条件,但是包含了自由主义内涵的公民的民族主义还有一个诉求,即个人主义——个体作为人的存在意义、价值和作为公民的存在意义和价值以及个体和政府的契约性关系等等。因此,在这个意义上的民族主义也是一种诉诸了个体生命意义和民族生存意义的意识形态,因此,它的存在会起到替代在传统社会人们在宗族、家族、天下秩序观或宗教中的存在感,这就是民族主义普遍存在的效果,这是人类社会走到近代以后政治国家成为常规以后的基本特征。

后发现代化国家的转型过渡都是一个民族认同和西方认同的裂变争论过程,这个内部的认同与变迁的纠葛过程自英法原生以后就渐次在后发的德国、俄罗斯、日本、中国等等国家发生。[1] 因此,文化民族主义与公民民族主义便一直交织纠缠在一起。文化民族主义的某些部分就演变为保守主义,但是,文化民族主义和保守主义不是等同的关系,相互交叉但绝不能彼此替代。保守主义往往以文化民族主义为起点,或很容易被看作是文化民族主义,其实这二者不能划等号。在前文中所提及的近代保守主义思想家几乎都可以带上文化民族主义的帽子,但大都不贴切或很不合适,只有钱穆略近似之。所以,我们将他们的论述大多看作是普遍主义的论述,而且从这一点上保守主义才有真正的存在价值:即一种从人类视角和民族视角双重复合的心灵秩序观和社会秩序观。

---

[1]参见[美]艾恺《世界范围内的反现代化思潮》,贵阳:贵州人民出版社,1991 年。

民族主义一般来讲是切中个人与族群的统一性关系,但是,不同的民族主义的重心会有偏向,自由的民族主义偏向于个体价值的安立,文化民族主义甚或种族的民族主义则偏向族群的身心安立。从近代中国的情形来看,《学衡》派是将自己的主张看作是一种普遍的个体在人类社会生存的基本要求的;牟宗三、徐复观、唐君毅则是个体的生命的安妥与群体政治生活做一定的分开。分解开中国历史中政治与文化"大一统"的体系是他们的基本工作,即重新确认中国文化在个体生命存在上的意义。这个工作的意义既是民族的,也同样具有人类学意义,这也是今天杜维明先生等全球文明对话的一个可能的要件。当然,他们也在做二者统一性的工作,但是这后面一项相对困难,争议也由此而起,即以中国文化的理念建构现代性科学与民主价值。康有为也是一种普遍主义的论述,因此,一般将他看作是自由主义者或社会主义者。他的保种保国保教的说法,在一定意义上也是功能主义的,即孔教既是个人心灵的归宿同时又是一种民族主义的工具,但是从《大同书》来看,民族主义也不是他理论的最终归宿,因此他的理论最复杂,说他是保守主义主要是从他的情境主义政治学而不是思想本身来说的。一般来说,保守主义和民族主义有近缘关系,但是需要具体分析才能判读每一个不同的个案。

20世纪社会思潮中最民族主义的就是"战国策派"。但是,细绎起来,这个思想派别的民族主义的积极意义在其中占主导地位。因为,它是在中国处于危亡续绝的时代的一种民族精神的唤醒,至少它的出发点是这样的。只是因为其中部分知识分子受到德国哲学与文学的影响,对强力意志哲学的推重引发了人们的曲解。但是,诸如德国有机体论在他们那里并不占主导地位,更没有种族主义情绪在内。今天反思民族主义与保守主义的关联,肯定民族主义的偏激往往走向一种政治保守主义,而且这种保守主义可能有其反动性,但是,在特殊历史阶段则要区别看待。

四、保守主义与自由主义、激进主义的复杂纠葛

保守主义的"保守"二字就是因为与自由主义和激进主义的比较而得来的,因此,在这三种意识形态中只有保守主义最为具有相对性,似乎有一种不自足性。但是,我们在前文中已经提出 20 世纪中国保守主义是一种普遍主义的论述而不是特殊主义的论述,是强调它的一般性意义而不是仅具有比较意义。但是,与自由主义、激进主义拥有整全性(comprehensive)的思想体系来说,保守主义不具备这种特征,因此,它在政治观念上或者与自由主义接近或者与其他思想接近,都是普遍现象,这一点在中国尤其是这样。港台新儒家大都走向了自由主义,但是,他们在学术进路上与胡适、傅斯年、殷海光都不相同,一方面是对中国文化传统的认知不同,这一点尤其表现在徐复观等人与殷海光的关系上。另一个是传承中国文化的学术流派存在根本性差异,造成了 20 世纪的新的汉宋学之争——即现代新儒家的宋学与胡适、傅斯年等人认可的清代朴学方法。

对中国传统思想的政治层面也有两种不同的认识:一是钱穆主要将它看作是自由主义的或接近自由放任的社会制度体系,将士人政治和虚君贤相看作是中国古代政治的典范;一是梁漱溟将之看作是家族本位的伦理体系,但是这种体系有一定的社会主义的基因。而熊十力晚年倾心于《礼运篇》之"大同"后,则走向更加理想主义的认识和设计中。梁漱溟和熊十力晚年都倾向于社会主义的体制构造,显然,从这两个不同的案例看,从儒家心性论的哲学不能直接就形成它的某一种等同的政治观念。换句话说,儒家之"儒"可以有不同的政治身份:自由主义之儒、社会主义之儒乃至于钱穆那种对两种理念都不认同的传统之儒等等。

按照张灏的看法,自由主义和激进主义都和自由观念引入中国有关,但是它的分途又和儒家的道德理想主义有一定联系。尤其是,在现

代自由观念的引介中,把个人自由与人格独立、自尊、自任、自立联系在一起。精神自由中揉入儒家的"大我"、"小我"等道德概念。然后转换为一种小我融入大我的集体主义观念和意识。[1] 另外一点是,他认为现代人本意识传递到中国有的走向极端化,是中西两种极端人本意识的整合,表现为两种观念:志士精神和戡世精神。志士精神源于传统的道德理想主义,类似于韦伯的信念伦理,只考虑行为的动机而不考量后果的思维方式。[2] 当然,这就是激进主义的思维方式和行动方式了。但是,张灏教授还提出来另一种看法,即 20 世纪初叶,中国思想的激进化与士绅制度解体、科举制度废除不无关系。士绅的解体使新的一代知识分子出现,但是其社会功能和政治功能边缘化,但是,它的活动能量可能不降反升,因此,从制度分解层面看,这是激化的一个触媒。[3] 那么造成这一结果的当然是第一轮的从 19 世纪末叶到 20 世纪初叶的启蒙思想及其变革运动了。也就是说,不管是自由主义还是激进主义都是和变革传统联系在一起的,保守主义显然是也是和这种变革的观念形态和活动形态联系在一起:对激进观念反弹的结果。因此,在这里我们得到的教训是:心态和理念对一种意识形态的推行是否得宜具有同等的重要性。对今天的中国来说,我们需要警醒或注意的是,反反传统也有可能走向它的激进主义,同样需要有自我清醒的心态才行。

五、保守主义的局限性

(一) 缺乏足够的社会分析意识

20 世纪中国保守主义也有一些明显的先天上的不足,这里主要指的是文化保守主义者们。儒家在传统上没有现代思想中的自由、平等

---

[1] 张灏:《幽暗意识与民主传统》,北京:新星出版社,2006 年,第 247—248 页。
[2] 张灏:《幽暗意识与民主传统》,第 248 页。
[3] 张灏:《幽暗意识与民主传统》,第 239—240 页。

这些理念的论证,它拥有丰富的道德教化的理论和适应历史社会本身的教导法则。虽然,现代新儒家对此做了充分的辩护,但是,对这一点需要有清醒的认识。这也正是现代新儒家构建中国传统理念与现代性西方政治理论桥梁的原因。今天的一点危险可能是新派的学者几乎连这点意识都不想要了。

现代新儒家大都是哲学家,他们认同平等、自由等现代政治观念,但缺乏足够的经济学、政治学或社会学的知识进行必要的消化、吸收、分析和批判,换句话说,理论的思辨代替了必要的社会分析。恰如前面提到的张灏教授指出的自由观念在 20 世纪中国早期的境遇一样。自由观念在新儒家那里也不是都能和政治、经济的自由联系起来,更不用说做内部的深入辨析了。高瑞泉在讨论熊十力的自由思想时指出:"熊十力的自由意志理论有其致命的弱点与缺失。由于他否认客观真理,否认客观规律性,自由在熊十力哲学中基本上只是作为一个新的价值观念而存在(这也是中国近代哲学自由观的基调)。"[1]这个问题在其他哲学家或史学家那里同样存在,譬如梁漱溟、冯友兰、钱穆等人。

牟宗三较好地阐释了黑格尔的人格理论,即将西方个人独立性人格的形成与基督教的观念联系在一起,以此为基础提出了中国的人格自由的理念:重建一个超越了现实人际关系即超越伦理"大实体"或"大一统"之上的超越性的中国人格理念。他的不足可能仅仅在于他对于中国政治演化的具体程序无法展开讨论,当然,这已不能对一个哲学家提出更高的要求了。高瑞泉则指出:"如何从儒家相同性的平等的形上学论证,转化为公正的平等即政治学上的平等,这是一个现代新儒家所共同遭遇的困境。"[2]20 世纪文化保守主义的思想如果想在21 世纪继续有所发展,必须在社会学、政治学乃至于经济学领域有所

---

[1]高瑞泉:《从历史中发现价值》,北京:中国大百科全书出版社,2006 年,第 124 页。
[2]高瑞泉:《平等观念史论略》,第 258 页。

作为。

（二）保守主义和民族主义需要保持一定的距离

中国新一轮的文化保守主义热潮正在蔓延之中，它是以 20 世纪激进主义观念的分解为前提的，也正在社会层面取而代之，以满足个体心灵秩序的需要。但是，在今天，需要警醒的是儒学发展的大趋势和当代民族主义发展的纠结。泛论天下主义成了时尚，但是天下观念本身是优劣参半的概念，不能笼统言之，天下主义往往伴着伦理文化主义和华夏中心主义的阴影而行。20 世纪的文化保守主义我们将之称作是普遍主义论述，因为他们基本都是中西文化的融通论者，钱穆除外。今天的国学或传统文化或儒学热潮有其历史的必然根据，但是其中的文化民族主义倾向需要有所警惕。保守主义思潮大体是一种健康的理念和心态或心志，而且它也和文化民族主义有一定关联。在今天全球化和国家社会并置的时代，纯粹的普世主义未免乐观和单纯，但是，如果把当代中国古典文化的热情纯粹地民族化则有思想和心志狭隘化的危险。

一些学者对外来文化带有强烈的敌视情绪；有的则表现出将儒学或儒教功能化、实用化的倾向：即儒教本身具有民族文化基础，同时它是民族的粘合剂，而完全忽略一种"宗教"或学说对于人生、生命安立或秩序确立的意义。填补生命意义的真空是 19 世纪以后中华民族生存危机中一个同样重要的严肃课题，这一点单靠国家富强不能解决，靠一定的礼乐刑罚体系也不能解决，纯粹寄托于一种偶像崇拜也不可能完全解决，必须要在对中华民族长期经验积累中形成的生命的修养体证的学问，即儒释道的整体有所把握才能对此有较好的认知和前瞻性的把握。遗憾的是，今天的大陆政治儒学家们甚至包括一批新锐，倾全力针对 20 世纪对中国文化保存产生过极大作用的现代新儒家进行着不懈的攻击，这是一个令人不解的现象。

当然，今天的争议多少涉及到儒学在当代中国"重启"的方式和内容,这是一个思想问题也是也是一个实践问题,应该融合互进而不能遽尔论断,包括像儒家礼乐形式的重建等等问题皆是如此。

我们今天如果要重行礼乐,它的依据是什么？传统的习俗？传世的典籍？我觉得还是应该依据心性儒家所说的从仁心、人性视角结合中国文明的建构,而不是一切复古的重建。儒学或孔子之学是良知学也可以称作是"仁学"。即孔子所说的"人而不仁"礼乐将何以处置？不解决仁心的问题,礼乐将徒具形式。一些学者可能会反问:没有形式或礼仪的建设,仁心从何而来？其实这一点,我们观察明末阳明后学的会讲、泰州学派的课徒,正是极其成功的例子,这里面没有多少繁琐的繁文缛节的夸张、变形(而且这些在王阳明那里正是极力反对的),而是教人如何在功夫中、在日常生活中直抵人心、反复砥砺琢磨、涵养等等,同样造就了一大批上关心国家社稷、下关心周遭黎民百姓安危的士绅阶层,他们的"公共道德"素养不是在各种繁琐的礼仪规范中形成的,而是在生命的认知和造就中形成的。当然,我觉得各种必要的社会典型式礼仪都是必要的,譬如成人礼等等,但是对于作为国人的日常生活轨道的婚丧嫁娶等等仪式的复兴一定要慎之又慎,千万不要造成变形的夸张和铺张,一定要结合现代社会发展的特征,而且要尊重个体内心的诉求,讲求神圣、庄严、素朴等等,在这一点上会有各种不同的意见和争论,不能只是诉诸于少数所谓的"圣人"或"礼学家",儒家传统仪礼仪式中有那些消极的东西倒是应该首先注意的。这个注意就是关注它的形成方式和理念究竟是怎样的,这是一个关键而不是枝节。排除这些,看看哪些是真正是从生命的学问的视角出发的,这才是核心之所在:神圣化、涵化能力与简朴应该是基本要求。要体证仁心而在其基础上建构礼乐体系,这是古圣贤的经验,包括孔子在内。不一定非要将儒学、孔子与某些仪式、形式神秘化,更不应过分渲染儒学的民族性的特性而忽略其历史发展进程中的融合、涵化,寻求其普遍性和时代性的结合当是今天儒学发展的人间正道。

后　记

　　本书的缘起是我的老师高瑞泉先生希望我参与他主持的教育部重大攻关项目"20世纪中国社会思潮研究"的相关工作,希望我对20世纪中国保守主义的有关内容做一些思考和研究。从致思理路上我对宋明理学和先秦思想曾经着力较多,也希望后面能陆续出来一些成果。但是,就价值认同层面,相对其他思想观念体系,我自己对20世纪文化保守主义可以说情有独钟,这是从考察20世纪以来中国历史走向和未来前瞻的视角而衍生的个人性的价值认同。所以从这个角度说,接受这样一项研究任务也是进一步拓宽相关研究的机遇,即做一个宏观的整体的鸟瞰,虽然这样的工作并不见得讨巧,因为一不小心就会变成一盆"杂烩菜"。我尽量做了一些纲领上的确认和梳理,但是,是否达到了预期的目的还需要高明方家的明鉴。

　　就20世纪文化保守主义的整体而言,对我自己影响最大的是其中的哲学家群体,尤其是冯友兰先生和牟宗三先生的思维方式和一些理念,虽然他们致思路径有所不同,但是,从宏观视角都是中西融通的代表,这是我自己所以关注、有所会心的焦点。我自己所理解的20世纪中国文化保守主义的特质就是中西融通,这是他们的价值目标,也是他们的思维特质,这也是我喜欢他们的最重要的原因。中西会通是20世纪文化保守主义的命脉,我把它看成是一种"普遍主义"的方法论,即便是有一定的相对主义姿态的历史学家钱穆也不能外于这一总体的背景。我在书中有一段话谈到钱穆先生:"无论他多么反向的'激进',有意思的是,也可以说宿命的是,钱穆最后也走向了他自己的中西调和论,这可能是 20 世纪中国思想家的必然的但也是正当的宿命,从这个意义上说的话,那他们的历程才具有更加长远的意义和价值。"这正是 20 世纪中国社会和文化所经历的必然结果,是那个时代的"缘分",因此,与今天另一个状景下形成的"大陆新儒家"有较大的不同。

今天的"大陆新儒家"关注的重心似乎不在于此,他们更关心调整 20 世纪新文化运动以来的"偏激倾向",力图在中国土壤中寻找自己文化乃至政治生活的根基。尤其是后面一点,这应该是所谓"现代新儒家"(含港台新儒家)与当下的大陆新儒家的重大差异;第二个差异,"大陆新儒家"更关心儒学的宗教性和现实政治问题。而就宗教性的思考而言,他们不像牟宗三等人的儒家宗教性的重建更多的是一种确认,尤其是强调它的"人文性"。当代"大陆新儒家"的主要目标似乎是要致力于"神道设教"(虽然有陈明的"公民宗教"的说法)。他们和文化保守主义的第三个差异,是其中一部分学者的确吸收了 20 世纪西方保守主义如哈耶克等人的思想。因此,他们在一些方面如社会演进的循序性等和钱穆的某些思想更加接近一点,今天的"保守主义"观念其政治性的蕴涵要远远多于文化性的蕴涵,"回到康有为"也大体是这一方面,即所谓"公羊学"方面。我个人认为,康有为的思想面相并不简单,公羊学是康有为思想目的吗? 其实我是怀疑的,在一定意义上,公羊学在康有为只是一个工具,他的价值关切远远超出了其中的范围,我想这是康有为和今天一些学者之间的不同。

20 世纪文化保守主义的融通从哲学到文化皆然,而它总体趋向现代性的价值则是我自己认同的另一个原因。我曾经求学的华东师范大学哲学系作为一个学术共同体(又被称作"金冯学派")正是有此类似背景:创立哲学系的冯契先生及其后学基本上沿着两条路径前行:以中国传统思想之"智慧"观念为基石的中西哲学上的融通对话、对面向未来的现代性价值的历史思考和新的精神传统的自我清理,两者都是与

20世纪形成的"新传统"息息相关的。就"五四"以来已经构成的一些新的精神传统而言,文化保守主义者也是这个不长的"新传统"的参与者和制造者。对于20世纪文化保守主义的研究曾经成为热潮,从20世纪80年代持续到20世纪的末叶、本世纪初,今天在大陆儒学兴起的冲击下,有影响渐颓的趋势,但是,这也正是我们今天继续研究的重要原因,因为,这个历史阶段背景下的研究意义与20世纪80年代研究的意义相比无疑增添了新的内涵。

关于20世纪文化保守主义的相关著作已有数种,[1]但是宏观论述居多。本书也属于整体脉络的清理,它的一点特色就是试图在时贤论述的基础上突出"重建"或"理性重建"的问题:从"古今中西"、启蒙与救亡、儒家的意义追寻和形上意识、动力与秩序的变奏等诸多重要议题的开启后,进一步引申聚焦文化保守主义"理性"的重建问题。所谓秩序建构究其实都是一个"理性"重建或重建"理性"的过程。秩序的破坏与建构是20世纪的双重任务,破坏摧毁旧的秩序,其实也就是摧毁旧的"理性"价值,而新的建构,也就是一个新的"理性"重构的过程,文化保守主义正是在新文化运动推垮天理秩序的同时思考新的秩序架构的。文化保守主义的理性重建既有对以往传统思想的批判、超越,又有对未来秩序建构的哲学建基。它包括,第一,理性主义哲学的重建。这个理性强调普遍性,但不是超验理性的,而是个体生命能够体认的道德理性,或者是通过现实生活可以认知践行的人文性理念;第二,理性主义的人文特质的凸显:经过"五四"洗礼的知识分子重新肯定孔子生活价值的现实意义,但是,强调它的理性品格、说理风格和士人的责任意识和"走心"的生活,以及呈现人文教养的生活方式。他们对此的呈现仅仅在于这种融合方式既能接受现代价值的历史必然性,又能接续中国历史传统中的合理性因素。我意在说明他们试图走一条综合的

---

[1] 如果包括对20世纪现代新儒家的各种专论,则数量较大。

路,这个综合不是杂糅,而是试图系统化的,至少是试图在理论上尝试做出前所未有的系统清理;第三,文化保守主义在人文理性指引下试图对新的政治秩序的建构提出一些理念设计。这里突出了牟宗三的分解理性的理路,这是前此很多学者研讨过的,但是,我们把它放在理性主义哲学的延伸中更能凸显它的特殊品格和风貌:非经验主义的论证,但是又试图超越传统的天道甚至神道的政治约束,做着从人文理性或道德理性与形式理性沟通的一种尝试。

所谓人文理性的另一个脉络就是不强调道德理性的直接开出或转折否定,而是凸显这种理性的主体承担。我把钱穆和徐复观强调的士人责任意识和担负精神放置在整体的理性主义或人文理性的视野中,它是道德理性建设中的经验环节,它和心性学的良知有联系,但是不必是直接的运用关系,这也是中国传统价值理想特别值得今天继承的一面:受儒学教养的士人对家国天下的情怀以及对社会治理的贡献能力。但是,我不想将这一点强调得过分,这正显示我个人对钱穆思想的一定的保留姿态。这里需要附带说明的一点是,在关于民族主义和士人政治的分析中,我提到了"战国策派"的"大夫士"政治理念。其实很难将它纳入"人文理性"的范畴,它也不是文化保守主义的观念,而且它和钱穆所强调的"士人政治"也适成反对,但正是这个原因,促使我对其做了一定的叙述。限于篇幅等原因,这里并没有充分展开,但是我想说的是,这种相反的观念似乎都各自有一定的道理,这反而是值得我们深入研究和思考的。希望,附在这里的这些补充性的说明能使高明的读者对本书的意旨有更好的把握。对于本书涉及到的更多问题,我已经有一些主题性的设想,希望后面有机会做更大篇幅的研究以对 20 世纪相关问题的发展脉络有一个自己更感到满意的理解和诠释。

在这个思想分歧日益复杂化、思想观念认识十分多元化和细致化的时代,甚至每个学者的思想都会有些微的差异,对各种思想的呈现抱持理解和宽容是催化思想发育的钥匙。自冯契先生以来的"华东师大哲学传统"之宽容精神是"自由精神"的真实体现,这是我首先表示感激的。我个人以往的著作或论文有时作时辍的毛病,出版或发表也很不及时甚至搁置经年者多有,这本书的写作时间较短当然也不免仓促,而其出版顺畅,这是我要特别感谢高老师的。同时,感谢我的家人多年以来对我学术事业的支持,感谢我现在单位河北工业大学同事朋友们以及上海、石家庄诸多朋友的关爱。最后,要感谢责任编辑徐炜君先生的辛劳。

索　引

参考书目

张之洞:《张之洞全集》,石家庄:河北人民出版社,1998年。

康有为:《康有为全集》,北京:中国人民大学出版社,2007年。

梁漱溟:《梁漱溟全集》,(第一一三卷),济南:山东人民出版社,1989—1990年。

钱穆:《钱宾四先生全集》,台北:联经出版事业股份有限公司,1998年。

熊十力:《体用论》,北京:中华书局,1994年。

冯友兰:《贞元六书》,上海:华东师范大学出版社,1996年。

冯友兰:《中国现代哲学史》,广州:广东人民出版社,1999年。

冯友兰:《三松堂自序》,北京:生活·读书·新知三联书店,1984年。

冯友兰:《中国哲学简史》,北京:北京大学出版社,1996年。

《五四运动文选》,中国社会科学院近代史研究所编,北京:生活·读书·新知三联书店,1979年。

杜亚泉:《杜亚泉文存》,上海:上海世纪出版集团 上海教育出版社,2003年。

胡适:《胡适哲学思想资料选》,上海:华东师范大学出版社,1981年。

胡适:《胡适文集》,北京:北京大学出版社,1998年。

《科学与人生观》,沈阳:辽宁教育出版社,1998年。

《国故新知论》,北京:中国广播电视出版社,1994年。

《时代之波——战国策派文化论著辑要》,北京:中国广播电视出版社,1995年。

吴宓:《人心与人生》,王岷源译,北京:清华大学出版社,1993年。

雷海宗:《中国文化与中国的兵》,长沙:岳麓书社,1989年。

徐复观:《中国人性论史(先秦篇)》,上海:上海三联书店,2001年。

徐复观:《中国知识分子精神》,上海:华东师范大学出版社,2005年。

徐复观:《学术与政治之间》,上海:华东师范大学出版社,2009年。

徐复观:《中国思想史论集续编》,上海:上海书店出版社,2004年。

牟宗三:《中国哲学的特质》,长春:吉林出版集团有限公司,2010年。

牟宗三:《道德的理想主义》,长春:吉林出版集团有限公司,2010年。

牟宗三:《政道与治道》,桂林,广西师范大学出版社,2006年。

牟宗三:《历史哲学》,桂林:广西师范大学出版社,2007年。

唐君毅:《中国现代学术经典·唐君毅卷》,石家庄:河北教育出版社,1996年。

萧公权:《中国政治思想史》,沈阳:辽宁教育出版社,1998年。

侯外庐:《中国古代思想学说史》,沈阳:辽宁教育出版社,1998年。

罗荣渠主编:《从"西化"到现代化》,北京:北京大学出版社,1990年。

[英]哈耶克:《法律、立法与自由》(第一卷),邓正来等译,北京:中国大百科全书出版社,2001年。

[英]奥克肖特:《政治中的理性主义》,张汝伦译,上海:上海译文出版社,2004年。

[美]塞缪尔·亨廷顿:《变动社会的政治秩序》,上海:上海译文出

版社,1989 年。

[英]塞西尔:《保守主义》,杜汝楫译,马清槐校,北京:商务印书馆,1986 年。

[德]曼海姆:《保守主义》,李朝晖、牟建君译,南京:译林出版社,2002 年。

[法]柏克:《法国革命论》,何兆武等译,北京:商务印书馆,1998 年。

刘军宁:《保守主义》,天津:天津人民出版社,2007 年。

李世涛主编:《知识分子立场——激进与保守之间的动荡》,长春:时代文艺出版社,2000 年。

余英时:《钱穆与中国文化》,上海:上海远东出版社,1994 年。

张灏:《幽暗意识与民主传统》,北京:新星出版社,2006 年。

高瑞泉:《天命的没落》(修订本),上海:上海人民出版社,2007 年。

高瑞泉:《从历史中发现价值》,北京:中国大百科全书出版社,2006 年。

高瑞泉:《平等观念史论略》,上海:上海人民出版社,2011 年。

蒋庆:《政治儒学》,北京:生活·读书·新知三联书店,2003 年。

蒋庆:《再论政治儒学》,上海:华东师范大学出版社,2011 年 9 月。

李明辉:《儒家视野下的政治思想》,北京:北京大学出版社,2005 年。

[美]丹尼尔·贝尔:《资本主义文化矛盾》,赵一凡等译,北京:生活·读书·新知三联书店,1989 年。

[美]艾恺:《世界范围内的反现代化思潮》,贵阳:贵州人民出版社,1991 年。